KB088770

학습부진,
이렇게 극복한다 1

성취도 향상을 위한
새로운 접근법과 실행전략

학습부진, 이렇게 극복한다 1

성취도 향상을 위한 새로운 접근법과 실행전략

에릭 젠슨 지음 | 이찬승 · 김성우 옮김

교육을바꾸는사람들

학습부진,
어떻게 해결할 수 있을까?

나는 전형적인 중산층 가정에서 자랐다. 부자들의 삶이 부러웠지만 왠지 가난한 사람들의 삶에 더 관심이 갔다. "왜 어떤 사람들은 가난하게 살까?" 하는 의문을 붙잡고 여러 해 동안 씨름했다. 사람들이 왜 가난의 수렁에서 빠져나오지 못하는지 참으로 답답했다. 가난한 사람들도 분발하거나 생각만 고쳐먹으면 가난에서 벗어날 수 있을 거라고 믿었다.

이제는 이런 나의 태도가 아주 편협하고 편견에 사로잡힌 것임을 안다. 폭넓은 공부와 여행을 통해 새로운 시각을 얻었고 생각이 바뀌었다. 경제적으로 궁핍한 가정에서 어떤 일이 일어나는지 그 속사정까지 꿰뚫어보게 되었다. 하지만 이런 생각의 변화가 이 책을 쓰게 된 동기는 아니다. 그보다는 다음과 같은 지극히 간단한 질문에서 출발했다.

"빈곤한 삶의 경험이 아이에게 나쁜 영향을 끼칠 수 있다면, 좋은 영향을 끼치는 것도 가능하지 않을까?"

열악한 가정환경에서 자란 아이들이 좋은 성과를 보인 사례가 세계 여러 학교에 많다는 이야기를 접하고 이 문제에 흥미를 갖게 되었다. 30여 년 전 나는 '슈퍼캠프(SuperCamp)'라는 학업향상 프로그램을 아내와 함께 설립해 전 세계 수만 명의 삶을 변화시켰다. 이런 경험을 통해 나는 아이들을 변화시킬 수 있으며 아이들이 실제로 변한다는 사실을 알게 되었다. 나 자신과 다른 사람들의 성공에서 얻은 영감을 통해 성공의 방식은 무엇이며 어떻게 하면 그 방식을 누구나 따라 할 수 있게 만들지 고심했다.

이 책은 빈곤과 학업성취의 상관관계를 집중적으로 다룬다. 이 책에서 나는 다음 세 가지 주장을 펼친다.

- 지속적으로 가난에 시달리면 아이들의 뇌는 부정적인 방향으로 변한다.
- 뇌는 주위환경에 적응하는 능력이 있기 때문에 뇌기능은 저하되었다가도 다시 좋아질 수 있다. 다시 말해, 가난한 환경에서 자란 아이들도 사회성과 감성이 건강해지고, 학업성적이 좋아질 수 있다.
- 학업을 성공적으로 마치는 데는 여러 가지 요인이 작용하지만, 그중 몇 가지 핵심적인 요인은 특히 빈곤한 환경의 아이들을 변화시키는 데 아주 효과적이다.

이 책에서 나는 학업성취를 좌우하는 중요 요인들을 논하고, 교육현장에서 이러한 요인들을 관리한 실제 사례와 연구 결과를 통해 구체적인 성공모델과 프로그램을 제시할 것이다. 어떤 전략이 학습효과의 차이를 낳는다면 그 전략은 중요한 요인이다. 이 책에서 나는 그런 결정적인 요인들을 제시하고, 이를 뒷받침하는 연구성과를 독자들과 함께 나눌 것이다.

연구자들은 종종 '이 방식이야말로 효과적'이라고 주장한다. 이때, 그 대상은 누구인가? 저소득층 학생인가, 중산층 학생인가, 아니면 부유층 학생인가? 연구는 몇 주에 걸쳐 진행된 것인가, 아니면 학교 졸업 이후 10년간의 장기 데이터를 기록한 것인가? '아주 유능한 교사들'이라는 표현은 무엇을 의미하는가? 그런 교사에게 배운 학생들은 표준화시험에서 높은 점수를 받았는가, 아니면 인생 전반에서 성공을 거두었는가? 연구에서 추천된 전략들만으로도 충분히 성공을 거둘 수 있는가? 그 전략들은 성공을 위해 반드시 필요한가? 그렇다면 그 전략은 모든 학생들을 위해 필요한 것인가?

이러한 요인들에 대해 충분히 설명하면서 연구 결과를 요약·정리하여 시간이 없는 교사들이 수업에 바로 적용할 수 있도록 명쾌한 전략을 제시하는 연구자료는 드물다. 이 책은 그 문제를 해결하고자 한다. 여기에서 나는 가장 중요한 몇 가지 요소에 집중할 텐데, 이 중 하나라도 간과한다면 전체적인 의미를 파악하지 못할 것이다.

왜 빈곤층 아이들과 부유층 아이들은 학업성취도에서 격차를 보일까? 빈곤층 학생들이 학교에서 우수한 성적을 거두지 못하는 이유를 설명하는 이론은 많다. 예를 들어 이런 학생들은 부모의 지능이 높지 않고, 가정환경이 기준 이하이고, 부모가 없거나 따로 살거나, 그도 아니면 그냥 방치되기 때문이라는 것이다. 그러나 이러한 가설들은 또 다른 의문을 불러올 뿐이다. 빈곤층 학생들 중에서도 뛰어난 학업성과를 내는 경우가 있기 때문이다. 따라서 높은 수준의 소득이 학업성취를 위한 필요충분조건이 아니라는 사실은 분명하다. 빈곤층 학생들이 학업성취도평가에서 낙제하는 경우가 많은 것은 사실이지만 의외로 그 책임은 부모보다 학교에 있는 경우가 더 많다.

이 책은 크게 세 갈래로 접근한다. 첫째, 빈곤이 무엇이며 학생에게 어떤 영향을 미치는지 좀 더 잘 이해하도록 돕는다. 독자들은 이 책을 통해 경제적으로 어려움을 겪는 학생들이 매일 직면하는 사회적·인지적 어려움과 건강 및 스트레스와 관련된 어려움에 대해 더 잘 알게 될 것이다. 둘째, 이 책은 학교라는 거시적 차원과 학생들의 뇌라는 미시적 차원 모두에서 무엇이 실제적인 변화를 일으키는지를 보여줄 것이다. 독자들은 빈곤한 환경에서 자란 학생들이 장기적으로 좋은 학업성취를 보인 사례뿐만 아니라 혁신적인 변화에 성공한 학교에 대해서도 배우게 될 것이다. 변화를 어떻게 이끌어냈는지를 제대로 이해할수록 그러한 변화를 가능케 하는 필수 요인들을 더 잘 활용하게 될 것이다. 그런 다음 마지막에는 여러분과 여러분이 속한 학교에 대해 이야기할 것이다. 성공한 학교에서 배울 수 있는 것은 무엇일까? 어떤 방법을 따라할 수 있을까? 어떤 교수전략이 기적 같은 결과를 가져올 수 있을까?

이 책에서 나는 여러분이 확실하게 성공을 거둘 수 있도록 이론만이 아니라 실행전략도 함께 제시할 것이다. 그렇다고 온갖 개혁안과 교수법, 문화적 차이에 관한 견해를 시시콜콜 다룰 생각은 없다. 이 책은 리더십, 좋은 환경, 효과적 교수법이 굉장히 중요하다는 것과 학교 내 안전이 최우선이라는 점을 여러분이 충분히 인식하고 있다는 전제 하에서 중요한 사항들만을 추려 기술했다는 점을 기억해주기 바란다. 이 책에서 제시하는 전략은 나의 직접적인 경험과 연구 결과에 기반한 것이며 이를 통해 여러분이 학생들의 삶을 개선하는 데 필요한 영감과 실제적인 지침을 얻기 바란다.

차례

도표 목록

1장

빈곤의 본질
이해하기

1장에서는 빈곤이 무엇이며, 빈곤이 삶에 어떤 영향을 미치는지 알아본다. 빈곤한 환경에서 자란 아이들이 가정과 학교에서 어떤 위험 요인에 노출돼 있는지를 이해하고, 교사들이 견지해야 할 관점과 태도에 대해 생각해보자.

"빈곤은 장기간에 걸쳐
삶을 지속적으로 악화시키는
환경이다."

크리스 호킨스 선생은 빈민지역의 한 중등학교에서 역사를 가르친다. 교편을 잡은 지 14년이 되었고 나름대로 괜찮은 교사라고 자부한다. 하지만 여전히 수업하면서 좌절감에 빠지고, 적어도 일주일에 한 번은 절망의 벽에 부딪히는 듯한 느낌을 받는다. 경제적으로 어려운 학생들을 가르치는 교사들이 대체로 그렇듯이, 그도 학생들에게 불만이 있다. 아이들이 지각을 밥 먹듯이 하고, 학습의욕은 전혀 보이지 않으면서 학생답지 않은 행동을 할 때 특히 그렇다. 제멋대로 성질을 부리고, 욕설을 내뱉고, 타인을 존중할 줄 모르는 아이들을 보면 화가 난다. 호킨스 선생은 "매일 전쟁터로 출근하는 기분"이지만 6년만 참으면 퇴직한다는 생각으로 버틴다.

빈곤이란 무엇인가

만약 여러분의 자녀가 호킨스 선생의 학생이라면 여러분은 어떤 기분이 들까? 불과 두 세대 전만 해도 정책결정자들이나 학교장, 교사들은 가난한 환경에서 자란 학생들을 안타깝게만 여겼을 뿐 빈곤이 학생들의 학업성취에 얼마나 나쁜 영향을 끼치는지 이해하지 못했다. 지금은 다르다. 빈곤한 환경에서 자라면 학업성취를 이루기 어렵다는 사실이 분명하게 입증된 광범위한 연구 결과도 있고, 반면에 빈곤한 환경의 학생이 다수를 차지하는 학교에서 좋은 학업성과를 이루어낸 사례도 보고된다. 학업을 포기하는 아이를 학교가 방치하는 것에는 어떤 변명도 정당화될 수 없다. 빈곤 앞에서 포기하고 절망할 것이 아니라 필요한 정보를 모으고 치밀하게 전략을 짤 필요가 있다.

'빈곤'이라는 단어는 강렬한 감정과 많은 질문을 불러일으킨다. 미국에서는 예산관리국(Office of Management and Budget, OMB)이 공식적으로 빈곤선(poverty threshold, 적절한 생활수준을 유지하는 데 필요한 최소 소득수준-옮긴이)을 정하는데, 수입이 빈곤선 이하여서 음식, 주거공간, 의복 및 생필품 등 생존에 꼭 필요한 재화와 서비스를 확보할 수 없는 사람들을 '빈곤층'으로 분류한다. 이처럼 빈곤에 대한 표준화된 정의가 있지만, 지역에 따라 생활비가 천차만별이라 이 기준을 일관적으로 적용하기는 어렵다. 샌프란시스코 같은 대도시에서 빈곤층으로 분류되는 사람이 미국 중부의 작은 마을에 산다면 가난하다고 느끼지 않을 수도 있다는 말이다.

나는 빈곤을 '장기간에 걸쳐 삶을 지속적으로 악화시키는 환경'으로 정의한다. 생활을 어렵게 하는 일들이 엎치고 덮치면 심신과 영혼이 피폐해진다. 어떻게 정의하든 빈곤은 복잡한 문제다. 빈곤은 모든 사람에게 똑같은 의미로 다가오지 않는다. 이 책을 쓴 목적에 입각해서 보자면 빈곤은 다음과 같이 분류할 수 있다.

- **상황적 빈곤** 별문제 없이 살아가다가 예상치 못한 위기가 닥치거나 가족을 잃었을 때 발생하며 일시적인 경우가 많다. 상황적 빈곤은 자연재해, 이혼, 심각한 건강상의 문제로 인해 발생한다.
- **세대적 빈곤** 최소한 두 세대 넘게 가난이 대물림되는 것을 말한다. 세대적 빈곤을 겪고 있는 경우 빈곤의 악순환에서 빠져나올 방도가 없을 가능성이 높다.
- **절대적 빈곤** 미국에서 흔치 않은 빈곤의 형태로 주거공간, 물, 음식

과 같은 생필품이 부족한 상황을 말한다. 절대적 빈곤상태에서 살아가는 가족에게는 당장의 끼니 해결이 삶의 가장 중요한 문제이다.

- **상대적 빈곤** 수입이 부족하여 사회의 평균 생활수준에 미치지 못하는 어려운 경제적 상황을 가리킨다.

- **도시 빈곤** 인구 5만 이상의 도시 지역에서 발생한다. 도시 빈민은 과밀화, 폭력, 소음 등 각종 만성 스트레스와 급성 스트레스에 시달린다. 도시 빈민층은 턱없이 부족한 공적 서비스에 의존해 살아간다.

- **농어촌 빈곤** 인구 5만 이하의 농어촌 및 도서산간 지역에서 발생한다. 이들 지역에는 도시보다 한부모가정이 많다. 또한 도시에 비해 장애인 지원 서비스와 양질의 교육을 받을 수 있는 기회가 부족하다. 농어촌 오지는 일자리가 부족해 직업알선 및 복지 프로그램을 시행해도 효과를 보기 힘들다(Whitener et al., 2003). 미국 농어촌 지역의 빈곤율은 점점 증가하고 있으며, 1960년 자료 수집이 시작된 이래 매년 농어촌 지역 빈곤율이 도시보다 높았다. 연구에 따르면 두 지역의 빈곤율은 도시가 10~15퍼센트대, 농어촌이 15~20퍼센트대로 평균 5퍼센트 정도의 차이를 보였다(Jolliffe, 2004).

빈곤의 영향

빈곤의 위험 요인은 복잡하게 얽혀 여러 가지 방식으로 삶에 부정적 영향을 미친다. 빈곤가정을 괴롭히는 주요 위험 요인은 다음과 같다.

- 정서 및 사회성 발달 문제(Emotional and social challenges)
- 급성·만성 스트레스(Acute and chronic stressors)
- 인지능력 저하(Cognitive lags)
- 건강 및 안전상의 문제(Health and safety issues)

연구(Graber & Brooks-Gunn, 1995)에 따르면 빈곤가정 가운데 35퍼센트가 이혼, 질병, 강제 퇴거 등과 같은 위험 요인을 여섯 가지 이상 경험했으며, 이런 위험 요인을 전혀 겪지 않은 비율은 2퍼센트에 그쳤다. 이와 대조적으로 부유층에서는 5퍼센트만이 여섯 가지 이상의 위험 요인을 경험했으며, 아무런 위험 요인도 경험하지 않은 비율은 19퍼센트나 되었다.

이런저런 위험 요인을 안고 사는 이들에게 하루하루의 삶은 버겁기만 하다. 이런 요인들이 복잡다단하게 얽혀서 점점 더 어려운 상황을 야기한다(Atzaba-Poria et al., 2004). 빈곤으로 한 가지 문제가 생기면 그로 인해 다른 문제가 꼬리에 꼬리를 물고 이어진다. 이런 과정이 반복되면 끝이 보이지 않는 가난의 구렁텅이에 빠진다. 예를 들어 단순히 머리를 다친 것도 빈곤층 아이들에게는 치명적인 결과를 가져올 수 있다. 처음에는 심각한 사고가 아니었더라도 즉시 적절한 치료를 받지 못하면 인지능력이 손상되거나 정서장애, 정신질환, 우울증으로 발전될 수 있기 때문이다. 아이가 이를 쉬쉬하거나 감추어서 필요한 도움을 제때 받지 못하고 병을 더 키우는 경우도 있다. 시력이나 청력에 문제가 생겼을 때 적절한 검사와 진단, 치료를 받지 못하는 경우도 많다. 주의력결핍 과잉행동장애(attention deficit hyperactivity disorder, ADHD)나 적대적 반항장애(oppositional defiant disorder, ODD)와 같은 행동장애도 그저 방치되기 쉽다.

빈곤과 그에 따른 위험 요인들이 아동과 그 가족의 신체적·사회적·정서적·인지적 건강을 해치고 있다는 말은 절대 과장이 아니다(Klebanov & Brooks-Gunn, 2006; Sapolsky, 2005). '아동 건강 및 발달 프로그램(Infant Health and Development Program)'의 데이터에 따르면 만성적 빈곤환경에 놓여 있는 3세 아동의 40퍼센트는 언어능력과 정서반응(emotional responsiveness, 타인과 건강한 애착관계를 형성한 상태에서 편안하고 자연스럽게 정서를 표현할 수 있는 능력-옮긴이) 등을 포함해 적어도 두 가지 기능 영역이 충분히 발달하지 못한 상태를 보였다(Bradley et al., 1994). 가정과 학교에서 충분한 보살핌을 받지 못하는 빈곤층 학생들은 결과적으로 학업성취도 저하와 학업중단의 위험으로 내몰린다.

빈곤층 아동의 가정환경

빈곤층 아동은 부유층 아동에 비해 열악한 사회적, 물리적 환경에 놓여 있다. 빈곤층의 거주지역은 대체로 행정 서비스와 복지 지원이 제대로 이루어지지 않는다. 교통이 혼잡하고, 범죄율이 높고, 놀이터가 안전하지 않다. 부유층의 거주지역에 비해 위험하고 녹지가 적은 편이다. 빈곤층 아이들은 오염된 공기 속에서 살며 깨끗하지 않은 물을 마시는 경우가 많다. 이들의 주거공간은 비좁고 시끄럽고 낡아서 위험 요인을 잔뜩 안고 있다(NCTAF, 2004).

아동기는 보통 행복하고 걱정이 없는 탐색의 시기로 여겨지지만, 빈곤층 아동은 사정이 다르다. 주변 세계를 탐색할 시간은 부족하고, 생존 자체를 위해 싸우는 시간이 많다. 또래들에 비해 가족, 친구, 주변 사람들의 도움이 부족하다. 청소년기에 접어들어 힘들거나 고민이 있어도 어른보다는 또래에게 의존할 확률이 높다. 또한 저소득층 아이들은 인지능력을 계발할 기회가 적다. 집에 책이 많지 않고, 도서관에 가는 경우도 별로 없다. 그 대신 TV를 보면서 보내는 시간이 또래의 중산층 아이들에 비해 훨씬 길다(Kumanyika & Grier, 2006).

저소득층 아이들은 질서가 없고 불안정한 가정환경에 놓여 있는 경우가 많다. 한부모가정이 많고, 보호자의 세심한 배려를 받지 못하는 경우가 대부분이다(Blair et al., 2008; Evans et al., 2005). 한부모가정은 경제적인 압박을 받기 쉬운데 이는 결석 증가와 성적 하락, 대학진학률 저하로 직결된다(Xi & Lal, 2006). 이런 환경의 아이들과 달리 안정된 가정의 아이들은 경제적으로 풍족하고 부모와 보내는 시간이 많다. 어른들의 보살핌을 지속적으로 받으면서 다양한 과외활동에 참여하므로 성적도 좋다(Evans, 2004).

어린아이들은 급격한 환경변화나 단절감, 불안감에서 오는 부정적 영향에 특히 취약하다. 자라나는 아이들에게는 신뢰할 만한 보호자가 필요하다. 그런 보호자가 없으면 아동의 뇌는 대체로 안 좋은 방향으로 적응하게 된다. 장기간 사회경제적 박탈상태에 놓이면 자아발달에 해롭고 자기 스스로 목표를 정하고 성취할 수 있는 능력이 떨어진다.

경제적으로 넉넉한 또래집단과 비교했을 때 사회경제적 취약계층의 아이들은 부모와 교사 및 보호자와의 관계에서 스트레스를 많이 받으며 또래들과 값진 우정을 쌓는 일에 어려움을 느낀다. 또 부모에게 관심을 받지 못하고 교사로부터 부정적인 피드백을 많이 받는다. 집에서 학교숙제를 할 때 가족의 도움을 받지 못하며, 교우관계도 원만하지 못할 수 있다(Evans & English, 2002).

빈곤가정은 하루하루를 정신없이 바쁘게 사는 경우가 많아 우울증, 약물 혹은 알코올중독에 빠지기 쉽다. 이런 위험 요인들로 인해 아이는 가족과 친밀한 애착관계를 형성하지 못해 자존감이 떨어지며, 주변환경을 자신의 뜻대로 통제할 수 있다는 생각이나 낙관적 태도를 키우지 못한다. 사랑받지 못한다는 느낌과 소외감을 자주 받고 급기야 성적 하락, 불량행동이나 자퇴, 약물남용으로 이어지는 불행의 악순환에 빠질 수도

[도표 1.1] **아동기 불행경험모델**

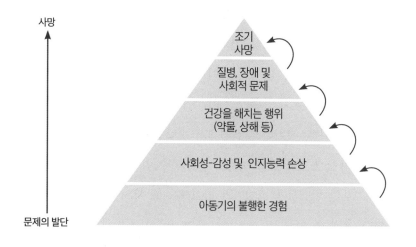

출처: 「Relationship of Childhood Abuse and Household Dysfunction to Many of the Leading Causes of Death in Adults: The Adverse Childhood Experiences(ACE) Study(아동학대 및 가정붕괴와 성인기 주요 사망 요인과의 관련성: 아동기의 불행경험 연구)」(Felitti et al., 1998)「American Journal of Preventive Medicine」, 14권(4호), pp. 245–258.

있다. 이러한 일련의 사건 속에서 대학진학은 삶의 선택지에서 배제되고, 가난의 악순환은 고착된다. [도표 1.1]은 아동기의 불행한 경험들이 사회적·정서적·인지적 능력을 손상시켜 위험한 행동을 선택하게 하고, 나아가 질병, 장애 및 사회적 문제로 이어져 최악의 경우 조기 사망에까지 이르는 과정을 보여준다. [도표 1.2]는 위험 요인이 많아질수록 학업성적이 떨어진다는 것을 보여준다.

[도표 1.2] **저소득층 위험 요인과 학업성취도의 상관관계**

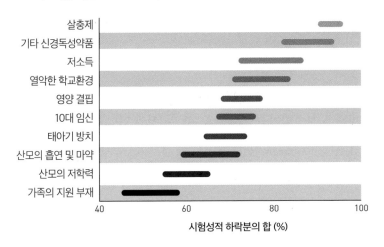

시험성적 하락분의 합 (%)

출처: 「Environmental Toxicants and Developmental Disabilities: A Challenge for Psychologists (유해환경 요인과 발달장애: 심리학자들에게 주어진 과제)」(Koger et al., 2005) 「American Psychologist」, 60권(3호), pp. 243-255.

※ 위 연구에 따르면 각 요인이 성적 하락에 기여하는 '위험비용'은 5~15퍼센트이다. 이는 인과관계가 아니라 상관관계를 의미한다. 하지만 위험 요인이 전부 영향을 미칠 경우 시험성적이 급격하게 떨어진다.

빈곤층 아동의 학교생활

빈곤층 아동이 경험하는 위험상황과 그로부터 벗어나는 방안에 대한 연구를 살펴보면 가계소득이 학업성취와 밀접하게 관련되어 있음을 알 수 있다. 특히 취학 전 보육과 유치원, 초등학교 기간이 더 그렇다(van Ijzendoorn et al., 2004). 빈곤층 아동은 교통 및 건강 문제, 가족의 보살핌 부족 등의 이유로 지각과 결석이 잦다. 안타깝게도 결석은 학교중퇴율과 가장 밀접한 요인이다. 학교를 통해 학생들의 삶을 바꾸는 일도 일단 아이들이 학교에 다녀야 가능한 일이다.

출석 문제를 자세히 살펴보면 학교에 대한 빈곤층 부모의 태도가 드러나기도 한다. 학창시절을 불우하게 보낸 부모들은 자녀의 학교생활에 대해서도 부정적인 태도를 보일 수 있으며(Freiberg, 1993), 심지어 자녀를 보호한다는 명분으로 학교에서의 다양한 활동을 막기도 한다(Morrison-Gutman & McLoyd, 2000). 이런 부모들은 종종 학교행사나 각종 활동을 회피하며, 자녀의 학교생활과 관련해 학교에 연락하는 법도 없고, 교사와의 면담이나 학부모회의에 참석하기를 주저한다(Morrison-Gutman & McLoyd, 2000). 빈곤층 아동은 부유층 아동에 비해 열악한 보육서비스, 전문성이 떨어지는 교사, 시설이 낙후된 학교에 다닐 확률이 높다(NCTAF, 2004).

학업성취도가 낮은 고등학생과 이야기를 나눠보면 대부분 학교에서 소외감을 느낀다고 말한다. 아무도 자기한테 관심을 보이지 않으며 선생님이 자기를 좋아하지 않거나 무시한다고 믿기 때문에 공부를 포기하게 된다고 한다(Mouton & Hawkins, 1996). 가난한 환경에서 자란 학생들은 주변에 그들을 잘 보살펴주고, 그들이 믿고 따를 만한 어른이 없었을 가능성이 높다. 따라서 이들이 그런 역할을 기대할 수 있는 사람은 선생님뿐이다.

빈곤층 아동을 돕는 방법

빈곤층 학생이 처한 현실을 깊이 이해하라

눈에 보이는 요인뿐 아니라 눈에 보이지 않는 다양한 요인이 학생의 행동에 영향을 미친다는 사실을 명심해야 한다. 중산층 가정에서 자랐거나 인종적·민족적 소수집단 출신이 아닌 교사들은 불우한 환경에서 자란 학생들이 왜 툭하면 '눈에 거슬리는 행동을 하는지' 쉽게 이해하지 못한다. 학생들을 잘 가르치기 위해 그들과 문화적 배경이 동일할 필요는 없다. 하지만 학생들이 살아온 배경을 이해하고 공감하는 일은 반드시 필요하다. 이런 점에서 빈곤이 학생의 삶에 어떤 영향을 미치는지 확실히 알아둘 필요가 있다.

이 책의 1장이나 관련자료들을 요약하여 동료들과 공유할 수 있는 방법에 대해 생각해보라. 교직원회의를 통해 정보를 나누고 효과적인 교육방법에 대한 생각이 오갈 수 있는 토론을 진행하라. '빈곤이 오랜 기간 지속되면 뇌가 생리학적으로 어떻게 변하는지'를 공부하는 연구모임을 만들어보는 것도 좋다. 이를 통해 중산층 이상의 경제적 배경을 가진 교직원들이 빈곤에 대해 품고 있는 잘못된 믿음을 타파해보자. 대개 교사들은 사회경제적 하위계층의 아이들이 보여주는 특유의 행동들을 '눈에 거슬린다'고 생각한다. 하지만 이런 행동은 가난한 환경의 영향으로 생겼거나, 만성 스트레스장애(chronic stress disorder)와 같은 정신과적 질환의 증상일 수 있다. 이런 정신과적 질환은 학생들의 뇌를 변화시키며(Ford et al., 2007), 충동적인 행동을 더욱 부추기고 단기기억력을 떨어뜨린다. 이 경우 아이들은 교실에서 말을 툭툭 내뱉거나 제 멋대로 행동하기도 한다. 한 가지 활동을 마치고 나서 다음 상황에서 뭘 해야 할지 까맣게 잊어버리는 경우도 있다.

동정이 아닌 공감의 문화를 만들어라

교사들은 빈곤층 학생들을 가르칠 때 "가정환경이 열악하네. 정말 안됐어!" 하고 동정하는 태도를 보인다. 이런 식으로 학생을 대할 경우 교사는 학생에 대한 기대치를 낮추기 십상이다. 교사는 학생들을 동정하기보다는 그들의 처지를 이해하도록 노력해야 한다. 아이들은 자신이 처한 상황을 교사가 이해하는지를 쉽게 알아챈다. 가난한 학생들을 방치하지 않고 보살피는 학교문화를 만드는 것이 중요하다. 동정이 아니라 그들을 진정으로 이해하고 공감해주는 문화, 세심하게 돌봐주는 문화를 조성하는 방법은 많다. 예컨대, 가난한 학생을 대할 때나 가난을 화제로 올릴 때 교사는 이들이 무시당하는 느낌을 받지 않도록 각별히 조심하고, 존중하는 태도를 보여야 한다. 또 칭찬도 자주 하고 긍정적인 자아상을 심어줄 수 있는 시각자료와 포스터를 학교 곳곳에 부착하는 것도 좋은 방법이다.

새로운 사명

빈곤은 개인의 문제를 넘어 가정과 학교, 지역사회에까지 영향을 미친다(Bradley & Corwyn, 2002). 그 파괴력도 갈수록 강해질 전망이다. 미국 전체 빈곤층 아동 중에서 이민자 자녀의 비율은 22퍼센트에 이르며(Rector, 2005), 이민인구의 비율은 점점 높아지고 있다. 매해 상당수의 이민자들이 미국에 정착하면서 저임금일자리 취업 경쟁이 심화되고 있으며 저소득층의 출산율이 높아지고 있다(Schultz, 2005). 즉, 빈곤아동은 향후 수십 년간 지속적으로 늘어날 것으로 예상된다.

이런 상황에서 더 이상 문제에 대한 대응을 미룰 수는 없다. 학생들이 빈곤을 처음 경험한 시기와 지속기간을 기본적으로 파악할 필요가 있다. 취학 전 혹은 초등학생 때 빈곤을 경험한 아이들은 중고등학생 때 빈곤을 경험한 아이들에 비해 졸업률이 낮다. 오랫동안 궁핍한 환경에서 살면서 최소한의 지원과 교육만 받은 아이들에게는 가난이 야기한 심각한 문제들이 매해 누적된다. 이렇게 문제 요인이 누적되면 아이는 조기사망에 이르기도 한다(Felitti et al., 1998).

그러나 희망은 있다. 이 책의 3장과 4장에서는 아동기 초반에 개입(intervention) 프로그램을 도입하면 빈곤이 아이에게 미치는 부정적 영향을 줄이는 데 상당한 위력을 발휘한다는 사실을 다룬다. 세계 곳곳의 여러 학교에서 빈곤층 학생들이 성공하고 있다. 여러분도 할 수 있다. 가난한 학생들을 포기하던 악순환의 고리를 과감하게 끊자. 모든 학생이 자신의 잠재력을 최대한으로 발휘할 수 있도록 돕는다는 새로운 사명을 가슴으로 받아들이자.

요약 정리

- 빈곤은 장기간에 걸쳐 삶을 지속적으로 악화시키는 환경이다.

- 빈곤가정을 위협하는 네 가지 요인은 정서 및 사회성 발달 문제, 급성·만성 스트레스, 인지능력 저하, 건강 및 안전상의 문제이다.

- 불안정한 가정환경은 정서 및 사회성과 인지능력 발달을 저해한다. 이는 질병, 장애, 사회문제로 이어져 결국 생애 전반에 영향을 미치게 된다.

- 빈곤으로 인해 겪는 불행한 경험이 성공적인 학교생활을 방해한다.

- 빈곤층 학생이 처한 상황과 문화를 이해하기 위해 교직원 간에 정보를 공유하고 토론하는 과정이 필요하다.

- 빈곤층 학생들에게 필요한 것은 동정이 아니라 관심과 이해, 격려다.

2장

빈곤이 행동과 학업성취에 미치는 영향

2장에서는 빈곤층 아이들이 겪는 주요 위험 요인에 대해 다룬다.

이러한 요인이 아이들의 행동과 학업성취에 어떤 영향을 미치는지 알아보고,

학교와 교사가 어떻게 도와줄 수 있을지 구체적인 방법을 소개한다.

"빈곤의 위험 요인은
동시다발적으로 일어나며,
눈덩이처럼 불어나
삶에 치명적인 영향을 끼친다."

앞에서 우리는 역사교사 크리스 호킨스를 만나보았다. 호킨스 선생은
빈곤과는 거리가 먼 집안에서 자랐다. 아버지는 미 공군대령이었고 어
머니는 가게를 운영했다. 그는 가난한 환경에서 자란다는 게 어떤 것인
지 모른 채 살아왔다. 교사가 되어 비로소 학생들의 가정에서 무슨 일
이 벌어지고 있는지, 부족한 것이 무엇인지 알게 되면서 충격에 빠졌다.
그는 빈곤층 아이들이 주변에 무관심하거나 공격적인 행동을 보인다는
것을 느끼고 있었는데, '예의를 몰라서'라거나 '하층계급의 문제'로 치부
해온 이런 행동 뒤에 자신이 짐작했던 것보다 훨씬 심각한 문제가 있다
는 것을 알게 되었다. 이런 사실을 알게 되자 더 우울해지고 기운이 빠
졌다. 그는 "까짓것, 6년만 버티면 퇴임이야."라는 생각만 주문처럼 되뇌
인다.

빈곤의 주요 위험 요인 - EACH

아동의 행동을 설명하는 이론은 수없이 많다. 심리학자들과 아동발달 전문가들이 가장 자주 인용하는 이론에 따르면, 아동의 행동은 유전자와 환경의 영향을 받는다. 우선 발달과정은 유전자에서 시작된다. 행동유전학자들의 주장에 따르면 인간 행동의 30~50퍼센트는 유전자 탓이고(Saudino, 2005), 나머지 50~70퍼센트는 환경 탓이다.

하지만 이렇게 유전자와 환경이라는 두 요소를 분리해서 인간 행동을 설명하려는 시도는 사실을 오도할 수 있다. 우선 자궁 내에서 보내는 9개월의 기간이 태아에게 미치는 영향을 절대 간과할 수 없다. 이 기간은 특히 IQ 발달에 큰 영향을 미친다(Devlin et al., 1997). 태교와 산모관리, 독성물질 노출 여부가 태아에게 큰 영향을 준다. 게다가 최근에 발달하고 있는 후성유전학(epigenetics)은 DNA 염기서열이 바뀌지 않아도 유전자의 기능이 변할 수 있고, 이것이 다음 세대로 유전될 수 있다는 것을 보여준다. 이런 결과들은 유전과 환경의 경계를 모호하게 만든다.

환경은 세포수용체(cell receptor)에 영향을 주고, 이 과정에서 유전자에게 신호를 보내 각종 유전자 스위치를 켜거나 끈다. 말하자면 전기 스위치처럼 유전자도 켜지거나 꺼질 수 있다. 유전자 스위치가 켜지면, 개별 세포가 담당하는 프로세스나 구조가 달라질 수 있다. 예를 들어 역기운동을 자주 하는 사람들의 유전자에는 근육조직을 발달시키는 스위치를 켜라는 신호가 전달된다. 스트레스나 영양과 같은 다른 환경적 요인들도 이와 비슷한 과정을 거쳐 특정 유전자의 기능을 활성화 또는 비활성화한다. 그 결과 공격성향, 면역력, 학습능력, 기억력 등이 강화되거나 손상될 수 있다(Rutter et al., 2006).

학생들이 또래, 교사, 가족과 맺는 복잡한 사회관계망이 이들의 행동에 미치는 영향은 생각했던 것보다 훨씬 크다(Harris, 2006). 사회화과정은 부모나 주양육자와의 관계에서 시작되는데, 이 관계에 의해 안정된 애착형이나 불안정한 비애착형 성격이 형성된다. 안정된 애착관계를 맺은 아이들은 대개 학교생활에 문제가 없다(Blair et al., 2008). 학교에 입학한 뒤에는 사회화과정과 사회적 위상 추구라는 두 가지 요인이 아이들의 행동에 매우 중대한 영향을 미친다. 아이들은 사회화과정을 거치며 또래들과 비슷해져야 한다는 압력을 받게 되는데, 이에 실패할 경우 친구들로부터 따돌림을 감수해야 한다. 반면 또래와의 관계에서 우월한 위상을 차지하기 위해 스포츠나 유머감각, 개인기에서 두각을 나타내려고 노력하기도 한다.

부모의 사회경제적 지위는 학교에서 학생의 사회화와 위상에 큰 영향을 끼친다. 빈곤층 아이들이 일부러 문제행동을 일으키는 게 아니다. 풍족한 환경의 아이들이라면 절대 맞닥뜨리지 않을 힘겨운 문제들과 매일 씨름하면서 생존 자체를 위한 적응전략을 취해온 탓에 뇌가 학습에 부적합한 방향으로 변화된 것일 뿐이다. 빈곤층 아동에게 가장 큰 영향을 미치는 위험 요인을 다시 살펴보자.

빈곤의 주요 위험 요인(EACH)

- 정서 및 사회성 발달 문제(Emotional and social challenges)
- 급성·만성 스트레스(Acute and chronic stressors)
- 인지능력 저하(Cognitive lags)
- 건강 및 안전상의 문제(Health and safety issues)

이와 같은 문제들이 동시에 복합적으로 발생하면 학교생활을 잘 해내지 못하고 사회적으로 성공하기도 어렵다. 빈곤층 학생들이 학교에서 또 인생에서 성공할 수 없다는 말이 아니다. 그들이 겪는 이런 어려움을 깊이 이해해야만, 열악한 환경의 학생들이 성공할 수 있도록 교사가 효과적으로 도울 수 있다는 뜻이다.

정서 및 사회성 발달 문제

(Emotional and social challenges)

가난한 환경의 아이들은 정서적으로나 사회적으로 안정감이 부족한 편이다. 유아기에 형성된 부모와의 불안정한 애착관계는 유년기 초반에 심각할 정도의 불안감으로 발전할 수 있다. 유아기의 뇌가 최상으로 발달하려면 활발한 학습과 탐구활동이 필요하다. 애석하게도 빈곤가정에는 십대 미혼모, 우울증, 의료혜택 부족 등의 부정적 요인들이 가득하다. 이런 환경으로 인해 가족들은 유아를 세심하게 돌보는 게 어려운데 (van Ijzendoorn et al., 2004), 이로 인해 아이는 학교에 입학해서도 성적과 행동에서 좋지 않은 결과를 보일 수 있다.

정서 및 사회성 발달에 관한 연구

생후 즉시 형성되는 부모－자녀 간의 애착은 미래의 교사－학생 관계형
성의 기반이 되고(Szewczyk-Sokolowski et al., 2005), 호기심, 흥분, 감
정조절, 독립성, 사회성 등의 사회적 기능 발달에 중요한 역할을 한다
(Sroufe, 2005). 아동의 뇌는 기쁨, 분노, 놀람, 혐오, 슬픔, 공포의 여섯
가지 감정만을 타고나기 때문에(Ekman, 2003) 3세 이하의 아이들이 정
서적인 면에서 건강하게 자라나기 위해서는 다음과 같은 것들이 꼭 필
요하다.

- 무조건적인 사랑으로 일관성 있게 보살펴주는 주양육자
- 안전하고 안정적이며 예측가능한 환경
- 매주 10~20시간 정도의 조화로운 쌍방향 상호작용
  : 감정조응(emotional attunement)이라고 알려진 이 과정은 아동의
  생애 초기 6~24개월 동안 가장 중요하며 감사, 용서, 공감 등을 포
  함한 건강한 정서를 광범위하게 발달시키는 데 도움을 줌
- 개인별 특성에 맞추되 점차 복잡성을 높이는 활동을 통한 발달

빈곤한 환경에서 자라는 아이들은 풍요로운 환경에서 자라는 또래
들에 비해 위와 같은 혜택을 받기 어려워 심각한 발달장애를 겪을 수
있다. 발달을 위해 반드시 필요한 환경이 제공되지 못할 경우 새로운

뇌세포가 생성되기 힘들고, 뇌의 성숙화과정도 순탄치 못하며, 건강한 뇌 회로가 망가지게 된다. 결과적으로 사회성·감성 발달이 저해되고 정서장애를 겪을 위험이 커진다(Gunnar et al., 2009; Miller et al., 2006).

아이에게 신체적 접촉을 통한 따뜻한 보살핌이 필요한 것은 두말할 나위가 없다. 1900년대 초 아일랜드의 한 연구에 의하면, 아동보호시설에 입소해 최소한의 보살핌만을 받은 유아 10,272명 중에서 25년 후까지 생존한 사람은 단 45명뿐이었다. 그나마 살아남은 아이들도 질병 또는 사회적으로 복잡한 문제를 가진 어른으로 성장했다(Joseph, 1999).

빈곤가정의 경우 대부분 부모의 교육 수준이 평균 이하이다. 부모와 아이들이 함께하는 시간이 짧고, 따뜻하게 마음을 나누는 일은 아주 특별한 경우에나 가능하다. 이런 이유로 빈곤가정의 부모와 자녀 사이에는 감정조응이 일어나기 어렵다(Feldman & Eidelman, 2009; Kearney, 1997; Segawa, 2008). 늦게까지 일하며 과도한 스트레스에 시달리는 빈곤가정의 부모는 자신의 부모로부터 받은 강압적인 훈육방식을 그대로 자녀에게 적용하는 경향이 있다. 이들은 자녀를 따뜻하고 세심하게 보살피는 능력이 부족하고(Evans, 2004), 자녀와 좋은 관계를 형성하지 못한다(Ahnert et al., 2006).

자녀들이 동네에서 놀고 있는 위치를 찾아낼 수 있을 확률이 저소득층 부모들은 고소득층 부모들의 절반에 불과하다(Evans, 2004). 자녀의 선생님이나 친구들 이름을 모르는 경우도 많다. 한 연구에 따르면 빈곤기준선 상위가정의 부모들은 59퍼센트가 정기적으로 3개 이상의 학교활동에 참여하는 데 비해 저소득층 부모의 참여율은 36퍼센트에 그쳤다(U.S. Department of Health and Human Services, 2000).

저소득층 가정에서는 보호자들이 늦게까지 일하는 동안 아이들이 집에 방치되는 경우가 흔하다. 혼자서 집안일을 해야 하고, 때로는 어린 동생들을 돌봐야 한다. 이들은 부유한 가정의 또래들에 비해 야외에서 활동하는 시간이 적다. TV 시청시간은 더 길고 방과후활동에 참여할 가능성은 낮다(U.S. Census Bureau, 2000). 불행히도 사회생활에 필요한 사회성·감성을 발달시키는 방법이나 상호작용을 위한 본보기를 TV에서 찾기는 어렵다. 아이들에게는 인간 대 인간의 따스한 만남이 필요하다. 또래와 긍정적인 관계를 형성하지 못하면 사회성·감성 발달에 장기적으로 악영향을 주게 된다(Szewczyk-Sokolowski et al., 2005).

뇌는 주변 세계를 이해하고 받아들이기 위해 긍정적이든 부정적이든 상관없이 무차별적으로 주변환경을 받아들인다. 주변환경을 스스로 통제할 수 있다고 느낄 때, 아이는 자신을 가치 있는 존재로 여기면서 자신감과 독립심을 기르게 된다. 자존감은 인성형성에 중대한 역할을 하며(Sroufe, 2005), 궁극적으로 사회적 관계와 삶 전반에서 성공하고 행복할 수 있는 기반이 된다. 그런데 경제적 어려움을 겪고 있는 보호자들은 아이들이 안정된 애착관계를 형성하도록 신뢰할 만한 환경을 만들어내기 어렵다.

행동연구에 따르면 빈곤층 아동은 부유층 아동에 비해 정신질환에 걸리거나 사회에 적응하지 못할 확률이 높다고 한다(McCoy et al., 1999). 게다가 교사와 또래에 의해 4년간 평가된 자료에 따르면, 가난한 환경에 처해 있는 아이들이 사회적 행동에서 문제를 겪을 가능성이 더 높았다(Dodge et al., 1994). 애석하게도, 저소득층 부모들은 부유층 부모에 비해 아이들의 까다로운 요구에 맞춰 양육스타일을 조정하는 데 서투르다(Paulussen-Hoogeboom et al., 2007).

저소득층 부모들은 낮은 자존감, 우울증, 무기력감에 빠져 헤어나지 못하는 경우가 많다. 좌절에 빠진 부모는 아이를 제대로 먹이고 입혀서 키우지 못하고, 부정적인 생각을 심어줌으로써 자녀들에게 좌절감을 대물림할 수 있다. 미혼모 자녀들의 정서적 문제에 관한 연구는 빈곤 때문에 생기는 스트레스로 부모가 우울증을 겪는 비율이 높아지고, 이로 인해 자녀들에게 체벌을 가하는 경우가 많아진다는 것을 밝혀냈다(Keegan-Eamon & Zuehl, 2001). 물론 부모뿐 아니라 아이들도 우울증을 앓기 쉽다. 빈곤이 청소년의 우울증을 유발하는 주요 요인임을 보여준 연구도 있다(Denny et al., 2004).

정서 및 사회성이 행동과 학업에 미치는 영향

관계가 안정적이고 탄탄하면 아이들은 행동이 안정되고 사회성 형성에 필요한 핵심 능력을 키울 수 있다. 그런 관계 속에서 성장하는 아이들은 일상에서 벌어지는 일에 정서적으로 건강하고 적절하게 반응하는 법을 배우게 된다. 하지만 빈곤가정에서 자란 아이들은 이런 반응방식을 배우지 못하는 경우가 많고, 이는 낮은 학업성취로 이어질 수 있다. 예를 들어 감정조절을 못하는 아이들은 너무나도 쉽게 좌절해서 조금만 더 하면 성공할 수 있는 과제조차 포기한다. 또한 사회부적응 문제를 가진 아이들은 프로젝트 팀에 참여하여 효과적으로 과제를 수행하는 능력이 떨어진다. 팀원들로부터 '자기 역할과 자기 몫의 일을 수행하지 못한다'는 평가를 받으며 따돌림을 당하기도 한다. 이렇게 되면 팀원들과의 협력과 정보교류가 줄어들고, 그렇지 않아도 학업위기에 처해 있던 학생의 성적과 행동은 더 나빠진다.

사회성과 감성이 부족한 아이들의 부적절한 행동이 존경심이나 예의가 없어서 나타나는 행동이라고 생각하는 교사가 있을 수 있다. 하지만 이는 오해다. 실은 많은 아이들이 상황에 맞게 반응하는 역량을 제대로 갖추지 못한 탓이다. 마치 뇌에 있는 '감성 키보드'를 단 몇 개의 건반으로 연주하는 것과 같다([도표 2.1] 참고).

사회성과 감성이 부족한 아이들을 다루는 적절한 방법은 무엇일까? 먼저 학생들의 행동을 제대로 이해하고, 비꼬거나 화내지 말고, 올바른 행동양식을 명확하게 제시해야 한다. 빈곤 속에서 자란 아이들은 다음과 같은 행동을 보일 가능성이 높다.

- 충동적·반사회적 행동

- 인내심 부족

- 공손함과 사회적 예의 부족

- 부적절한 행동습관

- 부적절한 감정반응

- 타인의 불행에 대한 공감능력 부족

빈곤층 학생들을 가르친 경험이 별로 없는 교사라면 이런 행동을 보고 당혹해하거나 좌절하거나 화낼 수 있다. 하지만 아이들을 '문제아'

[도표 2.1] **감성 키보드**

습득되는 것	타고나는 것	습득되는 것
• 겸손	• 기쁨	• 동정심
• 관용	• 슬픔	• 인내심
• 공감	• 혐오	• 수치심
• 낙관주의	• 분노	• 협동심
• 연민	• 놀람	• 감사
	• 공포	

※ 감성기능을 담당하는 뇌는 키보드에 비유할 수 있다. 빈곤층 아이들은 부유층 아이들에 비해 사용하는 건반의 수가 부족하다. 흐린 먹색( )으로 표현된 건반은 유전자 DNA 안에 기록되어 있는 정보로, 태어나면서 가지고 있는 여섯 가지 감정반응을 의미한다.

로 낙인 찍거나 무시하고 비난해서는 안 된다. 사실 행동을 바꾸도록 돕는 것보다 문제행동을 비난하고 고치라고 윽박지르는 게 훨씬 쉽다. 하지만 중요한 것은 학교에서 해야 할 바람직한 행동방식을 가르쳐주는 것이다. 학생들에게 '예의 바른 행동을 하라'고 지시하기보다는 어떤 상황에서 어떤 반응을 보이는 게 적절한지 시범을 보이고 학생들이 따라할 수 있도록 지도하라.

학생들의 부적절한 행동에 대해 반응하는 방식을 바꾸려면 교사가 생각을 바꾸어야 한다. 학생들이 충동적인 행동을 하거나 욕을 하고, 버릇없는 행동을 하는 것을 당연하다고 생각하라. 학교에서는 학생들에게 적절한 사회성·감성교육을 실시하고, 학교에서 제멋대로 행동하는 것이 바람직하지 않다는 점을 학생이 자연스레 체득할 수 있도록 학교환경을 조성해야 한다.

학생들에게 학교에서 해야 할 바람직한 행동양식을 가르치는 일이 얼마나 중요한지는 아무리 강조해도 지나치지 않다. 사실 기쁨, 분노, 놀람, 혐오, 슬픔, 공포라는 여섯 가지 기본 감정 외의 모든 정서반응은 사회화과정을 통해 배운다. 교실과 같은 복잡한 사회적 환경이 잘 돌아가려면 학생들에게 협동심, 인내심, 수치심, 공감능력, 감사하는 마음, 용서하는 마음이 꼭 있어야 한다. 학생이 학습된 반응을 몸에 익히지 못할 경우, 부끄러워하거나 반성하는 태도를 보여야 할 상황에서 히죽대며 웃을 수 있다. 교사들은 당연히 이런 반응을 '돼먹지 못한 태도'라고 생각할 것이다. 아이들의 이러한 행동은 일차적으로 부모의 책임이지만, 일단 아이들이 학교에 온 이상 이들을 올바르게 지도하는 것은 교사의 몫이다.

학생들은 학교에 올 때 다음의 세 가지 '관계에 대한 욕구'를 갖고 온다. 아이들이 학교에서 보이는 행동은 이 강력한 욕구에 근거한다 (Harris, 2006).

1) **믿을 만한 관계에 대한 욕구**　학생들은 일차적으로 안전하고 신뢰할 만한 관계에서 오는 안정감을 원한다. 학생들은 부모, 친구, 선생님과의 좋은 관계를 선호한다. 이들과 믿을 만한 관계를 맺지 못하면 '뭔가 수상쩍은' 친구들과 어울리게 된다. 교사가 학생들과 맺는 관계는 학생들이 목표, 사회화, 동기부여, 학업성취를 이룰 수 있는 가장 강력한 기반이 된다. 그러므로 학교는 모든 학생들에게 믿을 만한 파트너 혹은 멘토를 제공할 필요가 있다.

2) **또래집단과의 사회화 욕구**　학생들은 인정받고 싶은 욕구 때문에 또래들을 모방하고 클럽이나 패거리, 심지어 폭력서클과 같은 그룹에 가입한다. 학생들은 어딘가에 들어가 소속감을 느끼고 싶어한다. 학령기 아동에게 가장 큰 영향을 미치는 사람은 부모가 아니라 또래라는 것을 시사하는 연구 결과도 있다(Harris, 1998). 학교에 면학 분위기가 조성되기를 원한다면, 공부 잘하는 학생이 교실에서 따돌림을 당하지 않는 분위기가 조성되어야 한다.

3) **특별한 위상을 누리고 싶은 욕구**　간단히 말해서 자신이 특별하다

고 느끼고 싶은 욕구이다. 이들은 운동선수, 코미디언, 이야기꾼, 폭력서클 두목, 장학생, 스타일을 선도하는 사람 등을 선택함으로써 타인의 관심을 끌고 위상 강화를 꾀한다. 아이들은 다른 아이들이 어떤 일을 하기 좋아하는지, 다른 사람들이 자기를 좋아하는지, 그리고 자신이 사회적 기준에 비추어 어떻게 평가되는지에 관심이 높다(Harris, 2006). 또래 사이에서 높은 위상을 추구하다 보면 성적도 좋아지고 행동도 개선될 수 있다는 것을 모든 학생이 알아야 한다.

이 세 가지 관계에 대한 욕구는 학생들의 행동을 형성하는 데 중요한 역할을 한다. 성공적인 학교는 공식 혹은 비공식적 전략을 적절히 구사해 아이들의 이러한 욕구를 적극적으로 충족시키고자 노력한다. 교사는 교실에서 학생들이 바람직한 관계를 형성하고, 서로 포용할 수 있도록 사회성을 강화하는 수업전략을 사용할 수 있다. 또한 교육행정가들은 학생들의 사회적 측면을 무시해서는 안 된다. 학생들의 뇌, 감정, 행동은 사회적 관계에 의해 작동되며 이 세 가지가 모여 인지작용이 이루어진다. 인지와 감정은 복잡미묘한 상호작용을 한다. 학생들은 친구 및 교사들과 잘 어울리고, 자신이 구성원으로부터 받아들여진다고 느낄 때 성적이 향상된다. 하지만 학생들에게 성적을 올리라고 강하게 밀어붙이는 일은 원만한 사회화 욕구와 충돌을 일으킬 수 있다. 학교혁신 프로그램을 가동할 때 학생들의 정서와 사회적 삶을 고려하지 않는다면 성적 향상은 한계에 부딪칠 것이다. 나는 이 책 전체에 걸쳐 이 세 가지 관계 욕구를 다루는 구체적 전략을 제시하려 한다.

정서 및 사회성을 길러주는 방법

학생을 존중하는 태도를 체화하라

학생들을 경제적으로 도울 수는 없지만 정서적 발달을 도와줄 수는 있다. 그러기 위해서는 기존의 생각을 거의 다 바꾸어야 한다. 학생들에게 그냥 선생님을 존중해야 한다고 말하는 건 소용없다. 어떤 상황에서 어떻게 행동해야 하는지 모르는 학생이 많기 때문이다. 대신, 이렇게 하라.

- 존중받을 자격이 없다고 생각되는 학생도 존중하라.
- 의사결정과정에 학생들을 참여시켜라. 예를 들어, 배운 내용을 복습할지, 다음 단원으로 넘어갈지 학생들이 선택할 수 있도록 하라.
- "지금 당장 해!"와 같이 지시하는 어투의 표현을 피하라. 학생에게 선택지를 주고 의견을 구하면서 높은 기대치를 유지하라. 예를 들어 "작문 초안을 지금 바로 써볼래? 아니면 생각할 시간을 먼저 가질래?"라고 말해보라.
- 비꼬듯 이야기하지 말라. 예를 들어 "기분전환 삼아 조용히 숙제

나 좀 하는 게 어때?"와 같은 말이 그러하다.

- 어른다운 사고방식을 몸소 보여라. 예를 들어 "오늘은 시간이 모자라 세 가지만 할 수 있겠구나. 그럼 이걸 먼저 끝내는 게 좋아." 라고 말하라. 평온한 목소리를 유지하고 학생의 행동에 '건방지다' 와 같은 꼬리표를 붙이지 말라.

- 권위를 이용하지 말고 긍정적 관계 형성을 통해 품행을 교정하라. "똑똑한 척 좀 하지 마!"나 "당장 앉아!"와 같은 부정적인 말투로 명령하지 말라. 대신 "오늘 수업에서는 할 게 정말 많아. 수업할 준비가 다 되었으면 자리에 앉도록 하자."라고 말하는 건 어떨까?

교수항목에 사회성·감성을 포함하라

학년마다 다양한 수업전략을 사용하여 사회성·감성을 강화하라. 예를 들어, 다음과 같은 방법들이 있다.

- 인사하는 법을 가르쳐라. 인사는 사회생활에 매우 중요한 기본적인 요소라는 점을 강조하라. 학년 초, 학생들이 같은 반 친구들에게 자신을 소개할 때 서로 눈을 마주치며 미소 짓고, 악수하면서 인사하도록 지도하라.

- 중등 학습과정에서도 순서대로 돌아가면서 말하는 능력을 키울 수 있는 활동을 포함하라. 학습정거장(learning station, 교실 내에 지정된 몇 개의 장소를 돌아다니면서 여러 가지 학습활동을 할 수

있도록 디자인된 수업 형태-옮긴이), 짝활동, 협동학습(cooperative learning) 등의 수업 기법으로 학생들이 다양한 사회적 스킬을 몸에 익히도록 하라.

- 협업을 마치면 서로 수고했다고 인사하도록 하라.
- 사회성·감성 발달 프로그램을 시행하라. PATHS(Promoting Alternative THinking Strategies, 자신의 감정을 말로 표현하고 그 감정을 통제하는 방안을 생각해보도록 훈련시키는 프로그램-옮긴이), 의식적 훈육(Conscious Discipline, 교사가 자신의 언행을 의식하고 감정을 통제하면서 아이들을 훈육할 때 아이들 역시 자기통제와 감정조절 스킬을 배우게 된다는 점을 강조하는 사회성·감성 훈련 프로그램-옮긴이), 사랑과 지혜로 훈육하기(Love and Logic, 공감, 사랑, 이해를 통해 책임감 있는 아이로 키울 수 있도록 도와주는 프로그램-옮긴이) 등의 프로그램을 사용하여 학급운영과정에서 아이들이 사회성을 키울 수 있도록 설계하라.

학생들을 포용하라

학생들을 감싸고 하나로 묶어주는 언어표현을 활용해 가족 같은 분위기를 만들어라. 다음과 같은 방법들이 있다.

- 학교나 학급을 지칭할 때 항상 '우리 학교', '우리 반' 같은 표현을 사용하라. 상하관계를 강화하는 '선생님', '너희들' 같은 지칭은 피

하라.

- 수업에 누가 왔는지 이름을 불러 확인해주고, 학생들이 한 일에 대해서는 아무리 작은 일이라도 고마움을 표현하는 습관을 들여라.

- 성과뿐만 아니라 노력을 칭찬하라. 학습의 최종목표를 성취한 학생뿐만 아니라 학습의 중간과정을 통과한 학생도 칭찬하라. 수업마다 학생들의 노력을 인정하고 칭찬하는 목소리가 끊이지 않도록 하라.

급성·만성 스트레스

(**A**cute and chronic stressors)

스트레스는 어려운 상황이나 상대하기 힘든 사람과의 관계 때문에 상
황을 통제할 수 없다고 느낄 때 나타나는 생리적 반응이다. 사실 어쩌
다 겪게 되는 '롤러코스터형' 스트레스는 우리 건강에 좋다. 이런 종류
의 스트레스는 면역력을 높여주고, 회복탄력성(resiliency)을 키워준다.
그러나 빈곤가정에서 자라나는 아동이 겪는 스트레스는 회복하기 힘
든 깊은 상처를 남긴다. 스트레스는 크게 급성과 만성으로 나눌 수 있
다. 급성 스트레스(acute stress)는 학대나 폭력으로 인한 정신적 충격
때문에 생긴 극심한 스트레스를 말하며, 만성 스트레스(chronic stress)
는 높은 수준의 스트레스가 오랜 기간 지속되는 경우에 생긴다. 두 가
지 스트레스 모두 부유한 환경의 아동들보다 가난한 환경의 아동들에
게 더 큰 영향을 미친다. 만성 스트레스가 급성 스트레스에 비해 자주
발생하고, 아이들의 일상생활에 미치는 영향도 크다.

[도표 2.2] 스트레스 요인 수 비교(부유층 VS. 빈곤층)

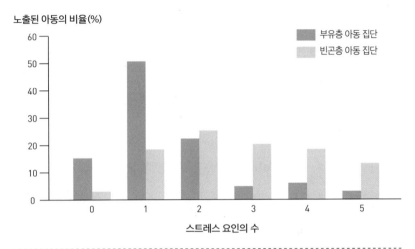

노출된 아동의 비율(%)

■ 부유층 아동 집단
□ 빈곤층 아동 집단

스트레스 요인의 수

출처: 「Cumulative Risk, Maternal Responsiveness, and Allostatic Load Among Young Adolescents(청소년기 초반의 누적 위험 요인, 어머니의 반응 및 알로스타 부하)」(Evans et al., 2007)「Developmental Psychology」, 43권(2호), pp. 341-351.

　　빈곤층 아이들은 부유층 또래에 비해 만성 스트레스를 경험할 확률이 현저하게 높다(Almeida et al., 2005) ([도표 2.2] 참고). 만성 스트레스는 아이들의 신체적·심리적·감성적·인지적 능력을 서서히 손상시키며 뇌 발달, 학업성취도, 사회적 능력에까지 영향을 미친다. 만성 스트레스를 받으면서 자란 학생들은 사회생활에 필수적으로 요구되는 상황 대처능력이 부족하고, 학교에서 행동이나 학업과 관련된 문제를 겪을 수 있다.

급성·만성 스트레스에 관한 연구

생물학적 관점에서 스트레스는 단순한 측면도 있고 복잡한 측면도 있다. 우리 몸에는 30~50조 개의 세포들이 있는데 모든 세포는 성장과정 또는 퇴화과정에 있다. 하지만 성장과 소멸이 동시에 진행되지는 않는다. 정상적인 상태에서 우리 몸은 항상성(homeostasis)을 통하여 균형을 이루게 된다. 항상성이란 심장박동, 혈압, 혈당 등 신체의 주요기능이 최적의 상태를 유지하는 성질을 말한다. 스트레스 요인은 항상성을 깨는 모든 요인을 가리키는데, 타인으로부터의 비난이나 가정에서의 방치, 사회적 관계로부터의 배제, 긍정적인 경험의 기회 부족, 영양실조, 약물남용, 독극물 노출, 학대, 신체적·정신적 외상 등이 이에 해당된다. 세포가 성장하지 않을 때는 '웅크림 모드'가 되는데, 이 경우 활동을 줄이고 미래의 위협에 대비해 자원을 비축한다. 엄청난 수의 세포들이 공격을 받아 웅크림 모드에 들어가게 되면 문제가 발생한다.

위협 요인들이 잠깐 지나쳐가는 경우에는 우리 몸의 항상성에 큰 문제가 되지 않는다. 그러나 급성·만성 스트레스는 문제를 야기한다. 이중 저소득층 가정이 주로 겪는 스트레스 요인에는 비좁은 주거환경, 기준 이하의 주택시설, 위험한 주변환경, 학교폭력과 가정폭력, 부모의 별거 및 이혼, 가족 구성원의 사망, 경제적 압박의 경험, 강제 퇴거, 자원의 궁핍 등이 있다(Evans & English, 2002).

가난한 환경의 아이들은 부정적 사건들과 매일 발생하는 귀찮은 일들로 심각한 스트레스를 받는다(Attar et al., 1994). 예를 들어 빈곤층 아이들의 절반 이상이 매년 강제로 퇴거를 당하거나 수도·전기·가스가 끊기고, 과밀주택 또는 에어컨이나 난방기구가 없는 주택에 거주한다. 빈곤층이 아닌 아이들이 이런 어려움을 겪는 비율은 13퍼센트에 지나지 않는다(Lichter, 1997). 게다가 어른들에게 제대로 보호를 받지 못하고, 건강관리를 전혀 받지 못하는 경우도 있으며, 학대를 경험하기도 한다. 이용할 수 있는 보육시설 및 학교가 부족하고, 우정을 건강하게 키워가기 어려우며, 우울증을 겪는 경우도 많다. 이 모든 것들은 발달기 아동에게 견디기 힘든 스트레스가 되며 몸과 마음을 지치게 한다.

하루하루의 생존을 위해 일해야 하는 저소득층 부모들은 대부분 엄청난 스트레스에 시달린다. 우울증을 겪거나 삶에 대해 부정적 태도를 갖게 되고, 아이들을 충분히 보살필 시간과 자원 모두가 부족하다. 자녀들과의 소통은 단절되고, 아이들에게 무엇이 필요한지 세심하게 살펴보는 일은 더더욱 어려워진다. 중산층 아이들에 비해 빈곤층 아이들은 가정폭력이나 가정파탄, 부모의 별거를 겪을 확률이 높다(Emery & Laumann-Billings, 1998).

교육 수준이 낮고 사회적으로 대우받지 못하는 일에 종사하는 부모들이 많은 지역은 범죄 건수가 많아지는 경향이 있다(Sampson et al., 1997). 저소득층 가정의 2~4세 아동이 부유층 또래에 비해 공격적인 아이들과 지내게 될 확률은 동네에서는 40퍼센트 정도 더 높고, 보육시설에서는 25퍼센트 더 높았다(Sinclair et al., 1994).

빈곤층 아이들에게 학대는 주요 스트레스 요인이다. 부모의 소득이 낮을수록 훈육방법이 가혹해진다는 사실이 수많은 연구에서 확인되었다(Gershoff, 2002; Slack et al., 2004).

저소득층 부모들은 대체로 권위적이다. 자녀들에게 엄한 명령을 내리고 심한 체벌을 가하는 경우도 있다(Bradley, Corwyn, Burchinal, McAdoo, & Coll, 2001; Bradley, Corwyn, McAdoo, & Coll, 2001). 7세 아동들을 대상으로 한 연구에 따르면 육체노동을 하는 부모의 경우 사무직 부모에 비해 자녀에게 체벌을 가할 확률이 2배나 되었다(Evans, 2004). 아울러 빈곤층 아이들이 부유층 아이들에 비해 신체적 학대를 당할 확률은 1.52배, 성적 학대를 당할 확률은 1.83배에 이른다(Hussey et al., 2006).

학대는 부모가 술을 마시거나 약물을 복용할 경우 또는 스트레스 쌓이는 일을 많이 겪을 때 자주 발생한다(Emery & Laumann-Billings, 1998). 또한 사회적인 지원체계가 부족하고 범죄율이 높은 낙후지역에 거주하는 경우에도 자주 일어난다(Jack & Jordan, 1999).

만성 스트레스가 사람에게 얼마나 나쁜 영향을 끼치는지는 가늠하기 힘들다. 급성·만성 스트레스는 발달기 아동의 뇌 깊숙이 각인되어 지속적으로 해로운 영향을 끼친다(Coplan et al., 1996). 스트레스를 받은 신경세포(neuron)는 건강한 신경세포에 비해 다른 신경세포로 보내는 신호가 약하고 혈액이나 산소를 운반하는 능력이 떨어진다. 또한 주변의 신경세포와 메시지를 주고받을 수 있는 신경연결가지도 줄어든다. 학습과 인지, 작업기억(working memory)에 관여하는 전전두피질(prefrontal cortex)과 해마(hippocampus)는 소위 '스트레스 호르몬'이라 부르는 코르티솔(cortisol)에 민감하게 반응한다. 급성·만성 스트레스에 노출될 경우 전두엽(frontal lobes)의 신경세포 크기가 실제로 줄어드는데, 전전두피질을 포함하는 전두엽영역은 판단, 계획, 충동제어 등의 기능을 담당한다(Cook & Wellman, 2004). 또한 스트레스는 해마의 구조를 변경하거나 손상시켜 학습능력을 악화시키기도 한다(Vythilingam et al., 2002).

언제 들이닥칠지 모를 스트레스 요인들에 장기간 노출되면 뇌의 학습능력 및 기억력이 심각하게 손상된다(Yang et al., 2003). 예를 들어 학대를 받는 아동의 경우 건강한 애착관계의 형성, 감정제어, 기질형성 등의 발달과정이 망가지고, 성인기의 사회성·감성 저하 및 심리장애로 이어지기도 한다(Emery & Laumann-Billings, 1998). 뇌생물학 분야의 연구는 방치되거나 학대당한 아동의 발달과정을 추적하여 이들의 뇌가 상당히 변질되었다는 것을 보여주었다. '투쟁-도피 반응(fight-or-flight)' 스트레스 호르몬이 분비될 경우 감정제어, 공감능력, 사회성 및 건강한 감성 발달에 필수적인 능력들을 제어하는 뇌의 기능이 서서히 감퇴된다(Joseph, 1999).

만성 스트레스는 전두엽과 해마 부위의 신경세포 간 연결을 방해하고, 감정중추인 편도체(amygdala) 부위의 신경세포 간 연결은 더욱 복잡하게 만든다(Conrad, 2006). 편도체의 신경연결이 복잡해지면 스트레스를 받지 않는 신경세포들보다 기억을 조절하고 재구성하는 과정에 훨씬 더 민감하게 반응하게 된다. 즉, 만성적으로 스트레스를 받는 아이들은 해마의 신경연결 감소와 편도체의 신경연결 증가가 복합적으로 작용하여 이혼, 학대, 외상, 죽음, 유기(遺棄)와 같이 매우 강렬한 사건으로 인한 '정서기억(emotional memory)'이 촉발됨으로써 일반지식과 학습내용을 저장하는 '서술기억(declarative memory)'이 감소된다.

만성 스트레스에 무방비로 노출되는 경우 '알로스타 부하(allostatic load)'가 일어나기도 한다. 알로스타 부하는 스트레스가 끝도 없이 쌓여 이전의 건강한 상태로 돌아가지 못하고, 삶의 부정적인 경험들에 적응해버리는 경우 발생한다. 그 결과 주변환경에 과도하게 반응하거나 아예 아무런 반응도 보이지 않는 상태가 된다. 만성 스트레스로 인한 알로스타 부하는 부유층보다 저소득층에서 더 많이 나타난다고 한다 (Szanton et al., 2005).

급성·만성 스트레스가 행동과 학업에 미치는 영향

학생들은 "저와 대화할 때는 조심하세요! 만성 스트레스를 겪고 있거든요!"라는 문구를 몸에 붙이고 오지 않는다. 스트레스가 학습과 행동에 미치는 영향은 겉으로 잘 드러나지 않는다. 따라서 교사는 수업과정을 통해 학생들의 스트레스 관련 증상을 포착할 수 있어야 한다. 만성 스트레스는 아이들에게 다음과 같은 영향을 끼친다.

- 결석 사유의 50퍼센트 이상을 차지한다(Johnston-Brooks et al., 1998).
- 주의집중력을 해친다(Erickson et al., 2003).
- 인지능력, 창의성, 기억력을 약화시킨다(Lupien et al., 2001).
- 사회성과 판단력을 약화시킨다(Wommack & Delville, 2004).
- 학습동기, 결단력, 노력하려는 의지가 약화된다(Johnson, 1981).
- 우울증에 걸릴 확률을 높인다(Hammack et al., 2004).
- 새로운 뇌세포의 성장을 저해한다(De Bellis et al., 2001).

가정에서 스트레스를 많이 받고 자란 아이들은 학교에서 남에게 피해를 끼치는 행동을 통해 그 스트레스를 표출하게 된다. 또한 사회생활과 공부를 잘하는 데 필요한 능력이 부족한 경우가 많다(Bradley & Corwyn, 2002). 제멋대로 굴고 교실을 어지럽히는 충동적인 행동은 사실 빈곤층 아이들의 전형적인 행동이다. 이런 충동적인 행동은 생존전략이 작동되어 과장되게 나타나는 스트레스 반응이다. 가난한 상태에서 생존 가능성이 가장 높은 사람은 과장된 스트레스 반응을 보이는 사람이다. [도표 2.3]은 지속적인 스트레스에 노출되는 아이들일수록 충동성이 강화되고 만족지연능력(deferred gratification, 당장 눈앞의 보상을 거부하고 추후에 보상을 추구할 수 있는 능력-옮긴이)은 약해진다는

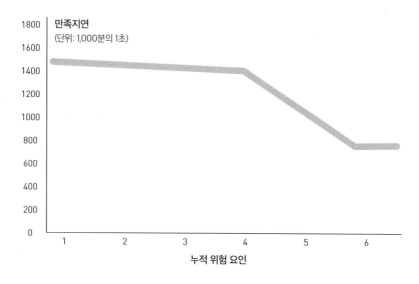

[도표 2.3] 누적 위험 요인: 스트레스 증가 = 만족지연능력 약화 = 충동성 강화

출처 「A Multimethodological Analysis of Cumulative Risk and Allostatic Load Among Rural Children(농어촌 아동들의 누적 위험 요인과 알로스타 부하에 대한 다방법론 분석)」(Evans, 2003) 『Developmental Psychology』, 39권(5호), pp. 924–933.

연구 결과(Evans, 2003)를 보여준다.

빈곤층 학생들은 여러 가지 스트레스 요인으로 공부를 등한시하고 학교에서 삐딱한 행동을 하기 쉽다. 가정에서 학대를 받은 적이 있는 여학생들의 경우 학교생활을 하면서 감정동요가 심한 경우가 많다. 한편 학대를 받은 남학생들은 지적 호기심과 학습능력이 떨어지고 기억력이 손상된다(Zuena et al., 2008). 가난으로 인해 자주 이사를 다니면서 겪는 스트레스 역시 학생들이 사회적 소통에 활발히 참여하여 긍정적인 학교생활을 해가는 데 방해가 된다(Schafft, 2006). 중산층 가정이 이사를 하는 이유는 대체로 사회경제적으로 형편이 나아진 경우인 반면, 저소득층은 상황이 어려워져서 어쩔 수 없이 집을 옮기게 된 경우가 많다. 이렇게 자주 이사를 다니다 보면 아이들은 미래에 대해 불안감이 커진다. 잦은 전학으로 인해 학교에서 원만한 교우관계를 맺지 못하고, 학습환경 또한 자주 바뀌어 스트레스가 더욱 커지게 된다(Schafft, 2006).

신변안전 문제에 대해 걱정하는 학생들도 성적이 낮은 경향이 있다(Pratt et al., 1997). 집 주변이나 등하굣길에서 폭력의 위험에 노출되면 성적이 떨어질 수 있다(Schwartz & Gorman, 2003). 학교에서 괴롭힘이나 폭력으로 인한 스트레스를 받게 되면 시험 점수가 떨어지고, 주의집중 시간은 짧아지며, 결석하거나 지각하는 일이 잦아진다(Hoffman, 1996). 안타깝게도 학교폭력에 대한 두려움으로 아예 집에 숨어 있거나 수업에 빠지는 고등학생이 적지 않다.

연구에 따르면 사회경제적 상위계층의 부모일수록 자녀를 훌륭하게 양육할 확률이 높고 자녀의 학업성취도도 높다(DeGarmo et al., 1999). 안타깝게도 이 반대의 경우 또한 성립한다. 즉, 빈곤층 가정의 부모들은 만성 스트레스를 겪으면서 자녀를 훌륭하게 양육할 수 있는 능력을 조금씩 잃게 되고, 자녀와의 관계도 멀어진다. 때론 적절치 못한 양육 방법을 선택하여 결과적으로 자녀들의 성적이 떨어지기도 한다. 생존하기 위해 발버둥쳐야 하는 부모들은 근로기준시간을 초과하여 일할 수밖에 없고, 불규칙하게 교대근무를 하거나 직장을 두 군데 이상 다니는 경우가 많다. 자녀들에게 충분한 관심과 사랑을 주지 못하고, 경제적 뒷받침을 해주지 못한다. 이런 식으로 부모로서 역할을 충분히 해주지 못하는 경우 자녀들은 일탈행동을 일삼고 성적을 등한시하기 쉽다 (Hsuch & Yoshikawa, 2007).

만성 스트레스를 겪은 아이들의 뇌는 급격하게 변화하는 청소년기에 나쁜 유혹에 넘어가기 쉽다는 것을 보여주는 연구 결과도 있다 (Fishbein et al., 2006). 연구자들에 의하면 청소년이 음주나 약물남용과 같은 몸에 해로운 선택을 하거나 사회적 스킬이 떨어지는 것은 어린 시절 스트레스가 많이 쌓이는 일을 겪은 것과 상관관계가 있다고 한다.

스트레스는 인지능력도 약화시킨다. 한 연구에서는 무작위 표본집단을 대상으로 연구자와 피험자 양측 모두 어떤 게 진짜 약인지 가짜 약인지 모르게 한 채, 스트레스를 일으키는 화학물질인 코르티솔을 복용시키면 피험자들에게 어떠한 영향이 있는지 실험했다(Newcomer et al., 1999). 다량의 코르티솔을 복용한 피험자들은 언어적 서술기억 (verbal declarative memory)이 감소되었으며, 코르티솔 수치가 낮아지자 기억력이 원상태로 회복되었다(Newcomer et al., 1999).

급성·만성 스트레스에 노출되면 심신이 허약해진다. 스트레스에 적응하면 범불안장애(generalized anxiety disorder, GAD) 혹은 외상 후 스트레스장애(post traumatic stress disorder, PTSD)의 경우처럼 불안감이 증가하고 소외감이 깊어지면서 점점 더 무기력해진다. 외상(外傷)을 남기는 충격적인 사건을 겪었거나, 가족과 소통하지 못하고, 지역 및 종교 단체에 소속되어 활동할 기회조차 얻지 못한 저소득층 학생들의 경우 점차 절망감에 빠지게 된다(Bolland et al., 2005). 사회경제적 하위계층의 아프리카계 미국인 청소년 중 거의 절반인 47퍼센트가 심각한 수준의 우울증을 겪고 있다고 임상적으로 보고된 바 있다(Hammack et al., 2004). 이들은 학교생활에서 매사를 쉽게 포기하거나 수동적이 되고, 공부에 쉽게 흥미를 잃는다(Johnson, 1981). 이런 포기의 과정을 '학습된 무기력(learned helplessness)'이라 한다. '학습된'이라는 말이 나타내듯 학습된 무기력은 유전적인 것이 아니라 삶의 조건들에 '적응한' 결과다. 학습된 무기력에 빠진 아이들은 자신의 삶을 체념하고, 학교를 중간에 그만두거나 10대에 임신할 확률이 높다.

많은 연구들이 스트레스의 영향은 누적된다는 점을 보여주었다(Astone et al., 2007; Evans, 2004; Evans & English, 2002; Evans et al., 2007; Geronimus et al., 2006; Lucey, 2007). 이전에 학대나 방치, 위기상황, 부모의 죽음 및 빈곤과 관련된 어려움을 겪은 적이 있는 아이들은 스트레스 요인에 더욱 민감하게 반응한다. 한 가지 스트레스 요인이 심해지면 다른 스트레스 요인이 파생되고 누적되어 서서히 아이를 변화시킨다. 이처럼 스트레스 요인들이 쌓여 그 영향이 커질수록 빈곤층 학생들의 삶은 비참해진다.

몇몇 연구는 참가자들에게 스트레스에 대처하는 스킬과 스트레스 해소방안을 알려주는 수업을 실시했을 때 참가자들이 적대적 반응을 덜 보이고(Wadsworth et al., 2005) 우울증 증세에서 호전된다는 사실을 보여주었다(Peden et al., 2005). 애석하게도 빈곤계층은 대개 이런 자기계발 프로그램이나 스트레스를 풀어주는 레크리에이션 활동에 참여할 수 있는 기회가 거의 없다. 예를 들어 위험지역이나 황폐화된 지역의 경우 다른 지역에 비해 근린공원 및 레크리에이션 시설이 부족하다(Evans, 2004). 부유층 또래에 비해 빈곤층 아이들은 어른의 손에 이끌려 박물관이나 영화관, 도서관에 갈 확률이 반밖에 되지 않고, 일상에서 벗어나 휴가를 가거나 재미있고 풍부한 문화적 경험을 즐길 수 있는 외출을 할 가능성 또한 낮다(Bradley & Corwyn, 2002).

급성·만성 스트레스를 줄여주는 방법

스트레스 징후를 포착하자

학생들이 아무것에도 관심이 없거나 무례하게 보인다면 사는 데 흥미를 잃고 절망에 빠진 상태일 수 있다. 따라서 만성적인 스트레스를 겪을 때 나타나는 징후들을 포착하는 일은 매우 중요하다. 스트레스 관련 질환에 노출된 학생들은 다음과 같은 특성을 보인다.

- 스트레스를 줄이기 위해 할 수 있는 일이 없다고 생각한다.
- 스트레스 요인이 얼마나 같지, 그 파괴력이 얼마나 오래 지속될지

알 수 없다.

- 스트레스를 받아서 화가 자주 나지만 해소할 방법이 없다.
- 스트레스를 주는 요인들을 생각하면 주변환경이 더 나빠 보이고 그나마 가지고 있던 희망마저 사라지고 있다고 느낀다.
- 스트레스로 인한 고민을 해결하려고 해도 마땅한 지원시스템을 찾을 수 없다.

충동적이며 자기중심적인 행동을 하는 학생들을 비난하지 않는 것이 왜 중요한지 교직원들과 함께 이야기해보라. 또한 학생의 부적절한 행동을 접할 때마다 스스로에게 이런 질문을 던져보라.

"이 훈육방식은 긍정적인 효과가 있어서 앞으로 저 학생의 행동교정에 도움이 될까, 아니면 징벌적인 성격이 강해서 오히려 행동교정에 방해가 될까?"

학교를 스트레스 없는 환경으로 바꾸자

학생들의 스트레스를 줄이는 방향으로 학교환경을 바꿔라. 행동을 바꿀 의사가 없는 학생들이 받아들이려 하지 않는 규정은 수정하라.

- 학교가 감옥처럼 느껴지게 만드는 요소를 줄여라. 예를 들어 수업의 시작과 끝을 알리는 종소리를 음악으로 대체하는 방안을 검토하라.

- 수업 중이나 직후에 숙제를 할 수 있는 시간을 주어 학생들의 숙제부담을 줄여줘라.
- 학교에서 일방적으로 정하는 권위주의적 방식을 피하고 교사와 학생이 함께 협의해 규정을 만들도록 하라.
- 수업 중에 서로 칭찬해주기, 역할극을 하거나 산책, 이어달리기, 게임 등의 신체활동을 해서 스트레스를 해소하도록 하라.
- 드라마 혹은 제스처놀이(한 사람이 몸짓으로 단어를 설명하면 다른 사람들이 맞추는 놀이-옮긴이)와 같은 신체활동, 그림 그리기 혹은 악기연주와 같은 음악·미술 활동, 무언가를 만들고 고쳐보는 공작교실을 교과과정에 포함시켜라.

스트레스에 대항할 수 있는 힘을 키워주자

스트레스 수준을 어떻게 조절할 수 있는지 보여줌으로써 학생들이 스스로 주변환경을 통제할 수 있다는 믿음을 갖도록 하라. 학생들에게 당장 행동을 바꾸라고 요구하기보다는 다음과 같은 방법을 통해 서서히 변화할 수 있도록 하는 것이 좋다.

- 갈등해결 기법을 소개하라. 예를 들어 화를 다스리기 위해 한 단계씩 차근차근 접근하는 법을 가르쳐라. 구체적으로 "정말 화가 나면 어떻게 하지? 그렇지. 먼저 심호흡을 하고 다섯까지 세어봐." 라는 식으로 시작할 수 있다.

- 화를 다스리고 좌절감을 극복하는 기법을 구체적으로 가르쳐라. 예를 들어 천천히 심호흡을 하면서 1부터 10까지 세게 하는 방법이 있다.
- 책임질 일이 있다면 그것에 대해 배상하는 것의 가치를 일깨워주어라. 잘못한 사람이 마땅히 책임을 지고 대가를 치르는 문화를 학교 차원에서 강조한다면 학생들은 자신의 행동이 수업에 방해가 되었을 때 책임지는 차원에서 뭔가 학급에 도움이 되는 일을 하는 것을 당연하게 받아들인다. 예를 들어 교실에서 물건을 집어던진 학생에게 교실청소나 환경미화 프로젝트를 맡길 수 있다.
- 목표를 명확하게 세우고 원하는 일에 집중하는 법을 가르쳐라.
- 실생활에서 겪을 수 있는 문제들을 해결하는 법을 몸소 보여줘라. 실제 혹은 가상의 상황을 제시함으로써 학생들의 문제해결능력을 강화하라. 자동차에 휘발유가 떨어져 곤경에 빠졌던 사례를 학생들에게 말해주라. 예측을 잘못하고 운전하다가 휘발유가 떨어져서 곤경에 처했을 때 어떻게 그 사태를 해결했는지 이야기하라(보험사에 전화해서 긴급서비스를 받는 방법이 있을 수 있다). 이런 시나리오를 통해 실생활에서 부딪히는 곤란한 상황을 스스로 해결하는 과정을 보여주도록 한다.
- 한 주에 하나씩 실생활에서 부딪힐 수 있는 문제상황을 제시하고, 여럿이 머리를 맞대어 문제를 해결하도록 해보라.
- 사회적 관계를 맺을 때 필요한 스킬(social skills)을 가르쳐라.

예를 들어, 생각하기-짝과 함께 토론하기-공유하기(Think-Pair-Share)나 서로 설명해주는 식의 모둠활동을 시작하기 전에 서로 눈을 맞추고 악수하고 인사하도록 가르쳐라. 활동이 끝난 후에는 서로 고마움을 표시하도록 하라.

• 심신의 스트레스를 이완시킬 수 있는 스킬(춤, 요가, 명상 등)을 소개하라.

인지능력 저하

(Cognitive lags)

인지능력은 매우 복잡하다. 인지능력은 다양한 방법으로 측정이 가능하며 수많은 요인의 영향을 받는다. 무엇보다도 사회경제적 환경에 영향을 받는다. 사회경제적 환경은 IQ, 학업성취도 점수, 유급 여부, 리터러시(literacy, 읽고 쓰는 능력-옮긴이) 등을 포함한 아동의 인지능력과 밀접하게 연관된다(Baydar et al., 1993; Brooks-Gunn et al., 1993; Liaw & Brooks-Gunn, 1994; Smith et al., 1997).

빈곤층 아이들과 부유층 아이들은 베일리 유아행동발달척도(Bayley Infant Behavior Scales)에서 표준성취도검사에 이르기까지 거의 모든 인지발달 측정 결과에서 현격한 차이를 보인다. 일반적으로 사회경제적 환경과 인지능력 간의 상관관계는 통계적으로 유의미하며(Gottfried et al., 2003) 이러한 경향은 유아기와 청소년기를 거쳐 장년기에 이르기까지 그대로 유지된다([도표 2.4] 참고). 하지만 이는 자료상 그렇다는 것

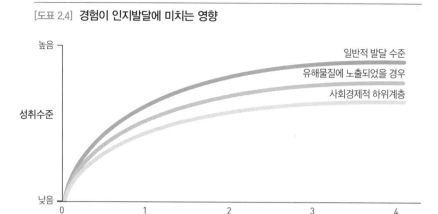

[도표 2.4] **경험이 인지발달에 미치는 영향**

높음 성취수준
일반적 발달 수준
유해물질에 노출되었을 경우
사회경제적 하위계층
낮음

0　　　　1　　　　2　　　　3　　　　4

발달단계

출처: 「Environmental Risk Factors in Infancy(유아기의 환경적 위험 요인)」(Sameroff, 1998) 『Pediatrics』, 102권(5호), pp. 1287-1292.

일 뿐 반드시 그렇게 된다는 뜻은 아니다. 희망적인 사실은 인간의 뇌는 주변 상황에 적응하여 늘 변화할 수 있도록 설계되었다는 것이다.

인지능력에 관한 연구

우리 뇌에는 학교생활에 필요한 능력을 총괄하는 '운영시스템(operating system)'이 있으며, 이는 여러 가지 신경인지시스템으로 구성된다. 학생들은 이 운영시스템을 통해 주의를 기울이고, 학습에 열중하며, 내용

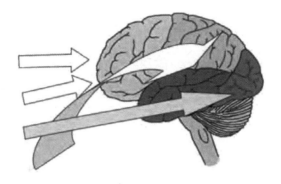

작업기억, 충동제어, 시공간능력, 언어능력, 인지갈등과 연관된 영역들이다.

출처: 「Neurocognitive Correlates of Socioeconomic Status in Kindergarten Children(유치원 아동의 신경인지와 사회경제적 계층 사이의 상관관계)」(Nobel et al., 2005)「Developmental Science」, 8호, pp. 74-87.

을 순서에 따라 처리하고 나아가 비판적으로 사고할 수 있다([도표 2.5] 참고). 운영시스템에 속해 있는 다섯 개의 인지시스템은 다음과 같다.

- **전전두의 집행시스템** 해부학적으로 전전두피질(prefrontal cortex)에 해당하는 집행시스템(executive system)은 만족지연, 계획수립, 의사결정, 생각을 유지하는 능력을 담당한다. 우리는 이 시스템을 통해 상황에 따라 어떻게 행동해야 할지를 재설정한다. 가족을 대할 때와 낯선 사람을 만날 때 서로 다르게 행동하고 반응하는 것이 그 예다.

- **좌뇌 실비우스열 주변 영역의 언어시스템** 좌뇌 실비우스열(left peri-sylvian) 즉, 측두(temporal) 및 전두(frontal) 영역에 해당하는 언어시스템(language system)은 언어의 의미, 구문, 음운 영역을 담당한다. 읽기, 발음, 철자, 쓰기능력도 이를 기반으로 한다.

- **내측두의 기억시스템** 텍스트, 말, 그림 등의 명시적인 학습과정을 처리하며, 적합하다고 평가되면 학습한 내용을 저장한다. 색인기능을 담당하는 해마(hippocampus)와 감정을 담당하는 편도체(amygdala)도 내측두(medial temporal)의 기억시스템(memory system)에 들어 있다.

- **두정엽의 공간인지시스템** 공간인지시스템(spatial cognition system)은 물체들이 서로 어떤 공간적 관계를 맺고 있는지에 관한 정보를 인지하고 처리한다. 이때 주로 후두정피질(posterior parietal cortex)이 동원된다. 뇌의 이 영역은 특히 정보를 조직하고, 정보 간에 순서를 매기고, 시각화할 때 큰 역할을 한다. 후두정피질의 공간인지시스템은 수학과 음악을 배우는 데 필수적이며, 구조적인 것에 대해 감을 잡는 데에도 중요한 역할을 한다.

- **후두측두의 시각인지시스템** 시각인지시스템(visual cognition system)은 후두측두(occipito-temporal)에 위치하는데, 패턴을 인식하고 마음속에 시각적 이미지를 만드는 역할을 담당한다. 다시 말해, 마음 속에 물체의 모양과 정체가 추상적으로 잘 표현되도록 이미지를 시각화하는 역할을 한다. 반대로, 저장된 시각정보를 이미

지로 바꾸기도 한다(Gardini et al., 2008).

뇌의 주요 작용이 뇌의 어떤 부위에서 어떤 과정을 통해 이루어지는
지를 이해하는 일은 매우 중요하다. 사회경제적으로 열악한 환경에 처
한 사람과 그렇지 않은 사람은 주요 인지시스템의 능력에서 상당한 차
이를 보인다.

인지신경과학(cognitive neuroscience)의 등장과 함께 인지시스템의
각 영역을 개별적으로 평가하는 일이 가능해졌다. 한 연구는 필라델피
아의 공립유치원에 다니는 아프리카계 미국인 아동을 대상으로 빈곤
층 아동 30명과 부유층 아동 30명의 인지능력을 검사했다(Noble et al.,
2005). 이 검사는 인지신경과학의 관련자료를 변형해서 만든 일련의 과
제를 아동들에게 수행하게 함으로써 뇌의 핵심 인지능력을 평가하도록
고안된 것이다. 이 연구는 빈곤층 아동과 부유층 아동의 뇌가 전반적
으로 또 세부적으로 어떻게 다른지를 보여주는 최초의 시도 중 하나로
평가된다. 또 다른 연구에서는 중학생들의 작업기억과 인지적 통제능
력을 평가했는데(Farah et al., 2006) 다섯 개의 인지신경영역 모두에서
빈곤층 아이들과 부유층 아이들은 현격한 차이를 보였다. 사람들은 내
게 "빈곤층 아이들의 뇌를 스캔해서 부유층 아이들의 뇌와 실제로 대
조해본 사람이 있습니까?"와 같은 질문을 하곤 하는데 실제로 그런 시
도들이 있었다. 사회경제적 계층에 따른 인지능력의 차이를 효과크기
(effect size)로 살펴보면 계층 간 차이가 실로 엄청나다는 사실을 알 수

있다([도표 2.6] 참고).

또 다른 연구에서는(Noble et al., 2007) 사회경제적으로 다양한 배경을 지닌 150명의 건강한 초등학생 1학년을 대상으로 언어능력, 시공간능력, 기억력, 작업기억, 인지적 통제 및 보상처리능력을 알아보기 위한 과제가 시행되었다. 그 결과, 사회경제적 계층 변인이 좌뇌 실비우스열 주변의 언어시스템에 미치는 영향이 30퍼센트가 넘었다. 다른 인지시스템의 능력 차이도 학생들의 사회경제적 계층에 따라 비록 30퍼센트보다는 작지만 상당히 크게 나타났다.

[도표 2.6] **빈곤층 아동의 뇌는 어떻게 다른가**

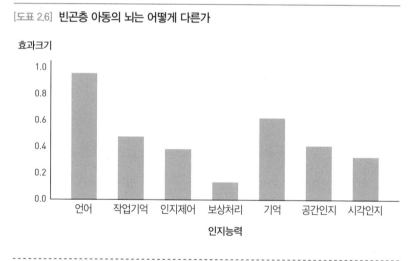

※ 효과크기의 차이는 저소득층과 중산층 간의 분리표준편차로 측정되었다.

출처: 「Neurocognitive Correlates of Socioeconomic Status in Kindergarten Children(유치원 아동의 신경인지와 사회경제적 계층 사이의 상관관계)」(Nobel et al., 2005)『Developmental Science』, 8호, pp. 74-87.

언어처리와 관련된 좌뇌 실비우스열 주변이 뇌의 다른 어떤 영역보다도 오랜 기간에 걸쳐 성숙한다는 사실은 사회경제적 계층에 따른 환경적 요인과 언어능력이 밀접하게 연관되어 있다는 설명을 가능케 한다(Sowell et al., 2003). 인간의 언어처리시스템이 다른 시스템에 비해 발달기간이 길기 때문에 환경의 영향을 더 크게 받을 수밖에 없다는 것이다(Noble et al., 2005). 부모가 사용하는 어휘의 종류와 양, 대화의 맥락이 아동의 좌뇌 실비우스열 주변 영역 발달에 매우 중요하다는 것이 확인되었다(Hoff, 2003).

아이들의 어휘능력은 부모의 나이나 인종 등 사회인구학적 특성, 성격, 사용하는 어휘의 양과 질, 아동발달에 대한 지식 수준 등에 따라 달라질 수 있다(Bornstein et al., 1998). 아이들은 대부분 학교에 다니기 시작할 때쯤 약 500만 단어에 노출되며, 그중 약 1만 3천 단어를 알게 된다. 고등학교 기간을 포함하면 약 6만에서 10만 단어를 습득한다(Huttenlocher, 1998). 하지만 저소득층 아이들은 대개 이러한 평균 어휘발달 수준에 이르지 못한다.

실제로 저소득층 보호자들은 길이가 짧고 문법적으로도 단순한 문장을 구사하고 있었다(Weizman & Snow, 2001). 부모와 아이가 대화를 나누는 경우도 많지 않았다. 저소득층 부모는 부유층 부모에 비해 아이들에게 질문하는 횟수가 적었고, 아이의 질문에 자세하게 대답해주는 경우 또한 많지 않았다. 결과적으로 언어능력 발달이라는 측면에서 빈곤층 아이들은 열악한 환경에 놓이게 되는 것이다. [도표 2.7]과 [도표

유아에게 말하기: 엄마의 말이 2세 유아의 어휘에 미치는 누적 영향에 관한 연구

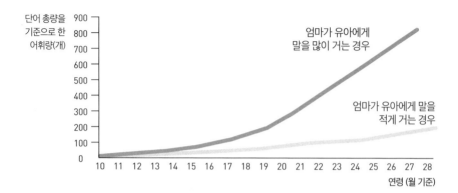

출처: 「Early Vocabulary Growth: Relation to Language Input and Gender(유아기 어휘증가: 언어입력 및 성별과의 관계)」(Huttenlocher et al., 1991)「Developmental Psychology」, 27권(2호), pp. 236-248.

[도표 2.8] 하루 중 부모-자녀 간 대화

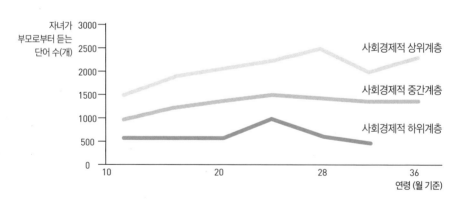

출처: 「Meaningful Differences in the Everyday Experiences of Young American Children(유아기: 일상경험에서의 의미 있는 차이)」(Hart & Risley, 1995), Baltimore: Brookes Publishing.

2.8]은 부모의 언어가 자녀의 어휘능력 발달에 어떤 영향을 미치는지를 보여준다.

취학 전에 충분한 보살핌을 받지 못한 아이들은 언어능력 발달이 지체되고 IQ 점수가 현저히 낮아질 수 있다. 다양한 사회경제적 배경을 지닌 아이들의 언어발달을 6년간 추적한 결과(Hart & Risley, 1995), 부모가 전문직인 아이들의 경우 3세에 이르렀을 때 사회복지 혜택을 받는 저소득층 아이들에 비해 어휘습득률이 두 배 정도 높았다. 또한, 부모와 아이의 대화에 사용되는 언어표현의 양과 질이 가계의 소득수준과 관련이 있다는 것이 드러났다.

빈곤가정 아이들의 경우 만 3세가 되면 이미 어휘습득이 뒤처져 다른 아이들에 비해 인지능력이 떨어지는 경향을 보인다고 한다. 실제로 아동기 후반에 실시한 IQ 검사 결과, 빈곤층 아이들은 부유층 아이들에 비해 무려 29퍼센트나 점수가 낮았다. 저소득층 부모들은 아이들이 깊이 생각하고 추론할 수 있도록 자녀들의 반응을 주의 깊게 이끌어내지 않기 때문으로 추정된다.

읽기발달은 언어습득과 함께 진행되며, 아이들의 뇌발달에 영향을 주는 가장 중요한 요인 중 하나다. 읽기는 인간의 뇌에 본래부터 내재된 능력이 아니다. 따라서 읽기능력을 발달시키기 위해서는 음소인식, 유창성, 어휘, 파닉스, 독해력과 같은 주요 요소와 기타 하위 요소를 명시적으로 가르쳐야 한다. 여기에는 보호자의 관심과 집중, 읽기능력을 키워주고자 하는 마음이 필요하다. 하지만 열악한 가정의 보호자들은 불행하게도 읽기능력을 키워줄 시간과 전문적 역량이 부족하다. 빈곤이 아동의 읽기능력에 좋지 않은 영향을 끼친다는 연구 결과는 이 외에도 많다(Noble et al., 2006).

빈곤층 아이들은 부모가 최선을 다한다고 해도 기본적인 여건이 여러모로 부족하기 때문에 불리한 측면이 많다. 또한 성장기의 뇌는 외부로부터 새롭고 도전적인 경험을 지속적으로 또 절실히 필요로 하는데, 그 필요가 충족되지 못하면 뇌의 성장속도는 둔화된다. 아이들이 방치된 경우 그만큼 뇌가 충분히 성장하지 못하는 것이다(De Bellis, 2005; Grassi-Oliveira et al., 2008). 가난한 환경의 아이들은 중산층에 비해 지적 자극을 받을 수 있는 기회가 적다. 예를 들어 빈곤가정에서는 부모가 유치원생 자녀들에게 매일 책을 읽어주는 비율이 36퍼센트에 그친다고 한다(Coley, 2002). 하지만 고소득층 부모는 62퍼센트가 아이들에게 책을 읽어주는 것으로 밝혀졌다. 더군다나 빈곤층 아이들은 부모로부터 학습법에 대한 지도를 받거나 숙제하는 데 도움을 받는 경우가 드물고, 부모와 함께 박물관에 가거나 다양한 문화적 경험을 하는 아이들은 부유층 아이들의 절반 수준이다(Bradley, Corwyn, Burchinal et al., 2001; Bradley, Corwyn, McAdoo et al., 2001). 집에서 놀 수 있는 공간이 좁고, 컴퓨터를 사용하거나 인터넷에 접속할 수 있는 기회도 부족하다. 컴퓨터와 인터넷을 사용한다고 해도 단순한 기능만을 이용하게 된다. 책이나 장난감, 여러 가지 놀이와 학습을 위한 자료도 부족하다. 대개는 TV를 보면서 시간을 보내고, 집으로 초대해서 같이 놀 수 있는 친구도 별로 없다(Evans, 2004). 가계사정이 열악하기 때문에 음악, 체육, 댄스, 연극 등의 방과후활동을 할 수 없는 경우도 많다(Bracey, 2006).

인지능력이 행동과 학업에 미치는 영향

빈곤층 아이들 대부분은 부유층 또래보다 한발 뒤처진 상태에서 학교에 들어간다. 학교공부를 위해서는 유아기에 부모로부터 받는 인지적 자극이 매우 중요한데, 빈곤층 아이들은 이러한 경험이 상대적으로 매우 부족하다. 이런 결핍은 이후 아동기 후반의 인지능력, 사회성·감성 발달의 부족으로 이어져 어휘습득, IQ, 사회성에까지 영향을 미친다(Bradley, Corwyn, Burchinal et al., 2001; Bradley, Corwyn, McAdoo et al., 2001).

여러 개의 표준지능검사 결과를 검토해보면, 빈곤과 학업부진 사이에 여러 가지 상관관계가 드러난다. 빈곤층 아이들은 종종 읽기, 수학, 과학에서 평균 이하의 점수를 받고, 쓰기능력도 부족하다. 물론 가난하다고 해서 이들 영역이 무조건 부족하다거나, 낮은 점수를 받을 수밖에 없다는 뜻은 아니다. 문제는 좋지 않은 성적으로 인해 교사들이 아이들에 대한 기대를 낮추게 되고, 낮아진 기대 수준이 다시 학습부진으로 이어지는 악순환이 반복된다는 사실이다. 학업이 부진할 경우 주변 사람들의 기대 수준이 떨어지게 되고, 이는 지적인 영역 외의 다른 측면에까지 확산되어 결국 학생의 자아존중감까지 해친다.

사회경제적 계층에 따른 교육격차는 문제를 악화시킨다. 소수인종 및 빈곤층 학생이 많은 학교일수록 더 많은 재정과 지원이 필요한데도, 이런 학교들이 부유한 학교들에 비해 주정부 및 지방정부 보조금 혜택을 적게 받는다. 교사수급이 원활하지 않아 경험이 부족한 교사들이 고용되기도 하고, 일부 교사들은 전공이 아닌 과목을 가르치기도 한다(Jerald, 2001)([도표 2.9] 참고). 빈부에 따른 교육격차는 수학과 읽기 같은 교과에서 가장 뚜렷이 드러난다.

캘리포니아주 로스앤젤레스 광역 지역 6개 커뮤니티를 조사한 연구(Constantino, 2005)에 따르면 부유층 아이들이 저소득층 아이들보다 훨씬 더 많은 책을 접한다고 한다. 어떤 부유층 가정은 빈곤층 아이들

[도표 2.9] **전공과목이 아닌 교과를 가르치는 교사 비율**

	수학	영어	역사	물리
공립학교 전체(%)	35.8	33.1	58.5	59.1
빈곤지역 학교(%)	51.4	41.7	61.2	61.2

출처: 「Dispelling the Myth Revisited: Preliminary Findings from a Nationwide Analysis of "High-Flying" Schools(그릇된 신념 바로 세우기: '성공한' 학교들에 대한 국가 수준 초기분석 결과)」(Jerald, 2001), Washington, DC: The Education Trust.

이 집과 학교를 통틀어 접할 수 있는 책보다도 더 많은 책을 가지고 있었다. 성적이 뛰어난 저소득층 출신 학생들의 특성을 살펴본 연구도 있다(Milne & Plourde, 2006). 이 학생들의 부모는 비록 가난하지만 자녀를 위해 여러 가지 학습자료를 제공해주고, 효율적으로 학습할 수 있도록 계획을 짜주고 같이 시간을 보냈다. 또한 TV 시청시간을 제한하고 자녀들에게 교육의 중요성을 강조했다. 연구자들은 아이들에게 어떤 환경이 필요한지 이해할 수만 있다면, 다른 부모들도 학업성취를 떨어뜨리는 여러 부정적 요인들을 극복할 수 있으리라는 결론을 내렸다.

성공적인 학업성취를 위해 대단히 많은 소양이나 스킬이 필요하지는 않다. 앞의 곳곳에서 이러한 스킬을 묶어 몇 번 미리 소개한 바 있다. 앞으로 3장에서 학업성취의 바탕이 되는 '운영시스템'의 하위 영역들을 한데 묶어 제시할 것이다.

인지능력을 높이는 방법

핵심 능력을 키워라

학생들의 성적이 낮을 때, 교사는 평가를 통해서 학생들에게 필요한 능력의 범위와 깊이를 확인할 수 있다. 당연한 얘기지만 평가를 통해 학생들이 필요로 하는 모든 역량을 측정할 수는 없다. 학습을 위한 핵심 능력은 다음과 같다.

- 주의를 기울이고 집중하는 능력

- 단기기억 및 장기기억

- 정보를 배열하고 처리하는 능력

- 문제해결능력

- 인내력 및 장기적인 계획에 따라 필요한 방법을 적용하는 능력

- 사회성

- 낙관적 태도와 자아존중감

학생들이 키워야 할 핵심 능력을 결정했다면, 계획을 수립하고 적합한 프로그램을 찾아 자원을 배분해야 한다. 이 책의 후반부에서는 학습부진을 해결하기 위한 개입(intervention) 프로그램을 실행하는 데 필요한 세부계획들에 대해 논의할 것이다. 교육을 통해 발전시켜야 할 가장 중요한 능력에는 사회성과 문제해결능력 등이 있다. 사회성을 습득한 학생들은 또래로부터 받는 압력을 이겨낼 수 있게 되고, 학교에 다니는 기간이 길어지며, 성적이 좋아지고, 각종 사고에 휘말리는 일도 줄어든다(Wright et al., 2004). 교사가 학생들에게 직접적으로 문제해결능력을 가르치고, 문제해결에 접근하는 법을 몸소 보여주며, 적절한 피드백을 하는 것이 중요하다. 아래와 같은 문구를 교실 벽에 붙여 놓으면 문제해결에 도움이 될 것이다.

1. 문제를 밝히고 정의한다.

2. 문제해결 방식에 대한 브레인스토밍을 진행한다.

3. 브레인스토밍에서 나온 각각의 해법을 체크리스트나 루브릭
(rubric, 채점기준표)으로 평가한다.

4. 선택된 해법을 실행한다.

5. 사후점검과 결과에 대한 보고를 통해 배운다.

위와 같은 문제해결의 모델을 교실에 게시하는 것 이외에, 학생들이
문제해결전략을 적용할 수 있는 실제상황에 대한 간단한 연구 사례를
제시할 수도 있을 것이다. 한 가지 예로 이런 상황을 가정해보자. "늦은
밤 친구들과 함께 쇼핑몰에서 집으로 가려고 한다. 운전을 하기로 한
친구가 녹초가 된 것 같다. 하지만 당장 집에 들어가지 않으면 굉장히
곤란해진다. 이런 경우 어떻게 문제를 해결할 수 있을까?"

평가의 초점을 명확히 하라

학생들의 인지능력 발달과 성적 향상을 도와주기 위해서는 개별 학생
의 뒤처진 교과 영역이 무엇인지 파악하는 데 그쳐서는 안 된다. 예를
들어 읽기 영역의 경우, 성적 부진은 다음과 같은 하위요소가 그 원인
일 수 있다.

• 시력 및 청력 문제
• 두 눈이 글을 따라 정교하게 움직이지 못하는 문제

- 어휘 부족
- 텍스트 이해능력 부족
- 파닉스나 음소인식능력 부족
- 읽기 유창성 부족

평가도 중요하지만 평가 이후 후속조치들을 철저히 이행하는 것이 더욱 중요하다. 또한 평가의 초점이 확실해야만 학생의 강점과 약점이 무엇인지 정확히 판단할 수 있다. 예를 들어, 우드콕-존슨 읽기진단검사 III(Woodcock-Johnson III Diagnostic Reading Battery)를 실시하면 읽기능력 중에서도 어떤 세부 영역에 초점을 맞추어 학생을 도와야 하는지 알 수 있다.

희망을 불어넣고 꿈을 이룰 수 있도록 지원하라

지적인 면에서 스스로 '다른 친구들보다 뒤처진다'고 느끼는 학생은 공부하는 게 힘들 뿐 아니라 돌출행동을 하게 되고, 괴롭힘을 당하거나 남을 괴롭히기도 한다. 심리적으로 자아존중감이 떨어지거나 우울해지고 무력감에 빠지기도 한다. 교사들은 이런 학생들과 관계를 돈독히 하면서 도움을 줄 필요가 있다. 긍정적인 방향으로 학생을 지도하고, 희망적인 자세와 낙관적 태도를 키워줘야 한다. 학생의 활동을 응원하고 칭찬하는 시간 또한 반드시 필요하다.

저소득층 아이들이 안고 있는 인지적인 어려움이 극복할 수 없을 만큼 커 보일 수도 있다. 하지만 우리는 빈곤과 학습의 상관관계라는 문제를 풀기 위해 무엇을 공략해야 하는지, 그리고 가장 효과적인 전략이 무엇인지에 대해 그 어느 때보다 잘 알고 있다. 적절한 개입 프로그램을 실행한다면 어떤 환경에서 자랐는지에 상관없이 지적인 면에서 성공을 거둘 수 있다는 말이다. 이 주제는 4장과 5장에서 상세히 논의될 것이다.

최고의 교직원을 채용하고 교육하라

어려운 상황에 처해 있는 아이들이 평균 이하의 교육을 받도록 놔둘 수는 없다. 1998년 보스턴 지역 공립학교 교사들을 대상으로 학생들의 학업성취에 기여한 성과를 조사해보니, 1년간 상위 1/3에 해당하는 교사들의 성과가 하위 1/3 교사들의 성과보다 무려 6배 높았다. 능력이 가장 떨어지는 교사 집단이 가르친 10학년(한국의 학제에서 고등학교 1학년에 해당-옮긴이) 학생들은 읽기능력이 거의 나아지지 않았고, 수학은 기초가 더 부실해졌다.

우수한 교사들을 찾으려면 우선 인근 지역에서 수소문하기 시작하라. 학회에 참석하여 아이들을 사랑하고 도전을 즐기는 교사들을 찾고 있다는 광고를 게시하라. 현재 학교에 근무하는 좋은 교사들에게 "여기에서 계속 근무하고 있는 이유가 무엇인가?"라는 질문을 던지고, 그 대답에서 교사채용을 위한 힌트를 얻는 것도 좋은 방법이다.

훌륭한 교사들을 채용하는 것은 결코 쉽지 않지만, 관심을 보이는 교사들에게 업무 및 근무환경을 매력적으로 제시하는 방법을 알고 있다면 충분히 가능한 일이다. 최고의 교사들은 도전적인 일과 업무의 유연성을 추구하며, 지원을 아끼지 않는 교육행정가들과 일하고 싶어 한다. 자신의 능력을 계발하고 지식을 확장하기 위해 직무능력 향상 프로그램에 지속적으로 참여한다. 필요하다면 타 지역에서 열리는 학회에도 달려가고, 검색 등을 통한 정보수집도 게을리하지 않는다. 우수한 교사들을 채용하려면 그들이 중요하게 생각하는 부분에 공감하면서, 학교가 구체적으로 무엇을 제공해줄 수 있는지 보여줘라.

건강 및 안전상의 문제
(Health and safety issues)

앞에서 살펴보았듯이 가난한 환경의 아이들은 영양실조, 유해환경 요
소, 부실한 의료혜택 등과 같이 건강과 안전에 대한 위험에 노출되어
있다. 건강과 학업성취는 밀접하게 연관된다. 우리 몸의 세포 하나하나
가 최상의 기능을 발휘하기 위해서는 건강한 환경이 필수적이다. 세포
가 스트레스 요인에 의해 공격을 받으면 성장이 둔화되고 움츠러들게
된다. 중산층이나 상류층 또래들에 비해 빈곤층 아이들은 스트레스로
공격받는 세포들이 훨씬 많다. 결과적으로 빈곤층 아이들의 면역시스
템은 서서히 파괴되고, 집중력과 학습능력이 약화된다. 또한 사회적으
로 적절하게 행동하는 법을 배우는 데 어려움을 겪기도 한다.

건강 및 안전에 관한 연구

스탠포드대학교 뇌과학자이자 스트레스 분야의 전문가인 로버트 사폴스키(Robert Sapolsky)는 부모의 사회경제적 지위가 낮을수록 아이의 건강상태가 전반적으로 좋지 않다는 사실을 밝혀냈다(2005). 저소득층 아이들은 기준 이하의 주거환경으로 인해 차량이 많은 좁은 길을 걷다가 사고를 당할 위험이 크다. 방사성 물질의 한 종류인 라돈과 일산화탄소 같은 유해물질에 노출되기도 한다(Evans, 2004). 열악한 주거환경으로 호흡기질환을 앓거나 몸을 다치기도 하고(Matte & Jacobs, 2000), 심리적인 고통이 악화되기도 한다(Evans et al., 2003).

빈곤층 아이들은 낙후되고 관리가 허술한 집에 거주하며, 벽의 페인트가 벗겨져 납에 노출될 가능성 또한 크다(Sargent et al., 1995). 이런 위험 요인들은 IQ 감소와 연관된다(Schwartz, 1994). 이들 요인은 다른 위험 요인들과 서로 상승작용을 일으켜 파괴력이 커지기도 한다(Evans & Kantrowitz, 2002). 부모의 소득수준이 낮을 경우 조산으로 인해 아이가 저체중이나 장애아로 태어날 확률이 높아진다(Bradley & Corwyn, 2002). 빈곤을 경험하는 임산부들은 집이나 직장에서 유해환경에 쉽게 노출되며, 살충제에 노출될 확률 또한 높다(Moses et al., 1993). 임신 중에도 흡연을 하거나 술을 마시고 약물을 복용하는 경우가 많으며, 이는 태아기의 문제나 출생시의 결함(Bradley & Corwyn, 2002) 및 아동의 인지능력 저하로 연결된다(Chasnoff et al., 1998).

일반적으로 저소득층 아이들은 부유한 또래들보다 건강상태가 좋지 않다. 특히 천식(Gottlieb et al., 1995), 호흡기질환(Simoes, 2003), 결핵(Rogers & Ginzberg, 1993), 중이염 및 청력감퇴(Menyuk, 1980), 비만(Wang & Zhang, 2006) 등의 발생 비율이 높다. 영양부족(Bridgman & Phillips, 1998), 유해환경, 의료혜택 부족 등이 빈곤층 아이들의 건강을 해치는 요인들이다. 또한 의료보험이 없는 경우 형식적인 치료만 받거나 아예 치료를 받지 못하기 때문에 상해나 감염으로 사망할 확률이 훨씬 높아진다(Bradley & Corwyn, 2002). 성장하면서 사회경제적 지위가 나아지더라도, 아동기에 겪었던 질환이 장기적으로 심각한 영향을 초래할 수 있다(McLoyd, 1998). 브로드만(Broadman)은 소득 상위지역과 하위지역 주민들의 건강상태가 크게 격차를 보이는 것은 스트레스 수준의 차이에 기인한다고 밝혔다(2004).

건강 및 안전 문제가 학업에 미치는 영향

빈곤층 학생들의 건강이 악화되면 결과적으로 다음 항목이 증가한다.

- 지각 빈도
- 결석 횟수 및 기간
- 수업 중 갑자기 아픈 경우

- 진단이나 치료를 받지 못하는 건강상 문제 혹은 장애의 비율

중산층이나 상류층 학생들에 비해 빈곤층 학생들이 이런 문제를 더 자주 겪으며 폐해도 훨씬 크다. 결석, 지각, 건강상의 문제로 인해 아이들은 핵심 교과내용을 학습할 기회를 자주 놓치게 된다. 교사들은 이런 학생들이 학습에 관심이 없다고 생각할지도 모른다. 하지만 이들이 수업에 참여하지 못하는 상황을 먼저 고려해야 한다.

건강 및 안전상의 문제를 해결하는 방법

학생을 위한 보건 서비스를 확충하라

저소득층 학생들은 감당하기 어려운 건강 문제에 직면하곤 한다. 학교는 학생들의 이러한 어려움을 이해하고 해결하기 위해 다음과 같은 지원을 제공해야 한다. 여기에는 다음과 같은 요소들이 포함된다.

- 의사의 주 1회 학교 방문
- 지역 약국과 협력하여 학생들에게 적절한 약품 지원
- 치과의사의 정기적인 학교 방문
- 학부모에게 학교에서 이용 가능한 의약자원 안내
- 치료를 이유로 수업을 빠진 학생에게 개인교습 제공

- 학생들의 건강 문제에 대한 교직원 의식제고

학교가 학생의 건강을 책임질 수 있는 범위에는 분명히 한계가 있다. 몸 상태가 정상이 아닐 때 무언가를 듣거나 집중해서 학습하는 일이 어렵다는 것은 누구나 잘 알고 있다. 빈곤이라는 악조건에도 불구하고 학생들의 건강을 회복하고 유지할 수 있는 방안을 마련해주는 학교야말로 좋은 학교라고 할 수 있다.

다양한 학습경험과 체험을 제공하라

수많은 연구에 의하면 다양한 학습경험과 체험을 제공하는 맞춤형 교육 프로그램을 통해, 유해물질에의 노출, 부모의 스트레스, 외상, 음주 및 기타 부정적 요인으로 인한 피해를 완화시킬 수 있다고 한다(Dobrossy & Dunnett, 2004; Green et al., 2006; Guilarte et al., 2003; Nithianantharajah & Hannan, 2006). 즉 학교환경이 좋으면 이전에 아이들을 힘들게 했던 위험 요인들이 학업성공의 방해 요인으로 작용하지 않는다. 다양한 지적 자극이 풍부한 환경을 제공하는 학교는 구체적으로 다음과 같다.

- 건강 및 의료 서비스를 전면적으로 제공한다.
- 부정적 스트레스를 최소화하고 스트레스 대응스킬을 발달시킨다.
- 한 단계 높은 수준에 도전하게 하는 커리큘럼을 사용한다.

- 학습능력을 제고하기 위한 개인교습 및 별도의 수업을 제공한다.
- 교직원 및 친구들과의 긴밀한 관계 형성을 장려한다.
- 충분한 운동을 할 수 있도록 다양한 선택지를 제공한다.

학교가 존재하는 진정한 이유는 모든 학생의 삶을 풍요롭게 하려는 것이다. 이를 위해 학교는 다양한 학습경험과 체험으로 구성된 맞춤형 교육 프로그램을 제공해야 한다. 또한 '더 많이' 혹은 '더 빨리'를 핵심 가치로 삼는 교육풍토에서 벗어나 균형 있고 지속 가능하며 긍정적인 학습환경을 지향해야 한다. 학교의 꾸준한 노력만이 학생들의 삶을 긍정적으로 바꿀 수 있을 것이다([도표 2.10] 참고).

[도표 2.10] **빈곤층 아동의 학업 향상을 위한 개입 프로그램의 효과**

<아동기 초반(유치원)부터 21세까지>

증가항목	감소항목
• 지능(IQ) • 읽기 및 수학능력 • 학습자 주도성 • 사회성 • 대학교육 포함 교육기간 • 정규직 고용	• 학년유급 • 특수학급 배치 • 10대 임신 • 흡연 및 마약

- -

출처: 「The Development of Cognitive and Academic Abilities: Growth Curves from an Early Childhood Educational Experiment(인지 및 학습능력 발달: 아동기 초반 교육실험 이후의 성장곡선)」(Campbell et al., 2001)『Developmental Psychology』, 37권(2호), pp. 231-242.

긍정적인 변화로 가는 길

2장에서는 빈곤층 아이들의 부정적인 특징을 주로 알아보았다. 물론 가난하게 자란 모든 아이들의 뇌와 행동이 여기에서 묘사된 것처럼 부정적으로 변하는 것은 아니다. 하지만 빈곤 때문에 생긴 열악한 조건들이 더해지면 아이 혼자 힘으로는 도저히 빠져나갈 수 없는 그물망이 만들어진다. 빈곤은 우리 대부분이 생각하는 것보다 더 깊이 아이들의 몸과 뇌, 그리고 영혼을 파고든다.

아동기 빈곤의 폐해는 평생을 따라다니기도 한다. 아이들의 사회성·감성 발달을 위해서는 아이들이 주변 어른들의 보호 아래 서로 믿고 의지할 수 있는 관계를 형성하는 것이 중요하다. 하지만 빈곤층 아이들은 끈끈한 신뢰관계나 안전한 환경을 제대로 제공받지 못한다. 이들은 외로움, 적대감, 소외, 따돌림 등으로 인해 더 심한 스트레스에 시달리게 된다. 이들은 벼랑 끝으로 내몰리는 느낌을 받고, 남들 앞에서 무슨 이야기를 하기가 겁이 난다고 말한다. 교사들에게는 문제아로 찍히고, 친구들에게도 괴롭힘을 당한다고 고민을 토로한다. 어떤 문제들은 성인이 되었을 때 원만치 않은 결혼생활이나 힘든 사회생활로 이어질 수도 있다.

하지만 이와 정반대의 연구 결과도 있다(Hill et al., 2007). 생애 초기 5년 동안의 경험이 중요하기는 해도, 학교에 다니는 동안 아이의 삶이 실제적으로 변화될 수 있는 엄청난 기회가 있다는 것이다. 빈곤층 아이들은 가난이라는 고된 현실에서 살아남기 위해 특정 행동반응을 만들어낸다. 그러나 아이들의 뇌가 불우한 환경의 영향으로 악화된 것이라면, 긍정적인 경험을 주어 좋게 변화시킬 수도 있을 것이다. 뇌가 어떻게 좋은 방향으로 변화할 수 있는가에 대해서는 3장에서 더 자세히 다룰 것이다.

요약 정리

- 빈곤층 아동의 행동과 학업성취에 가장 큰 영향을 미치는 요인은 정서 및 사회성 발달 문제, 급성·만성 스트레스, 인지능력 저하, 건강 및 안전상의 문제이다.

- 빈곤층 아이들은 기본적인 사회성과 감성을 배우지 못할 수 있다. 인사, 협동, 예의 등 학교에서 필요한 사회성을 가르치고, 학생들을 진심으로 존중하고 포용하라.

- 스트레스 요인이 지속적으로 누적될 경우 신경세포 성장이 둔화되고, 학습능력과 기억력이 손상된다.

- 학생들을 관찰하여 스트레스 징후를 포착하고, 스트레스에 대항할 수 있는 힘을 키워주어라.

- 뇌는 '학습운영시스템'을 통해 주의를 기울이고 학습내용을 이해하며 정보를 처리한다.

- 인지능력을 강화하기 위해 주의집중, 단기기억, 문제해결능력 등 핵심 능력을 키워주고, 희망을 불어넣어 꿈을 이룰 수 있도록 지원하라.

- 학교 차원에서 보건 서비스를 제공하고, 다양한 학습경험과 체험을 통해 균형 있고 지속 가능한 학습환경을 조성하라.

3장

변화를 위한
새로운 마음가짐

빈곤학생들의 행동과 학업성적이 나아질 수 있을까?

3장에서는 학생들의 변화가 가능할지, 그러한 변화를 만들어내기 위해

교사가 어떤 마음가짐을 지녀야 할지를 다루고자 한다.

"아이들이 그대로인 이유는
우리가 그대로이기 때문입니다.
세상을 바꾸려면
우리가 먼저 바뀌어야 합니다."

호킨스 선생은 열정적인 동료교사들이 일 년이라는 짧은 기간 동안 학생들의 삶을 변화시켰다는 이야기를 들었을 때 사실 회의적이었다. 호킨스 선생은 그가 가르치는 학생들이 변하는 모습을 본 적이 없다. "사과가 떨어져봤자 결국 그 나무 밑이다. 아이들은 크게 달라지지 않는다." 특히 몇 해 전, 한 학생의 어머니를 만나고는 위 사실을 더욱 확신하게 되었다. 현재 그가 가르치고 있는 제이슨이라는 아이는 고등학교 때 학교를 그만두었던 형을 점점 닮아가고 있다. 호킨스 선생은 14년 교직생활 내내 이런 악순환을 목격해왔다. 그는 그저 6년 앞으로 다가온 퇴직을 기다릴 뿐이다.

뇌는 변한다

1장과 2장에서 빈곤이 뇌를 학습할 수 없는 상태로 만든다는 사실을 살펴보았다. 한 가지 희망적인 소식은, 가난하게 자랐다고 해서 평생을 남들보다 뒤처져서 살게 되는 건 아니라는 사실이다. 빈곤아동이 학교에 적응하도록 조기에 제대로 돕는다면 성공적인 학교생활도 충분히 기대할 수 있다(Stipek, 2001).

교사들이 빈곤층 학생들을 가르치기 어렵다고 토로할 때마다 나는 "아이들이 그대로인 이유는 우리가 그대로이기 때문입니다. 세상을 바꾸려면 우리가 먼저 바뀌어야 합니다!"라고 말해준다. 뇌는 환경에 적응하도록 되어 있다. 아이들을 변화시키고자 한다면 교사는 물론이고 아이들의 주변환경이 달라져야 한다. 3장에서는 아이들의 뇌가 좋은 방향으로 변하는 것이 정말로 가능한 일인지, 그런 변화를 어떻게 만들 수 있을지 알아보고자 한다.

신경가소성 그리고 유전자 발현

성적이 저조한 학생들을 가르칠 때 반드시 명심해야 할 것이 있다. 뇌는 변할 수 있는 잠재력이 있고, 실제로도 변한다는 사실이다. 즉, 뇌는 본래 변하도록 만들어졌다. 새로운 언어를 배울 때처럼 점진적으로 변할 수도 있고, 오랜 시간 고민한 문제에 대해 '아하' 하고 깨닫는 순간처럼 한순간에 변하기도 한다. 양질의 영양, 운동, 학습으로 인해 긍정적으로 변하기도 하고, 장기간의 방치, 약물남용, 무기력으로 인해 부정적으로 변하기도 한다.

의도적으로 뇌의 구조와 조직을 변화시킬 수 있다는 사실은 비교적 최근에서야 밝혀진 사실이다. 경험에 따라 뇌의 특정 영역이 유연하게 변하는 성질을 신경가소성(neuroplasticity)이라 한다. 머리에 극심한 충격을 받는 사고처럼 특정 부위에 일시적으로 자극이 가해지는 경우, 뇌의 변화도 특정 부위에 국한되어 일어난다. 반면, 운동이나 성숙 단계처럼 경험이 지속적으로 일어나는 경우에는 뇌 전체에 변화가 일어난다. 두정엽(parietal lobe), 전두엽(frontal lobe) 및 측두엽(temporal lobe) 모두 특정 자극에 반응하여 신경연결 구조와 조직이 변한다. 경험과 자극을 통해 뇌가 변화하는 예는 다음과 같다.

- 게임으로 주의력을 강화시킬 수 있다(Dye et al., 2009).
- 집중적인 언어훈련은 청각기능에 관련된 신경연결망 구조를 변화

시킨다(Meinzer et al., 2004).

- 청각장애인은 적절한 훈련을 통해 시각능력을 강화할 수 있다 (Dye et al., 2008).

- 길찾기나 공간적 이동능력은 뇌에서 학습과 기억을 담당하는 해마(hippocampus)의 크기와 상관관계에 있는 것으로 보인다 (Maguire et al., 2003).

- 악기를 배우면 뇌에서 감각, 운동 및 고차원적인 연합(higher-order association)과정을 처리하는 영역이 변하며, 주의력, 정보배열 및 처리능력이 강화된다(Stewart, 2008).

- 새로운 스킬을 배우면 뇌의 정보처리속도가 빨라질 뿐 아니라 뇌가 커질 수 있다(Driemeyer et al., 2008).

- 치열하게 학습을 하면 학습을 담당하는 회백질(gray matter)의 양이 1~3퍼센트 가량 증가된다(Draganski et al., 2006).

- 만성통증은 뇌를 변화시킨다(May, 2008). 연구에 따르면 고통스러운 자극을 반복적으로 가할 경우, 통증에 관련된 뇌 부위의 회백질 부피가 상당히 증가한다고 한다. 이는 뇌가 고통스러운 자극에 반응하여 변한다는 것을 보여준다. 자극이 끝나면 뇌는 원래 상태로 돌아가게 된다(Teutsch et al., 2008).

학생들이 학교에서 보내는 매일 매 순간 뇌는 변하게 되어 있다. 뇌가 변하면 집중력, 학습 및 인지능력 또한 바뀐다. 학생들의 뇌가 개선

될지 악화될지는 학교에서 어떻게 지도하는지에 따라 크게 달라진다.

인간 발달에 영향을 미치는 요소에 관해서는 유전 대 환경, 혹은 본성 대 양육으로 나뉘어 오랫동안 논쟁이 있었다. 하지만 이제 이런 논쟁은 시대착오적이다. 오늘날에는 제3의 요인으로, 유전과 환경의 상호작용으로 발생하는 유전자 발현(gene expression)에 주목한다. 유전자 발현이란 최근 30여 년 동안 새롭게 부각된 개념으로, 유전자에 암호화되어 있는 정보들이 단백질 혹은 RNA로 번역되는 과정을 말한다. 이는 유전자 스위치를 켜거나 유전자를 활성화하는 과정이다. 즉, 유전자는 활성화되거나(발현되거나) 활성화되지 않거나(발현되지 않거나) 둘 중 하나다.

모든 사람이 동일한 유전자를 99퍼센트 이상 공유하고 있다고 치자. 어떤 두 사람을 놓고 봤을 때, 동일한 유전자가 한 사람에게서만 발현되고 다른 사람에게서는 발현되지 않을 수 있다. 바로 이 점이 사람들 간의 차이를 설명한다. 유전자의 상당 부분을 공유하는 가족 간, 심지어 일란성 쌍둥이끼리도 서로 다른 성격을 가지게 되는 이유가 바로 이 때문이다.

예를 들어 부모의 양육방식에 따라 아이의 뇌를 구성하는 유전자의 활동이 달라질 수 있으며, 이러한 변화는 아이가 스트레스에 대응하는 방식에 영향을 준다(Weaver et al., 2004). 2장에서 잠깐 언급했듯이, 스트레스, 영양섭취, 운동, 학습, 사회화 등의 환경적 요인이 유전자 발현에 미치는 영향을 연구하는 분야를 '후성유전학(epigenetics)'이라고 한다. 후성유전학은 유전과 환경에 대해 새로운 관점을 제시하면서 교육자들에게 중요한 시사점을 준다. 교육자들은 학업성취에 대한 잠재력을 학생의 IQ 점수로만 평가했던 기존의 방식을 재고해봐야 한다. 부모에게서 물려받은 유전적 요인과 상관없이, 환경적 요인에 의한 유전자 발현을 통해 행동과 인지능력이 충분히 달라질 수 있기 때문이다.

지능은 변한다

뇌가 물리적으로 변한다면, 지능을 측정하는 가장 대표적인 방법인 IQ를 변화시킬 수도 있다는 말일까? 연구에 따르면(Gottfredson, 2004) 사회경제적 환경이 열악한 학생들은 학교에 입학할 때 IQ가 평균 이하인 경우가 많다. 그 아이들은 학과공부에서 뒤처질 수밖에 없는 것일까, 아니면 그들의 IQ도 높아질 수 있을까?

이 질문에 대해 희망적인 소식이 있다. 보통 IQ 검사로 측정되는 지능은 유전적 영향을 강하게 받기는 하지만 완전히 유전으로만 결정되지는 않는다. 쌍둥이를 대상으로 한 연구를 보면, 개인의 IQ에 영향을 주는 요인 중 사회경제적 환경과 같은 후성유전학적 요인들이 무려 60퍼센트를 차지했다(Turkheimer et al., 2003). 여러 연구에 따르면 다음 요인 또한 IQ에 영향을 준다.

- 가정환경 및 생활조건(Tong et al., 2007)
- 아동기 초반의 경험과 조기개입 프로그램(Chaudhari et al., 2005)
- 학교교육의 양과 기간(Cooper et al., 1996; Murray, 1997; Wahlsten, 1997; Winship & Korenman, 1997)
- 양질의 영양섭취(Isaacs et al., 2008)

이러한 연구자료를 통해 알 수 있듯이 IQ는 고정된 것이 아니라 변화한다. 이러한 변화를 일으키는 많은 요인들은 우리의 노력 여하에 따라 달라진다. 입양아동을 대상으로 한 연구를 통해 이를 검증해볼 수 있다. 입양아동 중 IQ가 낮은 아이들을 선별하여 좋은 양육환경을 제공하고, 일정 기간이 지난 후에 다시 IQ를 측정하여 좋은 양육환경을 제공받지 않은 통제집단과 비교해보는 것이다. 이런 방법을 그대로 사용한 연구 결과가 있다.

연구자들은(Duyme et al., 1999) 입양아동의 자료 5,003개를 무작위로 추출하여, 4~6세 사이에 입양되었고 입양 전의 IQ가 86점 이하인 아동 65명을 선발했다. 선발된 아동들은 대부분 학대를 당하거나 방치된 경험으로 인해 입양 전 평균 IQ가 77점으로 저조한 수치였다. 하지만 입양 이후 청소년기 초반에 다시 IQ 검사를 실시했을 때 평균 IQ가 91점으로 상승했다([도표 3.1] 참고).

입양 전 IQ가 낮았던 아동일수록 청소년기에 IQ 점수 상승폭이 더 컸다(Duyme et al., 1999). 놀랍게도 입양 후 8년간 개선된 환경에서 살

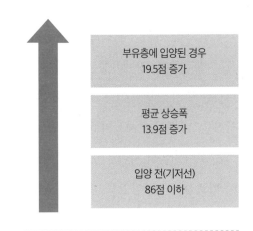

- 4~6세 사이에 입양된 빈곤아동 65명을 대상으로 연구 (입양 전 IQ 점수 86점 이하)

- 8년 후 IQ 점수가 평균 13.9점 증가, 부유층에 입양된 경우 19.5점 증가

부유층에 입양된 경우 19.5점 증가

평균 상승폭 13.9점 증가

입양 전(기저선) 86점 이하

출처: 「How Can We Boost IQs of 'Dull Children'? A Late Adoption Study(최신 입양연구: 발달지연 아동의 IQ를 어떻게 향상시킬 수 있을까?)」(Duyme et al., 1999) 『Proceedings of the National Academy of Sciences of the United States of America』, 96권(15호), pp. 8790–8794.

있던 아이들은 IQ가 무려 20점이나 상승했다. 이 경우 입양부모는 관리직이나 전문가, 기술자로 일했으며, 다른 직업군에 비해 고급어휘를 많이 사용했다. 또한 이들은 지역의 박물관과 도서관을 이용하거나 외국여행을 하는 경우가 많았다. 친부모 혹은 양부모가 고소득층인 경우 아이들의 IQ 점수가 더 높다는 연구 결과도 있다(Capron & Duyme, 1989).

이 문제를 조금 다른 관점에서 생각해보자. 오래전 해롤드 스킬스(Harold Skeels)라는 연구자는 유아의 발달지연이 회복될 수 있을지에 대해 의문을 가졌다. 그는 고아원에서 자란 아이들 중 발달지연으로 인해 입양 부적격 판정을 받은 후, 발달장애아 거주시설에 맡겨진 아이들 13명을 대상으로 연구에 착수했다.

스킬스는 아이들을 그들의 후견인이 되어줄 가정에 단기간 머무르도록 배정했다. 장애아동과 비장애아동이 함께 어울리는 통합교실과 비슷한 환경을 만들어준 것이다. 아이들은 가정에 머무는 동안 만났던 사람들, 따뜻하게 보살펴준 후견인들과 연락을 계속 주고받았다. 스킬스는 고아원에서 자란 아이들 중 발달지연이 없는 아동 12명을 선별하여 비교집단으로 삼았고, 연구는 3년간 계속되었다(Skeels, 1966).

2년 후, 후견인 가정의 보살핌을 받았던 실험집단은 IQ가 평균 29점이 올랐으며, 아무런 처치가 없었던 비교집단은 26점이 떨어졌다. 이러한 경향은 5년 후에도 그대로 유지되었다. 30년 후 실험집단의 아이들은 대부분 학교과정을 12학년(고등학교 3학년)까지 마친 반면, 비교집단의 아이들은 초등학교 3학년까지 마친 경우가 가장 많았다. 또한 실험집단 아이들은 성인이 된 이후 독립적으로 생활하면서 스스로 생계를 책임지고 있었지만, 비교집단은 대부분 다른 사람에게 의존해서 살고 있었다. 여전히 발달장애인 거주시설에 수용되어 있는 사람도 5명이나 되었다. 그리고 실험집단에 속한 사람들이 낳은 자녀들 28명의 IQ는 평균 104점이었다. 이런 결과에 비추어볼 때, IQ가 변화하는 데 환경적 요인은 정말 중요하다.

학업 향상을 위한 개입(intervention) 프로그램이 사회경제적 계층에 따른 학업 수준의 차이를 줄일 수 있다는 연구보고가 많이 있다. 가령,

집중 조기교육을 받은 빈곤층 아이들은 교육을 받지 않은 빈곤층 아이들에 비해 IQ가 표준편차 0.5구간(7.5점)에서 1구간(15점) 정도 높았다(Ramey & Ramey, 1998). 조기개입이 주는 긍정적 효과가 프로그램이 끝나자마자 사라진다는 비판도 더러 있으나(Haskins, 1989), 개입 프로그램의 효과가 지속적으로 유지되고(Brooks-Gunn et al., 1994), 연방정부의 지원금 없이 시(市)와 주(州)의 가용자금으로도 이 프로그램을 그대로 시행해볼 수 있어 비용 대비 효과가 좋다는 연구 결과도 있다(Barnett, 1998).

개입 프로그램의 효과를 극대화하기 위해서는 사회적 계층 간 현격한 차이가 나는 신경인지능력에 초점을 맞출 필요가 있다. 여기서 말하는 신경인지능력이란 작업기억, 어휘력, 만족지연능력, 자기제어능력, 언어능력 등을 말한다. 아이들의 신경인지능력을 분석해보면, 사회경제적 계층에 관한 여러 요인이 신경인지시스템을 발달시키는 데 어떤 역할을 하는지를 알 수 있을 것이다. 어떤 요인이 어떤 인지능력과 연관되는지를 분석하여, 좀 더 효과적인 교육 프로그램을 계획하고 시행할 수 있으리라 생각한다.

IQ가 높을수록 학교를 계속 다닐 가능성이 높지만, 반대로 학교교육을 받을수록 IQ가 올라가거나 유지되기도 한다. 즉, 중퇴하지 않고 학교에 오래 다닐수록 IQ 점수가 더 높아진다는 뜻이다. 20세기 초에 런던교육위원회(London Board of Education)는 IQ가 매우 낮은 아동들을 대상으로 IQ 저하에 대한 연구를 수행했는데, 위원회의 보고서에 의하면 한 가족 내에서도 자녀의 나이가 많을수록 IQ 점수가 더 낮았다. 4~6세 아이들의 평균 IQ가 90점인데 반해, 12~22세 아이들은 평균 IQ가 60점이었다. 이는 유전적인 요인 외에 다른 변인이 있음을 시사한다(Kanaya et al., 2003). 학년이 높아질수록 아이들이 학교에 가지 않는 날이 많아지고, 그로 인해 IQ도 떨어지게 된다는 것이다.

IQ는 학생들의 교육연한에 따라 달라지는데, 교육연한이 길수록 웩슬러 지능검사(Wechsler Scale of Intelligence) 점수가 높아진다. 이를 보여주는 사례가 하나 있다. 1970년 베트남전이 끝나갈 무렵, 미국에서는 제비뽑기를 통해 군 입대순서를 결정했다. 1951년 7월 9일에 태어난 남성들이 첫 번째 입영대상으로 선택되었다. 학교에 남아 있으면 징집을 피할 수 있었기에 당시 많은 남성들이 학교에 더 다니려고 했다. 반면 1951년 7월 9일 이전에 태어난 사람들은 징집될 가능성이 없었기에 학교에 더 다닐 필요가 없었다. 결과적으로, 7월 9일생 남성들이 다른 남성들, 가령 나중에 징집된 7월 7일생 남성들보다도 웩슬러 IQ 점수가 더 높았을 뿐만 아니라 연봉도 대략 7퍼센트 정도 더 높았다(Ceci, 2001). 학생들의 웩슬러 IQ 점수는 여름방학 기간에 의해 영향을 받기도 한다. 몇몇 연구들은 여름방학 동안 IQ 점수가 일정한 패턴으로 감소한다고 보고한 바 있다(Cooper et al., 1996). 이러한 경향은 방학 동안 학과 수업과 연관된 활동을 별로 하지 않은 학생들에게서 가장 두드러졌다.

학교 중도탈락도 IQ 하락에 영향을 미친다. 한 대규모 연구(Ceci,

1991)에서 1948년에 태어난 남학생 중 10퍼센트(약 55,000명)를 무작위로 선택하여, 이들이 13세가 되던 해에 IQ 검사를 실시했다. 그리고 5년 후 18세가 되었을 때 4,616명에게 다시 한번 IQ 검사를 실시했는데 그 결과 고등학교를 중퇴한 학생들은 IQ가 해마다 평균 1.8점씩 떨어졌다(Murray, 1997). 학생들이 놓친 교육연한에 따라 IQ가 연간 5점까지도 떨어질 수 있다고 주장하는 연구도 있다(Wahlsten, 1997). 반면 학교에 꾸준히 다닌 경우 IQ가 평균 2.7점씩 매년 상승했다(Winship & Korenman, 1997).

세대를 거듭하면서 IQ가 높아진다는 플린효과(Flynn effect)에 대한 연구 결과도 상당히 많다(Flynn, 1984). 이런 경향은 문화나 인종에 상관없이 광범위한 표본집단에서 발견되며(Rushton, 2000), 학습장애 진단을 받은 아동들에게도 나타난다(Sanborn et al., 2003). 실제로 지난 60여 년간 IQ가 전 세계적으로 15점 이상 올랐는데, 이는 통계적으로 정규분포의 표준편차 1구간에 해당하는 수치다(Bradmetz & Mathy, 2006). 어떻게 이런 일이 가능했을까? 추측하건대 새로운 세대가 테크놀로지 변화에 적응함으로써 IQ 검사에서 더 높은 점수를 받을 수 있는 능력을 갖추게 되었을 수 있다.

유동지능

이제껏 살펴본 바와 같이, IQ를 변화시키는 요인은 여러 가지다. 하지만 유동지능(fluid intelligence)을 강화하면 IQ를 좀 더 직접적이고 의도적으로 변화시킬 수 있다. 유동지능이란 상황이 바뀔 때마다 전략과 사고과정을 새로운 상황에 맞춰나갈 수 있는 능력을 말한다. 예컨대 길을 건널 때 좌우 살피는 법을 배운 학생은 이를 교통량이 많은 사거리를 지나는 상황에도 적용할 수 있을 것이다. '사거리에서는 천천히 지나가야겠어. 주변을 둘러보니 공사 중인 데가 몇 군데 있네.' 일반적으로 유동지능은 문제해결, 패턴인식, 추상적 사고 및 추론에 대한 능력뿐만 아니라, 어떤 개념을 배워서 직접 해보지 않고도 개념 간의 관계를 이해하고 추론하는 능력까지 포함한다.

우리는 어떤 맥락에서 배운 능력을 다른 맥락에 제대로 적용하지 못할 때가 많다. 예를 들어, 브라질 길거리에서 장사를 하는 청소년들은 판매할 때 필요한 계산은 꽤 잘 해내면서도(정답률이 98퍼센트로 기록되었다), 동일한 계산 문제를 교실에서는 풀 수 없었다고 한다(교실상황에서의 정답률은 56퍼센트였다)(Carraher et al., 1985). 또한 슈퍼마켓에서 상품가격을 비교할 때는 척척 해내던 여성 소비자들이 실험실 환경에서 동일한 계산 문제를 종이와 연필을 가지고 계산할 때는 풀지 못했다(Lave, 1988). 또 다른 예로, 하네스 레이스(harness race)라는 1인용 이륜마차 경마에서 경마 예상 전문가들은 무려 7개나 되는 변수를 써서 아주 복잡한 분석을 해냈는데, 이와 똑같은 일을 실험실에서는 해내지 못했다(Ceci & Liker, 1986). 이들의 '똑똑함'은 특정 맥락에서만 드러날 뿐 다른 맥락으로 '전이(transfer)'되지 못했다.

하지만 유동지능이 강화되면 지식이나 스킬이 다양한 맥락에서 활성화될 수 있다. 유동지능을 구성하는 요소들은 어떤 상황에서도 활용할 수 있는 능력이므로 학생들이 실생활에서 부딪치는 문제들을 해결하는 데 도움이 될 것이다. 또한 과학적 증거들이 보여주듯이 뇌가 가소성이 있다면, 우리는 이토록 중요한 유동지능을 IQ가 낮은 학생들에게 반드시 가르쳐야 할 것이다([도표 3.2] 참고).

[도표 3.2] **유동지능은 가르칠 수 있다**

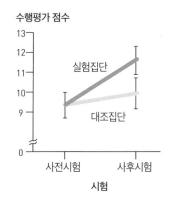

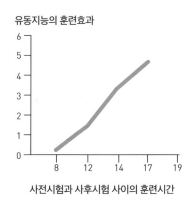

- -

※ 위의 그래프는 작업기억을 훈련시키면 학생의 유동지능을 향상시킬 수 있다는 연구 결과를 보여준다.

출처: 「Improving Fluid Intelligence with Training on Working Memory(작업기억 훈련으로 유동지능 향상시키기)」(Jaeggi et al., 2008)『Proceedings of the National Academy of Sciences of the United States of America』, 105권(19호), pp.6829-6833.

다행히도 유동지능은 가르칠 수 있다. 유동지능 훈련을 오래 받으면 그 효과도 커진다(Jaeggi et al., 2008). 유동지능 훈련은 브레인스토밍, 마인드맵 그리기, 개요 작성과 같은 글쓰기전략들을 여러 가지 상황에 적용하면서 가볍게 시작해볼 수 있다. 또한 과학수업의 과제를 해내기 위해 그래픽 오거나이저(graphic organizer)를 이용하거나 목표를 만들면서 단계적으로 계획을 세우는 과정을 배워볼 수 있을 것이다. 유동지능 훈련을 처음 시작하는 사람들을 위해 다양한 활용도구를 제공하는 웹사이트(www.soakyourhead.com; www.lumosity.com)도 있다.

똑똑한 뇌로 변화시키는 방법

이제 우리는 학생들의 뇌가 변할 뿐만 아니라, 그러한 변화를 만들어낼 수 있다는 것을 알게 되었다. 하지만 실제 아이들의 변화를 이끌어내기 위해서는 단순히 의지만으로는 안 된다. 어떻게 해야 할지 구체적인 실행전략이 필요하다.

어떤 학교는 교과내용의 양을 늘려 뇌에 정보를 많이 집어넣으면 학생들이 더 똑똑해질 것이라 생각한다. 그러나 이런 전략은 과학적 근거가 없다. 배워야 할 내용이 많아지면 학생들은 대개 과도한 양에 질리거나 지루해 한다. 빈곤층 아이들을 제대로 가르치기 위해서는 단순히 교과내용을 늘리는 것만으로는 안 된다. 정보를 처리하는 용량(capacity)을 늘려주어야 한다. 많은 정보를 유연하고 빠르게 처리할 수 있는 뇌를 만드는 일이 정말 가능할까?

두 개 이상의 변수를 동시에 분석하는 다변량 분석(multivariate

analysis)이라는 통계전략에 의하면 각 학과목 내에서도 또 과목 간에도 미치는 유전적 요인은 상당 부분 겹쳐 있다(Kovas et al., 2007). 예를 들어 읽기능력 저하와 관련된 유전자는 수리능력 부족과도 연관되어 있다. 즉 정보를 분류하고 배열하여 처리하는 능력은 읽기와 수학 두 영역에 공통적으로 사용된다.

학생들의 삶을 변화시키고자 한다면 행동유전학자 로버트 플로민(Robert Plomin)의 연구에 특히 주목할 필요가 있다. 플로민은 DNA 연구를 통해 여러 가지 학습기능을 담당하는 '만능 유전자(generalist genes)'가 존재할 수 있다는 가능성을 보여주었다(Plomin & Kovas, 2005). 알다시피, 어떤 유전자의 발현에 영향을 미치는 소위 '후성유전학적 요인들'은 아주 다양하다. 이에 대해 플로민은 "유전이 인지능력에 전반적으로 영향을 미친다면, 유전자가 뇌에 미치는 영향 또한 마찬가지일 것이다. 이런 식으로 만능 유전자는 뇌의 생리적 체계에 대한 하향식 접근과 상향식 접근을 통합하기에 굉장한 중요성을 띤다."라고 말했다(Davis et al., 2008).

만능 유전자가 발현될 수 있도록 환경을 변화시킬 때, 학생들의 행동과 학습에 의미 있는 파급효과가 폭넓게 일어날 것이다. 하지만 극적인 변화를 기대한다면 학생들 뇌의 '학습운영시스템' 능력을 향상시키는 것이 필요하다.

뇌의 학습운영시스템

성공적인 학교생활을 위해서는 뇌의 학습운영시스템이 제대로 작동해야 한다([도표 3.3] 참조). 물론 학습운영시스템이 아이들이 살아가면서 필요한 능력의 전부는 아니다. 뇌는 사회화와 생존, 노동을 위해 다른 운영시스템도 개발한다. 예컨대, 사랑, 희생, 의무, 공명정대, 유머, 친절과 같은 요소는 학습운영시스템에 포함되지는 않지만 중요하다. 그러나 학교생활을 성공적으로 하기 위해서는 반드시 다음 요소들을 갖추어야 한다.

- 만족을 미루고 장기목표를 위해서 꾸준히 노력하고자 하는 마음 혹은 능력
- 시청각 및 촉각 정보처리능력
- 과제에 참여하고 집중하며, 불필요한 정보를 차단하는 주의집중력
- 단기기억 및 작업기억 용량
- 어떤 절차를 순서대로 해낼 수 있는 능력
- 성취할 수 있다는 긍정적 태도 및 자신감

위에서 제시한 능력들은 성공적인 학교생활의 기반이 되고, 학생들이 빈곤으로 인한 위험 요인을 극복할 수 있도록 역량을 키워준다. 이러한 역량들은 단순한 학습스킬이 아니다. 학생들은 이러한 역량을 통

[도표 3.3] 뇌의 학습운영시스템

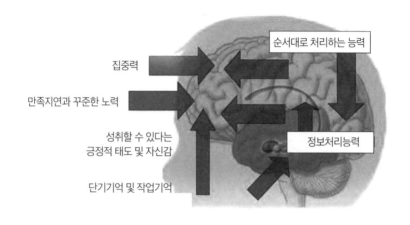

해 정보에 집중하고, 정보를 파악·처리·평가하며, 우선순위를 정하고,
조작하고, 또 정보를 의미 있게 적용하거나 발표할 수 있게 된다.

　입력되는 정보를 효과적으로 처리할 수 있도록 뇌의 처리용량을 늘
려주지 않으면 학업성취에 진척이 없을 것이다. 오래된 기종인 코모도
어 64 컴퓨터는 처리용량이 너무 작아서, 아무리 천천히 해도 조금만
타이핑을 하면 시스템이 감당해내지 못하는 경우가 있었다. 마찬가지
로, 학생들의 처리용량을 늘려주기 위해서는 도전적인 과제를 제시하면
서 동시에 필요한 지원을 해주어야 한다.

　빈곤층 아동의 학습부진 해결에 성공한 모든 프로그램의 특징은 뇌
의 학습운영시스템을 재구축하기 위해 다양한 방식을 시도했고 학습

에 가장 중요한 몇몇 과정의 복원에 집중했다는 점이다. 이러한 개입 프로그램은 학생들에게 깊고 풍부한 학습경험을 제공한다. 이런 경험을 통해 부정적인 일상적 경험과 반대되는 긍정적 환경에 지속적으로 노출되면서 아이들의 학습에 대한 태도는 눈에 띄게 향상된다.

뇌의 학습운영시스템의 처리과정은 변화할 수 있으며, 여러 활동을 통해서 훈련하고 개선할 수 있다. 예를 들면 다음과 같다.

- 체육활동은 새로운 뇌세포 생성을 증가시킨다(Pereira et al., 2007). 뇌세포 생성과정은 학습, 기분, 기억 등과 밀접한 상관관계가 있다.

- 체스를 두면 집중력이 높아지고 동기 수준이 높아진다. 또 정보처리 및 순서대로 처리하는 능력이 향상되기 때문에 읽기능력과(Margulies, 1991) 수리능력이 향상될 수 있다(Cage & Smith, 2000).

- 미술은 주의집중력과 정보처리 및 순서대로 처리하는 능력, 인지능력 발달에 도움이 될 수 있다(Gazzaniga et al., 2008).

- 컴퓨터 보조학습 프로그램, 즉 물체를 확인하고, 개수를 세고, 종류와 위치를 기억하는 과제를 반복해서 수행하면, 몇 주 안에 주의력이 좋아지고 작업기억이 향상될 수 있다. 이렇게 얻어진 긍정적 효과는 다른 기억과제 및 기억과 관련이 없는 추론과제를 할 때도 광범위하게 영향을 미친다(Kerns et al., 1999; Klingberg et al., 2005; Westerberg & Klingberg, 2007).

음악은 뇌의 학습운영시스템을 실질적으로 향상시켜주는 좋은 도구다. 음악교육은 자기수양(self-discipline)을 돕고, 언어기억 및 기타 뇌 기능을 강화시킨다(Chan et al., 1998). 또한 수학의 핵심 체계인, 대상에서 기하학적 요소를 찾고 추상적인 요소를 표상하는 과정에 도움이 된다. 예를 들어 유클리드 기하학의 거리 개념을 숫자크기로 표현하거나, 지도상의 기호형태를 실제 지형상의 공간으로 이동시켜 지리적 관계특성을 이해하는 데도 음악이 도움이 된다(Spelke, 2008).

나아가, 음악연습을 반복하면 집중력이 좋아지고 기억력도 개선된다(Jonides, 2008). 음악은 학생들이 장기간에 걸쳐 의지를 가지고 꾸준히 노력할 수 있는 힘을 키워준다. 악기를 능숙하게 연주하기까지는 매우 오랜 시간이 걸리며, 그동안 학생들은 인내심을 배우게 된다. 높은 성적은 IQ 점수보다는 인내심과 더 밀접한 상관관계가 있는 것으로 밝혀졌다(Duckworth & Seligman, 2006).

간단하지만 놀라운 이러한 예시들은 인간이 타고난 유전적 요인들에 갇히지 않고 새로운 역량을 계발할 수 있다는 사실을 분명히 보여준다. 유전자는 인간발달을 위해 기본적인 설계도를 제공하지만, 환경과 사회에서 받는 자극에 민감하게 반응하며 변한다. 노벨상 수상자 에릭 캔델(Eric Kandel)은 "사회적 요인이 유전자 발현을 조절하여, 뇌기능 전체를 포함하여 신체의 모든 기능이 사회적 영향을 받게 된다. 즉,

사회적 경험의 영향이 특정 뇌 영역의 특정 신경세포 내에 존재하는 특정 유전자의 발현과정에 생물학적으로 반영되는 것이다. 이렇게 사회적 영향에 의한 유전자 발현은, 문화적으로 다음 세대에 전달된다."고 말한 바 있다(1998). 이 부분에서 우리는 캔델이 문화적 영향을 강조했다는 점에 주목해야 한다. 이 주제는 4장에서 다시 논의하기로 한다.

빈곤층 아이들은 학교에서 A학점을 받는 일보다도 자신이 처한 환경에서 살아남는 일에 뇌를 적응시켜 왔을 가능성이 높다. 따라서 그들의 뇌는 성공적인 학습을 위해 필요한 주의력, 순서대로 처리하는 능력, 정보처리능력 등이 부족할 수 있다. 그 아이들 뇌의 학습운영시스템을 향상시킬 것인지, 아니면 성취도를 더 떨어뜨릴 것인지는 우리가 어떤 교육을 제공하는지에 달려 있다.

조기교육 프로그램 및 장기간의 긍정적 환경 제공

교육적 효과를 최대화하기 위해 애쓰는 교육자들과 정책입안자들은 미국의 1천 9백만여 명에 달하는 5세 이하 아동에 대한 조기교육의 중요성을 점점 더 강조하고 있다. 생후 몇 년은 아이들의 학습 및 인지발달에 매우 중요하다. 양질의 조기교육 프로그램이 개인의 일생에 걸쳐 장기적으로 긍정적인 결과를 가져온다는 점은 잘 알려져 있다(Campbell et al., 2001; Ramey & Ramey, 2006).

많은 연구들은 조기교육 프로그램이 사회경제적 요인에 의한 성취도격차를 줄이거나 아예 제거할 수 있다고 말한다. 또한 그 효과는 장기적으로 지속될 수 있고(Brooks-Gunn et al., 1994), 투자 대비 효과도 크다(Barnett, 1998). 유치원 진학 전 조기교육 프로그램 중에서 효율적으로 운영되고 있는 곳에 대해 평가를 실시했더니, 양질의 조기교육을 받은 아이들이 그렇지 않은 아이들에 비해 학교에서 중퇴하거나, 성적이 제자리에 머물거나, 특수교육을 받게 될 확률이 낮았다고 한다(Barnett, 1998). 아동기 초기에 개인 혹은 학교 단위로 학습부진 아동을 위한 다양한 교육 프로그램을 제공한 결과, 다음과 같은 효과를 거두는 데 성공적인 것으로 드러났다.

- 언어 유창성과 IQ 및 기타 인지과정이 개선된다.
- 초·중등학교에서의 학교생활 문제를 줄여주고 학업에 실패할 확률을 낮춘다.
- 조기에 시행될 경우 사회적·인지적·정서적 지능을 발달시킨다(Campbell et al., 2001).

게다가 조기교육 프로그램에 참여한 아이들은 위험한 행동을 하거나 법적 문제에 휘말릴 가능성이 낮았다. 학교를 중퇴하거나 마땅한 일자리를 구하지 못해 사회복지 혜택에 의존할 확률 또한 낮았다. 이러한 결과는 개입 프로그램의 질적 수준과 적용기간에 따라 크게 달라지는 데, 소모둠 단위로 학생들의 연령과 특성에 맞춘 프로그램을 지속적으로 제공해야 효과가 높다. 눈에 띄는 향상을 보려면 짧게는 4년, 길게는 6년 정도 소요된다(Campbell & Ramey, 1994). 경우에 따라 상당한 비용이 들기도 하겠지만, 성과가 지속적으로 유지될 수 있다면 투자가 아깝지는 않다.

개입 프로그램의 효과에 대해 중요한 연구 결과가 있다(Williams et al., 2002). 각자 다니는 학교도 다르고, 사회경제적 수준도 다양한 중학생을 대상으로 실용지능(practical intelligence, 실생활에 적용할 수 있는 지능-옮긴이) 계발을 위한 개입 프로그램을 실시한 결과, 학생들의 학업 성취도가 향상되었다고 한다. 실용지능이 발달한 학생들은 학습이 끝난 후가 아니라 학습이 일어나는 과정에서 스스로 배운 내용을 평가하고 부족한 부분을 보완하려고 노력했다.

또한 교사들은 개입 프로그램을 시행할 때 학생들에게 다섯 가지 메타인지 기법을 강조하도록 훈련받았는데 각각은 '이유 알기', '자기 자신을 이해하기', '대상 간의 차이점 인식하기', '과정 이해하기', '다시 논의하기'를 가리킨다. 이렇게 '생각을 생각하는' 훈련을 거친 학생들은 프로그램이 목표로 하는 각 영역(읽기, 쓰기, 숙제하기, 시험보기 등)에서 응용능력 및 수행능력의 향상을 보였다. 이러한 연구 결과는 '생각하는 스킬을 배우면 학업에서 성공할 수 있다'는 사실을 보여준다. 실제로 연구자들은 코네티컷과 메사추세츠 지역 교사들과 함께 2년 이상 공동연구를 진행했는데, 사회경제적 수준이 높은 아이들과 낮은 아이들 모두 읽기, 쓰기, 숙제하기, 시험보기 네 영역에서 점수가 향상되었다고 한다 (Williams et al., 2002).

미국 보이즈앤걸즈클럽(The Boys & Girls Clubs of America)은 공공 주택에 거주하는 빈곤층 학생들을 위해 다양한 학습경험을 제공하는 방과후 프로그램을 운영하였다. 프로그램은 학교가 아니라 학생들의 거주지 인근에서 시행되었고, 참가자들에게는 교통편이 제공되었다. 이 프로그램은 진행시간, 비용, 교통편, 교육과정 면에서 부모들의 기대를 충족시켰다. 프로그램 효과를 장기적으로 추적한 결과(Schinke et al., 2000), 가정형편이 어려운 학생들에게 방과후 프로그램이 긍정적 영향을 미친다는 사실이 통계적으로 검증되었다. 프로그램 시행 후 30개월 간 모은 데이터는 다음과 같은 결과를 보여주었다.

- 읽기, 말하기, 쓰기 및 개별지도 능력 향상
- 학교의 전반적인 학업성취도 향상
- 수업 내용에 대한 흥미 증가
- 프로그램에 참여하지 않은 비교집단에 비해 성적 향상
- 출석상황 개선

다양한 학습경험과 체험을 통해 더 흥미 있게 공부할 수 있도록 만든 맞춤형 교육 프로그램은 빈곤아동의 IQ 향상에도 효과적이다. 많은 연구자들은 생후 다섯 살까지 뇌가 신경연결망을 재구성하는 '민감기

(sensitive period)'가 존재하기 때문에, 프로그램 시행이 이르면 이를수록 좋다고 주장한다. 하지만 학생들이 독립적인 삶을 추구하고 또래들과 어울리며 이성에 눈을 뜨는 시기 이후에도 이러한 프로그램은 유효하다.

노스캐롤라이나 채플힐대학은 아비세데리언(Abecedarian) 프로젝트를 통해 체계적으로 통제된 실험연구를 진행했다(Ramey & Campbell, 1991). 연구자들은 사회경제적으로 열악한 환경의 아동 57명을 무작위로 선택하여 다섯 살이 될 때까지 좋은 보육시설에서 조기교육을 시행했다. 한편, 이들과 생활수준이 비슷한 아동 54명을 비교집단으로 선발하고, 이들에게는 어떤 교육 프로그램도 시행하지 않았다. 실험집단 아이들은 발달단계에 따라 다양한 활동과 게임에 참여하였고, 교사들과 관계를 맺으며 정서적인 교감을 나누었다. 연구진은 참가자들이 3세에서 21세까지 받은 인지능력검사 점수를 취합하고, 8세에서 21세까지의 학업성취도를 분석했다. 조기교육 프로그램을 실시한 후 16년, 즉 참가자들이 21세가 되었을 때, 교육 프로그램에 참여했던 학생들이 인지 및 학업성취도 검사 모두에서 평균점수가 더 높았으며, 아래와 같은 특성을 보였다.

- 21세가 될 때까지 인지검사 점수가 점점 높아졌다.
- 비교집단에 비해 언어능력이 더 발달했다.
- 읽기 성취도평가에서 지속적으로 높은 점수를 받았다.

- 수학 성취도 면에서 비교집단에 비해 어느 정도 효과가 있었다.
- 21세가 되었을 때 비교집단에 비해 학교에 다니는 비율이 더 높았다. 실험집단에서 학교에 남아 있는 학생은 40퍼센트, 비교집단에서는 20퍼센트였다.
- 비교집단에 비해 4년제 대학에 다니는 비율이 더 높았다. 실험집단에서 4년제 대학에 다니는 학생은 35퍼센트, 비교집단에서는 14퍼센트였다.
- 비교집단에 비해 범죄에 연루되는 비율이 더 낮았다(Ramey & Campbell, 1991).

연구에 비판적인 사람들은 실험집단의 IQ 점수가 초반에는 향상되었지만 초등학교 후반기와 중학교를 거치면서 다시 제자리로 돌아왔다고 주장한다. 이는 사실이며, 다양한 경험을 제공하는 학습부진해결 프로그램 효과에 한계가 있다는 것을 보여준다. 하지만 아비세데리언 프로젝트에 참여한 학생들이 실생활에 관련된 지능 영역에서 두각을 보였다는 점은 확실하다([도표 3.4] 참고).

학습부진해결 프로그램이 학습부진을 겪고 있는 학생의 잠재력을 어떻게 계발하는지 보여주는 다른 예로 '헤드스타트(Head Start) 프로그램'을 들 수 있다. 헤드스타트는 빈곤아동의 상당수가 기존의 취학전 프로그램으로는 실질적인 도움을 받을 수 없다는 사회·정치적인 자각에서 시작되었다. 헤드스타트는 연방정부의 재정지원을 받아 운영되며,

[도표 3.4] **아비세데리언 프로젝트의 학업성취 효과**

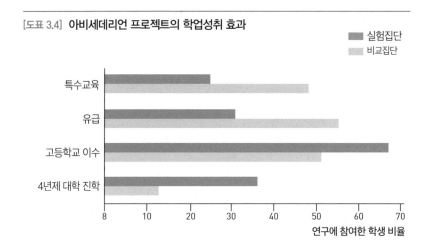

출처: 「Poverty, Early Childhood Education, and Academic Competence: The Abecedarian Experiment(빈곤, 조기교육, 학업성과: 아비세데리언 실험)」(Ramey & Campbell, 1991)「Children in Poverty: Child Development and Public Policy」, Cambridge, UK: Cambridge University Press, pp. 190–221.

취약계층에 속하는 취학 전 아동에게 미국 전역에 마련된 학교 및 지역 기반 특별센터를 통해 교육, 영양, 의료 및 사회복지 지원을 제공한다. 초반에는 프로그램이 아이들의 학업성취에 확실한 효과를 보여주지 않는다는 비판도 많았으나, 이후 헤드스타트에 대한 연구가 체계를 갖추고 장기적으로 추적연구를 시행한 결과 긍정적인 결과들이 보고되었다. 헤드스타트에 참여한 학생들은 학습성과가 뛰어났고 이후 범죄를 저지를 확률도 낮았다(Love et al., 2005; Oden et al., 2000). 헤드스타트에 참여한 아동을 성인기까지 추적조사한 연구에 따르면 이 프로그램의 긍정적인 효과가 성인기까지 지속되었다고 한다(Schweinhart et al., 1993).

2004년 한 해에만 90만 명의 아이들이 헤드스타트 프로그램에 등록했다. 이 정도 규모의 프로그램을 운영하려면 수많은 어려움에 직면한다. 여러 가지 예상치 못한 장애물(예를 들어 학생의 이주, 중퇴, 아동학대 및 방치 등)로 인해 프로그램이 안정적으로 운영되기 힘들 수 있다. 헤드스타트가 예방적 조기교육 프로그램이라고는 하지만, 어려움을 겪고 있는 아이들을 돕기에는 너무 늦은 것 아니냐는 비판도 있었다. 2002년에는 지방정부들이 0~3세 영아 대상 조기 헤드스타트 프로그램에 대한 재정지원을 시행한 직후, 연방정부 차원에서 여러 지역을 대상으로 한 무작위 대조군 실험(randomized controlled trial, 대상자들을 프로그램을 적용할 실험집단과 아무런 조치를 취하지 않을 비교집단으로 무작위로 배정하여 프로그램의 효능을 입증하는 실험방법-옮긴이)을 진행했다. 이 연구는 64개의 대상지역 중 17개 지역에 대하여 조기 헤드스타트 프로그램이 성공적이었는지 파악하고, 만약 그렇다면 어떤 효과가 있었는지를 조사하였다. 프로그램마다 교육적 개입방식이 달랐지만, 공통적으로 참여 아동이 한 사람 이상의 교직원과 좋은 관계를 맺게 함으로써 발달을 도모하고, 학부모의 참여를 늘리고, 학부모를 대상으로 아동발달 교육을 실시하는 것을 프로그램의 주요 목표 중 하나로 삼았다. 모든 프로그램은 아동 개인뿐 아니라 가족들에게도 도움을 주도록 설계되었으며, 필요한 경우 도움을 청할 수 있는 지역공동체와의 연결고리도 마련되었다. 어떤 프로그램은 가정방문에 중점을 두었고, 또 어떤 프로그램은 헤드스타트 프로그램 센터를 중심으로 진행되었다. 물론 이 두 가지 접근법을 혼합한 방식을 이용하는 프로그램도 있었다.

3천 가구를 대상으로 진행된 무작위 대조군 실험 결과(Love et al., 2002), 조기 헤드스타트 프로그램이 만 2~3세 아이들의 지적·언어적·사회적·정서적 발달에 실질적인 도움이 된다는 사실이 드러났다. 부모-자녀 간 상호작용 관찰과 부모들의 자체 보고에서도 부모역할에 대한 긍정적인 효과가 발견되었다. 가장 긍정적인 효과를 보인 프로그램은 조기개입 서비스의 수준을 독자적으로 평가하고, 엄격하게 유지하고, 지속적인 향상을 도모하고, 가정방문과 헤드스타트 센터교육을 통합한 프로그램이었다. 원만한 학교생활을 위해 취학 전에 학습진도나 사회성·감성 발달을 돕는다는 이 프로그램의 목표가 얼마나 달성되었는지를 확인하기 위해서는 장기간 추적연구가 필요하다.

미시간 주 입실란티의 페리 유치원(Perry Preschool)은 빈곤가정에서 태어나 학교생활을 제대로 하기 힘든 아프리카계 미국인 아동 123명을 대상으로 실험연구를 진행했다. 실험은 1962년에서 1967년 사이에 시행되었으며, 당시 3~4세였던 참여자들은 취학 전 조기교육 프로그램에 참여할 실험집단과 어떤 교육도 받지 않을 비교집단으로 무작위 배정되었다. 연구진은 참여자들이 성인이 되었을 때 학력과 사회봉사 및 전과기록을 조사해보았다. 그 결과 취학 전 조기교육 프로그램에 참여한 실험집단이 비교집단에 비해 고등학교 졸업률이 더 높았고, 연봉 수준이 더 높았으며, 범죄에 연루되는 경우도 적었다(Weikart, 1998). 이러한 연구는 교육 프로그램의 효과가 단기간의 반짝효과가 아니라 아이들의 삶 전반에 지속적으로 영향을 미친다는 사실을 보여준다. 연구자들 간에 명확하고 일관된 결론이 나지는 않았지만, 조기교육 프로그램이 중대한 변화를 가져오는 것은 분명하기에(Barnett, 1998) 아이들에게 제공할 만한 가치가 있다는 점은 확실하다.

실행전략

교직원의 사고관점을 변화시켜라

대부분의 교사는 좋은 교수법을 통해 학생들이 얼마든지 변할 수 있다는 것을 알고 있다. 하지만 여전히 일부 교사들은 고정관점(fixed mindset)을 갖고서 IQ는 고정적이고, 배우는 게 더딘 아이들은 언제까지나 그럴 수밖에 없다고 단정한다. 이런 상황에서는 교사들의 고정관점을 깬 학생들에 대해 칭찬하는 분위기를 만드는 것이 필요하다. 교사휴게실과 같은 장소에 "기적이 매일 일어나는 곳, 바로 우리 학교입니다!"라든가 "아이들은 변화할 것이고, 우리는 그러한 변화를 만들어낼 것입니다."와 같은 긍정적인 문구를 붙여라. 매달 북클럽을 열고 관련 연구논문을 함께 읽으면서 직무수행을 향상시키는 일도 중요하다. 학교에 지금 당장 변화의 메시지들을 퍼뜨려라.

교직원에게 투자하라

많은 학교와 학구에서 "학생이 최우선입니다!" 같은 슬로건을 내세운다. 이런 슬로건이 구호로만 그치지 않기 위해서는 교직원들 역시 학교의 주인이고, 적절한 지원을 받고 있으며, 든든한 지원 하에 도전적인 일을 하고 있다는 생각을 갖도록 해야 한다. 다시 말해서 학생들뿐 아니라 교직원들도 자신이 '최우선'으로 존중받고 있다고 느낄 수 있어야 한다. 학교가 먼저 교직원을 챙긴다면, 그들은 학생들을 더 제대로 키워낼 것이다.

우선 광범위한 점검을 실시하도록 독려하고 학생 및 수업에 어떤 문제가 있는지를 확인할 수 있는 몇 가지 핵심 질문을 제공하라. 학생들을 찾아가서 보살펴주는 어른이 있는가? 모든 학생이 친구맺기 프로그램이나 클럽활동을 통해 또래들과 만나고 소통할 기회를 갖는가? 예체능을 포함하여 다양한 학습경험을 제공하는 맞춤형 교육 프로그램을 실시하고 있는가? 학생들은 어휘습득과 읽기유창성 같이 핵심적인 인지기능에서 성취기준에 도달하고 있는가?

학년이 시작될 때마다 '올해의 미션'을 제시하라. 교수법을 향상시키는 것을 목표로 제시할 수도 있다. 미션과 관련된 교육을 제공하고, 교직원 사이에 팀워크향상 프로그램을 실시하라. 학년이 시작되면 매달 마이크로트레이닝(microtraining, 조직 내에서 소통과 협업을 통해서 이뤄지는 15~20분 정도 길이의 비공식적 학습과정-옮긴이) 시간을 통해 교사들이 일을 추진하는 추동력과 책무성을 유지할 수 있도록 독려하라. 교사들의 수준이 높아질수록 학교의 학업성취도 또한 향상될 것이다.

교직원 간의 지속적 협력을 장려하라

교직원 간에 긍정적인 관계를 강화하고 매년 팀워크를 향상시키는 프로그램을 마련하라. 교직원들은 서로 이름을 아는 수준을 넘어 세세한 부분까지 공유할 필요가 있다. 교직원들이 수업과 학생지도, 교실환경 측면에서 긍정적인 변화를 일으킬 수 있도록 구체적인 방법을 제시하라. 뇌는 변한다는 사실을 교육하고, 스터디그룹을 조직하여 학생들의 변화를 보여주는 연구에 대해 공부하라. 필요하다면 연구 재정지원에 응모하여 교직원의 능력계발이 연중 계속될 수 있도록 안정적 재원을 마련하라.

교직원 간의 대화를 장려하라

학교구조를 바꾸어 교직원들 사이에 대화를 장려하라. 교사들이 아이들로 인해 좌절한 경험보다는 성공한 경험을 더 많이 나눌 수 있도록 교사휴게실 분위기를 쇄신하라. 학교변화 프로젝트에 동참하지 않는 직원들과는 일대일 면담을 해보는 것도 좋다. 수잔 스코트(Susan Scott)의 저서 『누드로 대화하기(Fierce Conversations)』(2004)는 해법이 보이지 않는 상황에서 대화를 시작하고 지속적으로 소통하기 위해 필요한 전략들을 제시한다. 대화 속에서 서로가 공유하는 점을 찾고, 공동의 생각과 실천을 발전시켜 나가는 방법에 대해 조언을 얻을 수 있을 것이다.

양질의 자료를 수집하라

학생들을 이해하기 위해 교사가 이미 가지고 있는 자료보다 더 자세하고 유용한 정보들이 필요한 경우가 있다. 기억력 및 집중력 외에도 정보처리능력이나 순서대로 처리하는 능력에는 문제가 없는지 평가해보라. 좋은 평가도구가 중요하지만, 평가의 전 과정을 빠짐없이 시행하는 것이 더욱 중요하다. 세부적으로 평가해야 학생들의 강점과 약점을 정확히 판단할 수 있다. 평가과정에 대해서는 4장에서 좀 더 깊이 살펴볼 것이다.

변화의 힘은 어디에서 오는가

빈곤층 아이들을 가르치면서 교사로서 어떤 마음가짐과 태도를 취해야 좋을지 분명한 답이 있는 것은 아니다. 하지만 적어도 다음과 같은 극단적인 태도는 절대 도움이 되지 않는다.

- 기초학습만 강조(기계적 반복으로 학습자의 학습동기 죽이기)
- 물리적 힘을 통한 학급질서 유지
- 음악이나 미술, 스포츠 활동 축소 및 폐지
- 수업 중 훈육시간을 늘리거나 훈육강도를 강화
- 학생 간 상호작용 축소
- CCTV와 같은 감시장치 설치
- 일방적인 전달에만 치중한 강의

빈곤층 아이들이라고 동정하는 것도, 그들은 어떻게 해도 성공하기 어렵다는 식의 운명론적 생각도 도움이 안 된다. 전자의 생각은 빈곤환경에서 자라는 아이들을 너무 단순하게 바라보는 편협한 시각이다. 후자의 생각은 엘리트주의이자 패배주의이며, 또 계급주의와 인종주의적 시각인 경우가 많다.

학생들이 변하기를 바란다면, 인간의 뇌가 경험에 반응하여 변하도록 만들어졌다는 사실을 이해하고, 좋은 환경과 경험을 지속적으로 제공하면 뇌가 긍정적인 방향으로 변할 수 있다는 확신을 가져야 한다.

다양한 경험을 제공하는 교육 프로그램은 학생들을 변화시키는 데 분명 효과적이지만, 명심해야 할 부분이 있다. 교사들이 기대하는 바를 전부 만족시켜주는 프로그램은 없다. 최대의 효과를 얻기 위해서는 어느 수준으로 얼마 동안 프로그램을 시행해야 하는지 헷갈리는 경우도 있다. 하지만 그동안 밝혀진 연구 결과들은 열악한 환경에서 사는 학생일수록 프로그램의 효과가 크다는 사실을 보여준다. 풍족한 가정환경에서 자란 학생이라면 좋은 수업을 받는 것만으로도 충분히 좋은 성적을 받을 수 있다. 하지만 열악한 환경에서 자란 학생이라면 다양한 경험을 제공하는 프로그램에 참여함으로써 놀랄 만한 학업성취를 이룰 수 있다. 이런 성취를 이루기 위해서는 교사들의 태도와 마음가짐이 무엇보다 중요하다. 모든 학생이 성공할 수 있다는 확신을 가지고, 프로그램 시행을 위해 교사들 모두 적극적으로 지원하고 나서야 한다.

학교의 구성원 전체가 변화를 위해 한마음으로 노력하는 학교는 쉽게 알아차릴 수 있다. 학교 복도의 모습이 다르고, 교실에서 나는 소리가 다르며, 무엇보다 아이들의 말과 행동이 다르다. 학생들은 수업시간은 물론이고 학교생활 자체를 즐기며, 미래에 대한 희망을 가진다. 교사들은 동료들과 정보를 나누고 효과적인 교수전략에 대해 이야기하며, 아이들 문제에 대해 건설적인 토론을 벌인다. 교사휴게실에서는 불평불만보다는 성공담이 오가고, 교사들은 온종일 아이들에게 칭찬과 지지를 아끼지 않는다.

변화를 위한 선결조건은 변화에 대한 믿음, 그리고 자신이 먼저 변하겠다는 의지이다. 학생이 변하기를 원한다면, 교사 스스로 그러한 변화를 구체적으로 상상하고 그릴 수 있어야 한다. 문제가 있는 아이들을 골칫덩이가 아니라 미래의 가능성으로 여길 때, 비로소 교사는 아이들이 앞으로 닥쳐올 어려움을 잘 헤쳐나갈 수 있도록 도와줄 수 있다. 머리가 나빠서, IQ가 낮아서 공부를 포기한다는 변명은 이제 받아주지 말자. 학생들 뇌의 학습운영시스템이 강화되도록 다양한 경험과 효과적인 학습 프로그램을 제공하자. 학생들의 뇌는 기존의 교수법을 반복하는 것으로는 변하지 않는다. 우리는 변화가 가능하다는 것을 믿어야 한다. 뇌는 본래 유연하며 좋은 경험을 하면 좋은 방향으로 변한다는 사실을 잊지 말자.

- 뇌는 다양한 경험에 의해 물리적으로 변화하며, 지능도 노력에 따라 바뀔 수 있다.

- 성공적인 학교생활을 위해서는 뇌의 학습운영시스템이 제대로 작동할 수 있어야 한다.

- 뇌의 학습운영시스템은 만족지연, 감각정보처리능력, 기억력, 순서대로 처리하는 능력, 자신감 등을 포함하며 체육, 체스게임, 음악, 미술 등을 통해 향상될 수 있다.

- 다양한 경험을 제공하는 조기교육 프로그램은 빈곤학생의 학업성취 개선에 도움이 된다.

- 변화를 위해 먼저 갖추어야 할 것은 변화에 대한 믿음과 의지이다.

- 학생이 변화되기를 원한다면 교사 자신이 먼저 변해야 한다.

4장

학교 차원의
성공 요인

4장에서는 학교 차원에서 변화를 이끌어내기 위해 어떤 부분에 주력해야

하는지 알아볼 것이다. SHARE라는 머리글자로 표현되는 다섯 가지

성공 요인을 활용하여 남다른 성과를 내고 있는 학교들의 사례를 알아보고,

구체적인 실행계획을 소개하고자 한다.

"학생들로부터 최선의 결과를
이끌어내기 위해서는 교사가 먼저
자신에 대한 기대 수준을 높이고
스스로에게 최선을 요구해야 한다."

호킨스 선생은 새로운 패러다임에 조금씩 눈을 뜨기 시작했다. 그는 수년 동안 가난한 환경의 학생들을 가르치면서 용납하기 어려운 행동과 저조한 학업성적에 심한 좌절감을 느껴왔다. 그러나 이제는 빈곤이 인지능력, 사회성, 감성 등 여러 영역에 영향을 미치고, 뇌를 학습하기 힘든 상태로 만든다는 사실을 알게 되었다. IQ를 포함하여 인지능력이 고정되어 있지 않고, 노력 여하에 따라 나아질 수 있다는 사실도 배웠다. 새로운 사실을 이해하게 되자 희망이 생겼다. 하지만 이 생각을 내면화하는 과정은 이제 막 시작이다. 호킨스 선생은 이론적으로는 변할 수 있다고 생각하지만, 학교에서 실천할 수 있을지 확신이 없었다. 학교 안팎으로 해결해야 할 문제들이 여전히 한가득 쌓여 있다. 그래도 호킨스 선생은 최소한 이렇게 생각하기 시작했다. "퇴직 전에 할 수 있는 일이 뭔가 있을 거야. 이제 6년밖에 안 남았지만 말이야."

학교 차원의 변화 - SHARE 모델

지금까지 우리는 빈곤이 어떤 방식으로 아동의 신체적·정신적 건강을 위협하고 사회성·감성 발달을 저해하는지 알아보았다. 열악한 환경의 영향으로 뇌가 학습하기 어려운 상태로 변해 학교생활에 문제가 생긴다는 사실도 확인할 수 있었다. 인지능력 또한 고정된 것이 아니며 얼마든지 향상시킬 수 있다는 것도 배웠다. 이제 변화를 위해 무언가 실천해야 할 때다.

4장과 5장에 걸쳐 "빈곤한 환경에서 자란 학생들의 뇌를 긍정적인 방향으로 변화시키려면 어떤 정책을 채택해야 하는가?"라는 질문에 답하고자 한다. 고려해볼 수 있는 전략들이 이미 많이 시도되어 자료들은 넘쳐나지만 제대로 정리가 되어 있지 않다. 나는 이 질문에 효과적으로 접근하기 위해 연구자들이 성공 사례로 발표한 내용을 요약·소개하고, 빈곤층 아이들을 가르치고 있는 학교의 성공 사례와 개인적으로 관찰한 내용들을 기술할 것이다. 이렇게 도출된 모델이 유일한 접근법은 아니지만, 성공을 거두고 있는 많은 학교의 사례를 대표한다고 할 수는 있을 것이다.

대체로 사회경제적 지위가 낮은 소수인종 학생들이 부유한 또래들에 비해 학업성취도가 떨어지는 것이 사실이다. 하지만 소수인종과 빈곤학생 비율이 높은 학교 중에서도 같은 학구 혹은 같은 주에 위치한 타 학교와 비슷한 수준 또는 그 이상의 성적을 보여준 학교들이 있다. 빈곤층 학교의 성공 사례와 검증된 연구 결과를 종합하면 학교 단위의 개혁을 위한 토대를 마련할 수 있을 것이다.

미국에서는 전교생의 50퍼센트 이상이 무료급식이나 급식비 감면 대상자이면 타이틀 I(Title I)이나 극빈학교로 지정되어 연방정부로부터 재정지원을 받는다. 나는 그중에서도 빈곤층 비율이 50퍼센트를 넘어 75퍼센트에서 100퍼센트에 이르는 극빈학교에 더 주목하려고 한다. 여러 연구에서 집중 조명된 학교의 시험성적을 살펴보면 적어도 전체 학생의 50퍼센트 이상이 성취도평가에서 '통과' 점수(혹은 과목별로 제시된 기능을 어느 정도 습득했다고 판단할 수 있는 '능숙' 점수)를 받았을 때 성취도가 높은 학교로 평가되는 것을 알 수 있다. 교육의 책무성(accountability)이 강조되는 시대에 발맞추어, 표준화시험(standardized tests) 점수에 기반하여 학교 혹은 학생의 성공을 판단하는 성취기준 기반 접근법이 점점 강조되고 있다. 이에 따라 학업성취에 영향을 미치는 몇 가지 주요 요인에 대해 객관적인 통계수치가 증거로 제시되고 있

다. 극빈학교이지만 학업성취도가 높은 학교들은 다음과 같은 특징을
공유한다.

- 학업성취도 제고를 위한 집중적 노력
- 손쉽게 이용할 수 있는 교수자료
- 누구나 높은 성취를 보일 수 있다는 믿음
- 학교에 대한 교직원의 관심
- 단순하지만 강력한 교육과정
- 일관성 있고 성취기준에 근거한 교육과정 및 교수 프로그램
- 협업을 통한 의사결정
- 학생들의 활동 결과를 공동채점하는 시스템
- 다양성과 평등이라는 가치의 존중
- 읽기능력 강조
- 높은 기대
- 상시적인 현장리서치를 통한 자료 수집과 형성평가
- 정돈된 학습분위기
- 학생 발달 수준에 대한 정기적 평가와 피드백 및 교정 프로그램
- 교사와 학부모 간의 정기적 소통
- 사명과 목표 공유
- 교직원 대상 전략적 임무 부여
- 학업성취에 대한 집중

- 학생의 목표와 학급운영을 포함한 구조화된 학교운영
- 보조교사를 통한 교사 지원
- 학생의 성공과 실패에 대한 교사 역할 인정
- 어떤 변명도 허용하지 않고 학생의 목표 달성에 주력
- 성적 향상과 더 나은 지도를 위해 평가 결과 활용

위에 언급된 성공 요인 하나하나가 모두 중요하다. 문제는 20개가 넘는 항목을 단번에 변화시킬 수 있는 시간과 재정, 인적자원을 갖춘 학교가 없다는 것이다. 이런 연구 결과를 실행 가능한 계획으로 바꾸려면 어떻게 해야 할까? 맨 처음 할 일은 연구를 통해 얻은 결과를 무시하지 않으면서 선택과 집중을 통해 위 항목의 개수를 실제 감당할 만한 수준으로 줄이는 일이다.

이런 원칙에 따라 나는 이 긴 항목들을 가장 중요한 몇 가지로 줄였다. 가장 먼저 '학업성취도 제고를 위한 집중적 노력'과 '어떤 변명도 허용하지 않고 학생의 목표 달성에 주력'을 하나로 묶었다. 또한 어떤 요인의 하위 개념으로 분류될 수 있거나 부수적인 결과로 따라오는 요인도 단일 항목으로 묶었다. 그 다음, 결정적으로 중요한 것이 아니면 제거했다. 그리고 사회경제적 배경과 무관하게 모든 학생에게 일반적으로 적용되는 요인인지 여부를 면밀히 검토해 제거했다. 그런 일반적인 요인은 이미 많은 학교에서 채택하여 좋은 성과를 내고 있다. 끝으로, 뇌가 변하도록 촉진하는 것으로 알려진 요인을 우선적으로 택했다.

성공을 이룬 학교들은 변화를 만들어내기 위해 통합적으로 접근한다. 하지만 이 책에서는 해결책을 좀 더 단순하고 명쾌하게 제시하기 위해 학교 차원과 학급 차원으로 구분하여 변화에 대해 접근하고자 한다. 4장에서는 학교 차원에서의 변화를 이끌어내기 위한 노력에 대해 논의할 것이며, 이어지는 5장에서는 학급 차원에서의 변화를 논의할 것이다. 특별한 성과를 내고 있는 여러 학교의 구체적인 상황을 살펴보면서, SHARE라는 머리글자로 표현되는 5가지 성공 요인을 다루고자 한다. 학교 차원에서의 성공 요인 5가지는 다음과 같다.

학교 차원의 성공 요인(SHARE)

- 전면발달을 위한 지원(Support of the Whole Child)
- 데이터 수집과 활용(Hard Data)
- 책무성 강화(Accountability)
- 긍정적인 관계 구축(Relationship Building)
- 다양한 자극이 풍부한 환경(Enrichment Mind-Set)

전면발달을 위한 지원
(Support of the Whole Child)

학생들에 대한 기대치가 너무 높은 교장들이 있다. 스트레스에 시달리면서, 굶주리고 몸이 아파 마음까지 병든 학생들에게 수업시간에 조용히 앉아 주의를 집중하고, 매사에 의욕적으로 열심히 공부하고, 말썽부리지 않고 예의 바르게 굴기를 바란다. 그러나 학생들에게 높은 기대치를 두는 교육방침은 그들이 충분한 지원을 받고 있을 때 효과를 발휘한다. 가난한 환경에서 자란 아이들, 즉 기초생필품이나 기초서비스, 그리고 학습도구를 지원받지 못하고 있는 아이들은 사회성이나 감성, 학습, 건강 발달 측면에서 도움이 절실하다.

다른 학교라면 하지 않아도 되는 광범위한 서비스를 제공하라고 요구받는 상황이, 학교행정 책임자에게는 무척 성가시게 여겨질 수 있다. 하지만 한번 생각해보자. 빈곤층 아이들이 다니는 학교는 대부분 성적이 저조한데, 이를 책임져야 할 사람들은 '가난한 애들' 탓만 해댄다. 이런 아이들도 전면발달을 위한 지원을 받게 되면, 당면한 문제와 자신의 처지를 비관하는 데서 벗어나 주어진 학습기회에 집중하기 시작한다. 학교가 아이들이 직면하고 있는 사회성, 감성, 건강 관련 문제에 대한 해법을 제시하지 못한다면, 학업성취 증진은 정치적으로 올바른 구호가 될지는 모르지만 결코 도달할 수 없는 목표로 남게 될 것이다.

이론 및 연구

왜 학교가 다양한 서비스를 제공해야 하는지 이해하기 위해서는 먼저 반세기도 더 전에 제시된 매슬로의 욕구위계이론(Maslow's hierarchy of needs)을 살펴보아야 한다(1943). 그는 인간의 기본적 욕구, 예를 들어 음식, 주거, 의료, 안전, 가족, 우정 등에 대한 욕구가 채워지지 않으면 상위 단계 욕구인 학습에서 성공하는 것이 불가능하다고 했다. 옛말에도 '악어한테 물려 목숨이 달아날 판국에, 물을 빼내려고 늪에 들어갔던 것을 기억해낼 정신이 어디 있겠느냐'라고 했다. 하루하루 생존을 위해 싸우며 '목이 악어 입에 들어가 있는' 상황에 놓인 아이들에게는, 마음을 어지럽히는 고민과 스트레스 요인을 없애줌으로써 학업에 집중할 수 있는 토양을 제공하는 일이 가장 시급하다.

빈곤층 학생의 학업성취를 성공적으로 이끌어내는 학교들은 모두 전면발달을 위한 학생지원시스템을 채택하고 있다. 또한 교육행정가들은 정치인과 협조하여 학교운영위원회와 교육청으로부터 최대한 많은 지원을 얻어내고, 학교개혁을 확실히 이루기 위해 적극적으로 나선다. 여러 교육기관의 지원이 없으면 무척이나 힘든 과정이기 때문이다.

접근방식은 학교마다 다르다. 필수적인 영역 한두 군데를 집중적으로 지원하는 학교도 있고, 거의 모든 영역을 동시에 해결하려고 애쓰는 학교도 있다. 학교가 제공하는 기본적인 지원 이외에 추가적인 지원이 필요한 아이들도 있다. 빈곤층 학생들은 중산층이나 부유층 아이들에 비해 장애를 가지고 있는 경우가 많다. 따라서 교육자들은 극도로 열악한 상황에 놓인 학생들을 지원하기 위해 추가적인 노력을 기울여야 한다.

개인별교육계획(Individualized Education Plan, IEP, 특수교육 대상 아동 개개인의 필요에 맞게 교육의 목표, 내용, 방법, 평가를 계획하고 실천하는 것을 의미-옮긴이) 혹은 504계획(미국 재활법(Rehabilitation Act)과 미국 장애인법(Americans with Disabilities Act)의 504 조항. 정부지원 교육프로그램에 장애인도 차별 없이 참여할 수 있도록 적절한 지원을 해야 한다는 규정-옮긴이) 대상자들은 주정부 및 소속 학구에서 시행하는 평가에 대비하기 위해 적절한 지원을 받을 권리가 있다. 법적으로는, 학생이 어떤 지원을 받을 수 있는지가 개인별교육계획에 공식적으로 적혀 있어야 한다. 그러나 꼭 그렇지 않더라도 교사가 상황에 따라 재량껏 자원을 배분하거나 적절한 예외를 둘 수 있다. 예를 들어 집중력이 부족한 학생에게 조용한 장소에서 시험을 보게 하면, 학생이 장애나 불리한 조건으로 인해 시험에서 불이익을 당하는 경우를 줄일 수 있다.

실제 사례

캘리포니아주 라호야 지역에 위치한 공립 차터스쿨(charter school)인 프레우스학교(Preuss School)에는 중·고교생 760명이 다닌다. 이들 중 94퍼센트가 소수인종이며, 학생 전원이 무상급식이나 급식비 감면 대상자다. 그럼에도 불구하고 졸업률은 최고치를 기록하고, 졸업생 중 95퍼센트 이상이 4년제 대학에 입학한다. 2008년에는 「뉴스위크(Newsweek)」와 「US 뉴스앤월드리포트(U.S. News & World Report)」에서 집계한 전미 학교 순위에서 상위 10위권 안에 들었다.

프레우스학교의 성공비법은 무엇일까? 한 마디로 이 학교는 학생들의 실패를 그냥 보고 있지 않는다. 성공을 거두고 있는 다른 학교들처럼 프레우스학교의 교직원들도 학생들에 대한 기대 수준이 높다. 다만 이렇게 높은 기대 수준이 단지 염원에 그치는 것이 아니라 학기 내내 가동되는 전방위적이고 전면적인 학생지원시스템을 통해 실제로 구현된다. 구체적으로 프레우스학교는 다음과 같은 다양한 프로그램을 연중 내내 운영한다.

- 캘리포니아대학 샌디에이고 캠퍼스의 의료보험 파트너십을 운영한다. 의료보험은 재단지원금에 의해 운영되는데, 학교의 구성원 모두 의사의 처방에 따라 의료 서비스를 이용할 수 있다. 교사전담 의료진과 학생전담 간호사가 배치되며, 학교에 간호사 한 명이

상주한다.

- 개인별교육계획에 참여하는 학생들은 전임 교육전문가가 담당하고, 언어, 청각 혹은 신체장애를 가진 학생들을 위해 지역순회 교육전문가가 배치된다.
- 교육청 소속 심리학자에게 심리검사 및 상담 서비스를 받을 수 있고, 정신과 의사에게 현장에서 무료 심리치료를 받을 수 있다.
- 학생들과 가족들의 상황대처능력을 강화하기 위해 교사들이 정기적으로 문제해결전략 강의를 진행한다.
- 일정 자격조건을 갖춘 대학생들이 학생들의 성공을 위해 기꺼이 시간을 내어 전과목 개인교습을 실시한다.
- 학생들에게 교내 인턴십 기회가 제공된다.

프레우스학교에는 따돌림을 받거나 무시당하거나 고통에 짓눌리는 학생이 없다. 부모들은 자신이 아이의 공부를 위해 해줄 수 없는 것들을 학교가 나서서 해결해주리라 믿는다. 아이들은 학교가 자신을 도우려 한다는 것을 피부로 느끼고, 이는 높은 출석률 및 졸업률로 이어진다. 학교가 전면발달을 위한 지원을 강화할수록 학생들은 규칙을 준수하며 열심히 노력하는 모습을 보인다. 놀랍게도 학업성취에서 IQ보다 중요한 요인은 바로 자기통제력, 즉 자기를 절제할 줄 아는 능력이라고 한다([도표 4.1] 참고).

[도표 4.1] IQ보다 중요한 자기통제력

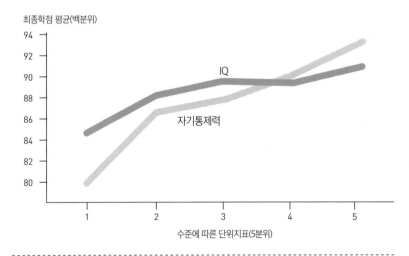

최종학점 평균(백분위)

※ 중학생을 대상으로 2년간 진행된 본 연구는 자기통제력이 IQ보다 학업성취도를 더 잘 예측한다는 결과를 보여준다. IQ와 자기통제력을 수준에 따라 5분위로 나누어 최종학점 평균(백분위)과의 관계를 보여주는 그래프이다.

출처: 「Self-Discipline Outdoes IQ in Predicting Academic Performance of Adolescents(학업성취도를 예측하는 데는 자기통제력이 IQ보다 더 유효하다)」(Duckworth & Seligman, 2005) 『Psychological Science』, 16권(12호), pp. 939-944.

실행전략

학생들에게 무엇이 필요한지 조사하라

기본적인 안전과 건강, 혹은 주변 사람들과의 관계에 문제가 있을 때, 아이들은 학업에 집중할 수 없다. 상담교사나 특수교사의 도움을 받아 자료를 구비하고 시설을 확충하라. 학생들에게 가장 필요한 지원은 다음과 같다.

- 교과목 및 개인 특성에 맞춘 새로운 방식의 개인교습
- 학습, 진로 및 정신건강 관련 상담
- 약물치료 교육
- 십대 부모를 위한 양육정보
- 주거 및 이용 시설과 같은 지역서비스
- 치과 치료
- 재정, 건강, 주거 관련 생활지식
- 응급치료와 장기치료 모두를 포함한 의료지원
- 심리상담(진단 및 치료)
- 다양한 읽기자료
- 방과후수업으로 하교가 늦어질 경우 이용할 수 있는 교통편

부모를 참여시키고, 다양한 지원 프로그램을 제공하라

부모들과 긴밀한 관계를 지속적으로 유지하면서, 그들에게 가장 취약한 부분이 무엇인지 확인하여 그들이 가장 필요로 하는 지원을 제공하라. 학생들을 위한 영양식단, 부모역할, 자녀들을 위한 학습지도법과 같은 주제로 강연이나 워크숍을 열어 현실적인 도움을 주는 것도 좋다.

지역의 교육주체들과 파트너십을 구축하라

학교의 자체 재정으로는 분명 한계가 있다. 재정자원과 교육개혁에 대한 의지를 지닌 지역단체에서 기부를 받는 식으로 재정적 한계를 극복할 방안을 마련하라. 나아가 지역의 교육주체들과 파트너십을 체결하여 학생에게 필요한 서비스를 제공할 수도 있다. 구체적으로 다음과 같은 서비스를 고려해볼 수 있다.

- 지역병원에서 제공하는 무상의료 서비스
- 대학생들이 학점이나 자원봉사 점수를 받으면서 제공하는 무료 개인교습
- 도서관, 지역모임, 사회봉사단체, 학부모 등이 기부한 도서

학생들은 매일 맞닥뜨리는 엄청난 스트레스와 걱정거리를 자기 힘만으로는 해결하기 어렵다. 열악한 환경에 지쳐 더는 감당할 수 없을 만큼 학생들이 한계에 달했을 때 가장 먼저 타격을 받는 것은 학교다. 학생들이 주택 퇴거명령이 언제 떨어질지 몰라 전전긍긍하고 가정학대로 힘들어 한다면, 학교로서는 어찌해볼 도리가 없다. 마찬가지로 연일 이어지는 치통 등 건강에 이상이 있다면 아무리 잘 짜여진 수업이라도 귀에 들어올 리 만무하다. 학생들이 학업에 매진하도록 하려면 정신적, 정서적 문제와 관련된 삶의 고민부터 해결해줘야 한다.

데이터 수집과 활용

(Hard Data)

성공적인 학교는 주나 지역 교육청에서 시행하는 학력평가를 학업성취도를 가늠하는 유일한 잣대로 생각하지 않는다. 그보다는 학교에서 자체적으로 유용한 데이터를 지속적으로 쌓아가며 학생과 교사에게 즉각적인 피드백을 제공한다.

학생들은 자신만의 학습스타일이 있다. 교사들은 이런 특성을 직관적으로 파악할 수 있다고 생각해서는 안 된다. 학교가 목적을 정해 학생들에 대한 정확하고 구체적인 데이터를 수집해야 하는 이유가 바로여기에 있다. 교사가 학생의 학업수행에 대해 풍부한 정보를 가지고 있어야 상황에 따라 교수방법을 개선해나갈 수 있고, 학생은 자신에게 맞는 적절한 학습전략을 찾을 수 있다.

학교 차원에서 학생들의 데이터를 성공적으로 수집하기 위해서는 다음 세 가지가 매우 중요하다.

- 교사들에게 데이터의 가치를 믿게 하고, 무조건 열심히 가르칠 게 아니라 '더 현명하게' 가르치는 것이 중요하다는 점을 설득하라.
- 데이터를 지속적으로 수집하고 분석하여 그 결과를 교수학습에 적용하는 학교문화를 만들어라.
- 데이터에 기반을 둔 교수과정 개선 노력은 암묵적으로 교사 개개인의 역량부족을 인정하는 것이 아니라 오히려 전문성 확보를 위한 과정임을 강조하라.

[도표 4.2] **IQ보다 학업성취를 더 잘 예측하는 감성지능과 노력**

우드콕-존슨 III NU 성취도검사 결과

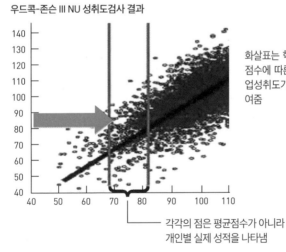

화살표는 학생의 절반 정도가 IQ 점수에 따른 예상치보다 실제 학업성취도가 높았다는 사실을 보여줌

각각의 점은 평균점수가 아니라 개인별 실제 성적을 나타냄

출처: 「Beyond IQ: Broad-Based Measurement of Individual Success Potential or 'Emotional Intelligence'(IQ를 넘어서: 개인별 성공잠재력 혹은 '감성지능'에 대한 광범위한 조사)」(Mehrabian, 2002)「Genetic, Social, & General Psychology Monographs」, 126권(2호), pp.133-239.

데이터 수집을 통해 교사는 IQ 점수가 아이들의 학업성취 여부를 미리 결정하지 않는다는 사실을 알게 된다. IQ 점수가 낮아 성적이 낮으리라 예상했지만, 실제로는 훨씬 뛰어난 성적을 보이는 학생이 많다는 점을 교직원 모두가 알아야 한다. 학업성공의 잠재력을 위해 무엇보다 중요한 요인은 감성지능과 꾸준한 노력이다([도표 4.2] 참고).

이론 및 연구

구체적인 데이터를 꾸준히 쌓는 일은 성공을 바라는 모든 학교에서 반드시 필요하며, 빈곤층 학생이 많은 학교일수록 그 중요성이 더욱 크다. 데이터를 활용하면 학교를 깊이 탐구할 수 있고 성적 향상을 이끌 수 있다(Herman & Gribbons, 2001). 데이터의 효과를 결정하는 가장 중요한 요인은 데이터의 질, 정확성, 시의적절성, 활용능력, 문제해결을 위해 데이터를 구조화하는 능력, 데이터 활용에서 학교 차원의 지원이 이루어지는 리더십 구조 등이다(Lachat & Smith, 2005). 성공적인 학교는 데이터를 효율적으로 분석하고, 이를 기반으로 학교정책과 교수전략을 조정한다(Williams et al., 2005).

평가 결과에 따라 가르치는 방향과 목표를 계속 수정해나가는 과정을 흔히 형성평가(formative assessment)라고 한다. 형성평가는 목표를 가지고 개별 학교상황에 맞춰 지속적으로 이루어져야 한다. 이는 특정 시점에서 학생들이 어디쯤에 위치해 있는지를 보여준다. 평가 결과 학교문화에서 문제점이 드러났다면, 이를 개선하기 위해 노력해야 할 것이다. 또한 학생들 간 학업성취 격차가 보인다면, 학생 각자의 학습운영 시스템이 향상될 수 있도록 능력을 키우는 데 주력해야 한다. 전미교육협회(National Education Association)의 연구에 따르면, 현재 상황을 분명하게 보여주면서 활용 가능한 데이터가 주어졌을 때, 교사들은 대부분 변화를 수용한다(National Education Association, 2003). 평가전문가인 제임스 폽햄(James Popham)은 형성평가가 교수법을 개선할 뿐만 아니라 교실문화, 교사 전문성 향상과 같은 학교 전체의 성과기반을 다질 수 있다고 말한다(2008). 형성평가는 교실을 학생과 교사의 협력공간으로 만들어 함께 학습목표를 설정하고 성취할 수 있게 해준다.

실제 사례

사우스캐롤라이나주 외곽 지역에 위치한 샘핏초등학교(Sampit Elementary School)는 전교생의 90퍼센트가 무상급식이나 급식비 감면 대상자다. 불과 2000년까지만 해도 샘핏초등학교의 학력평가 점수는 평균 이하로 알려졌다. 그런데 2000년 이후, 학생의 85퍼센트 이상이 영어와 수학에서 기본점수 이상을 받는 성적 우수학교로 변신했다.

샘핏초등학교 교사들은 평가 결과 분석을 위해 회의를 열고, 기존의 학교성적과 함께 지속적으로 실시되는 주와 교육청 주관 평가의 성적을 분석한다. 또한 개선목표를 설정하고, 별도로 도움이 필요한 학생들을 확인하여 이들에 대한 교육계획을 세운다. 이후 회의를 통해 목적에 맞는 데이터가 제때에 정확하고 지속적으로 수집되었는지, 데이터를 적절하게 해석하고 적용했는지 검토한다. 이런 과정을 통해 수립된 목표들이 제대로 성취되었는지를 판단한다.

캘리포니아주 내셔널시티의 아이라하비슨초등학교(Ira Habison Elementary) 교사들은 형성평가 결과를 토대로 수업을 진행하고, 학생들은 각자의 필요에 따라 몇 개의 모둠으로 나뉜다. 또한 교사들은 데이터관리 프로그램을 교육받아 교수법에 도움이 되는 방식으로 데이터를 조직하고 학생모둠을 구성한다. 학생은 컴퓨터를 기반으로 여러 가지 내용을 학습하고, 교사는 개별 학생과 학급 전체의 강점과 약점을 중점적으로 분석한 보고서를 지속적으로 제공받는다.

뉴욕주 유티카에 위치한 무용예술 마그넷스쿨(magnet school, 소수인종 소외 극복을 위해 미국 교육부의 지원을 받아 과학·외국어·예술 등 특성화 교육과정을 실시하는 공립학교-옮긴이)인 왓슨윌리엄스(Watson Williams) 중등학교는 컴퓨터 보조학습방식을 사용하고, 하루 단위로 수업 내용과 형식을 조정하기 위해 평가를 자주 실시한다. 교사들은 일과를 마치기 전 15분 정도 회의를 하면서(같은 학년 교사끼리는 월요일에서 목요일 사이, 같은 교과 교사끼리는 금요일에 모인다) 평가 결과를 함께 살펴보고, 이를 토대로 수업의 세부사항에 대한 결정을 내린다.

또한 주에서 실시한 평가 결과를 문항별로 자세하게 분석하여 학생들의 성적이 학구 평균보다 떨어지는 문항들을 찾아낸다. 이 과정에서 학생들의 취약한 부분을 확인하여 그에 대한 통합교과 내용을 모든 학년에 적용한다. 가령, 어휘 영역 성적이 저조한 경우, 어휘에 관련된 통합 교육과정을 모든 학년에 적용한다.

실행전략

좋은 교수법은 저절로 습득되지 않으며 직관에만 의존해서도 안 된다. 학생들이 배워야 할 부분에 맞추어 교직원의 강점을 계발하기 위해서는 데이터를 엄밀하게 분석하고 적용하는 시스템이 필요하다. 교사들이 데이터를 수집하고 적용하면서 이러한 학교문화를 지속적으로 이어갈 때, 더욱 지혜롭게 가르칠 수 있을 것이다. 혁신적인 성과를 내는 학교들은 대부분 여러 지표에 대해 정기적인 보고서를 내고, 자체 데이터베이스를 구축하여 지역 교육청에 보고하기 위한 데이터를 갖춰놓는다. 해당 학구가 학교에 요구하는 수준 이상으로 세부 데이터를 수집하고, 정기회의를 통해 데이터의 질적 보완을 위해 노력한다.

데이터가 갖추어야 할 기준을 마련하라

만약 무릎이 아파서 병원에 간다면, 의사는 증상을 확인하고 의료

기록을 살펴볼 것이다. 잘 걸을 수 있는지 검사를 하고, 필요하다면 MRI와 같은 영상사진을 찍어 아픈 부위를 자세히 살펴볼 것이다. 학교에서도 이와 비슷한 방식으로 개별 학생에 대해 다양한 형태의 정보를 모을 필요가 있다. 먼저 학교가 현재 전체적으로 잘하고 있는지 질문하는 것으로 시작해보는 건 어떨까? 구체적으로, 다음 3가지 핵심 질문에 답할 수 있는 데이터 수집을 제안한다.

1. 학교가 전반적으로 또 세부적으로 잘하고 있는가?

   좀 더 구체적으로 학년, 과목, 학습능력별로 이 질문을 던질 수 있다(예: 4학년 남학생의 독해능력은 어떠한가?).

2. 학교가 학생들의 필요를 어느 정도까지 만족시키고 있는가?

   관련된 질문을 스스로에게 잔인할 정도로 솔직하게 던져보라(예: 지난달에 얼마나 많은 지각, 정학, 전문가 상담의뢰가 있었는가? 어떤 학생에 대해 어떤 결정이 내려졌는가? 결정을 내리는 주체는 누구인가?).

3. 학교가 잘하고 있는 분야는 무엇이고, 어떤 분야에서 도움을 필요로 하는가?

   교직원들의 사기진작이라는 측면에서는 성공적이었을지라도, 학생들에게 중요한 학습법을 가르치는 데는 개선할 점이 많을지도 모른다.

교직원들에게 종이를 반으로 접은 후 위의 질문에 무기명으로 답하도록 한다. 결과를 취합하여 교무회의에서 발표하고, 답변을 분석한 자료를 학교개혁을 위한 기초자료로 삼는다. 설문에 답할 때는 전국학력평가 결과와 교내평가 결과를 동일한 비중으로 다루어야 한다. 교내평가는 각 학교의 문화와 학업시스템, 사회적 문제를 반영하고 있기에 전국학력평가와 마찬가지로 중요하다.

이런 과정을 거치다 보면 학생들이 각 수행 영역에서 어떤 상태인지 좀 더 자세한 질문이 나올 수 있을 것이다. 고등학교에서 감사를 역임하고 현재 교육컨설턴트로 일하고 있는 론 피츠제럴드(Ron Fitzgerald)는 데이터를 모을 때 어떤 종류를 모으고 어떤 방식으로 분석할지 결정할 수 있도록 설문에 대한 자문을 해주고 있다. 설문 문항의 예는 다음과 같다.

- 학생들이 현재 강좌 전체, 각 수업과 단원별 진도를 따라올 수 있을 정도의 지식과 스킬, 학습태도를 갖추고 있는가?
- 학생 개개인의 학습스타일은 어떠한가? 강점과 약점, 특별한 관심 분야는 무엇인가?
- 특정 단원을 학습하는 도중이나 수업이 끝난 후 별도의 도움이 필요한가?
- 어떤 학습 결과에 대해 학생을 칭찬할 것인가? 학습 결과 중 어떤 부분을 기록으로 남길 것인가?

- 교수방법의 효과를 높이기 위해 학습 및 학생상담의 결과를 어떻게 이용할 것인가?

필요한 데이터만을 수집하라

적정량의 데이터를 모으려면 시간이 필요하다. 대부분 처음에는 너무 많이 모으거나 너무 적게 모으기 때문이다. 학생의 현재 상황에 대해 여러 측면에서 알아볼 필요가 있지만, 데이터가 너무 많아지면 교사들이 이해하고 분석할 엄두를 내지 못한다. 이런 상황을 피하려면 성적이 가장 저조한 학생들의 성취목표 수를 제한하고, 그들이 취약점을 보이는 특정 영역에 집중할 필요가 있다.

다양한 자료에서 데이터를 수집하고(예: 학급 중간평가 결과, 학생 포트폴리오, 교사들의 학생 강점분석 리포트, 학교 차원의 학생 기본통계), 여러 가지 형식을 이용하여 다각도로 정보를 수집하는 것이 좋다. 단일 형식의 데이터로는 학생의 발달상황을 제대로 이해하기 어려우므로 데이터 하나만 가지고 분석하려는 안일한 생각은 버려야 한다.

도움이 될 만한 결과를 얻기 위해서는 데이터의 초점이 작업기억, 언어능력, 정보를 순서대로 배열하고 처리하는 능력 등 가장 중요한 학습능력에 맞춰져야 한다. 다시 말해서, 자동작업기억평가(Automated Working Memory Assessment, AWMA), 작업기억평가척도(Working Memory Rating Scale, WMRS), 작업기억평가집(Working Memory Test Battery, WMTB-C), 언어처리속도 및 용량검사(Speed and Capacity of

Language Processing Test, SCOLP), 우드콕-존슨 Ⅲ 정보배열 및 처리
능력검사(Woodcock-Johnson Ⅲ) 등과 같이 주요 학습능력과 밀접하
게 관련된 데이터를 모을 필요가 있다. 학생들이 이런 능력을 갖추었을
때 성공적인 학습을 위한 필수요건을 충족했다고 말할 수 있다. 이 모
든 능력은 훈련을 통해 강화될 수 있다.

학교의 데이터 수집능력이 향상될수록 교직원들은 점점 더 구체적
인 데이터를 요구할 것이다. 하지만 무엇보다도 데이터는 구체적이고,
지속적이며, 정확하고, 관련성이 높고, 신속해야 한다.

데이터의 양을 지속적으로 조정하라. 그래야만 기존의 데이터를 통
해 학교가 현재 얼마나 잘하고 있는지, 또 학교의 특성이 어떤지에 대
해 적절한 정보를 수집하고 관리할 수 있다. 나아가 데이터를 다양한
방법으로 분석할 수도 있다. 상황에 따라 새로운 형태의 데이터를 수집
할 필요가 생기기도 한다.

데이터를 분석하고 공유하라

수집된 데이터를 효율적으로 공유하기 위해서는 교사, 부모, 지역사회
구성원, 정책입안자 등 대상에 맞게 가공할 필요가 있다. 학교 내부에
서 이런 업무를 수행할 수 있는 인적, 물적자원을 갖출 수도 있겠지만,
여의치 않을 경우 인근 대학이나 심리학자 또는 데이터 분석 전문회사
의 도움을 받을 수도 있다. 광범위한 데이터 수집과 분석이라는 과제가
무척 어렵게 느껴질 수도 있지만, 간편한 데이터 시각화 도구를 사용하

면 단순하면서도 이해하기 쉬운 형태로 바꿀 수 있다.

다음 목록을 살펴보자.

- 스프레드시트를 이용한 데이터베이스
- 시각적 비교가 가능하도록 만들어진 수직막대형 차트
- 우선순위를 보여주는 파레토 차트(pareto chart, 빈도가 높은 것에서 낮은 것 순으로 배열한 막대그래프-옮긴이)
- 시간의 흐름에 따른 추세를 보여주는 런 차트(run chart, 데이터를 표현하는 점들을 실선으로 이어놓은 형태의 차트-옮긴이) 혹은 라인 차트(line chart)
- 관계와 상관지수를 보여주는 분산형 차트(scatter chart, 데이터를 표현하는 점들이 흩뿌려진 듯한 형태의 차트로 산점도라고도 함-옮긴이)
- 성취기준에 따른 수행이나 개인 및 집단의 수행에서 나타난 장단점을 분석할 수 있는 항목별 루브릭(rubric, 채점기준표-옮긴이)
- 원인과 결과를 보여주는 다이어그램
- 상황을 시나리오로 보여주는 스토리보드

데이터는 일관성 있고 활용 가능한 형식으로 정리해야 한다. 끝도 없이 나오는 휘황찬란한 도표로 교직원들을 질리게 해서는 안 된다. 데이터를 제공하는 가장 좋은 방법은 깔끔한 그래픽을 이용하는 것이다.

교사들에게 데이터를 쉽게 전달하는 방법을 좀 더 공부하고 싶다면, 비주얼 리터러시 웹사이트(www.visual-literacy.org/pages/documents. htm)를 방문하여 'Periodic Table' 그림을 눌러 프레젠테이션에 효과적인 도구를 살펴보라(Lengler & Eppler, 2007).

데이터 적용계획을 수립하라

우수한 학교는 '만사 제쳐놓고 데이터 분석에만 매달리는' 어리석음을 범하지 않는다. 바람직한 데이터 분석을 위한 3단계 시나리오는 다음과 같다.

1단계: 평가데이터를 참고하여 가장 저조한 성과를 보이는 영역을 확인하라. 그 다음 이 영역의 약점을 보완할 수 있는 목표를 몇 가지만 설정하라. 설정된 목표가 달성 가능한 범위 안에 있는지 확인하라.

2단계: 교직원들과 협력하여 학생들에게 필요한 스킬을 더욱 효과적으로 가르칠 수 있는 방법을 강구하고, 이러한 교수전략을 지속적으로 개선하라. 이는 학생들의 기준선을 확인하고, 목표로 한 스킬을 실제로 습득한 학생들의 수를 측정함으로써 가능하다.

3단계: 구체적인 계획을 수립하여 실천하라.

위에 제시한 3단계 시나리오를 학교현장에 어떻게 적용할 수 있을까? 일례로, 어느 학교에서는 상황묘사에 필요한 작문능력 성취기준을 충족하는 학생이 전체의 4퍼센트뿐이었다. 교사들은 상황묘사 작문을 효과적으로 가르칠 수 있는 수업전략을 세우기 위해 교육과정 평가집에 있는 해설서를 검토했다. 30분이 채 지나지 않아 효과적인 수업전략의 윤곽이 잡혔고, 교사들은 이를 기반으로 실제 수업을 진행하고 매주 학생들의 실력이 얼마나 나아졌는지 진전도를 평가했다. 그리 오래지 않아 전체 학생의 무려 94퍼센트가 상황묘사 작문을 훌륭히 해냈다. 단 30분의 회의와 교안작성 및 한 달의 실행으로 목표를 성취할 수 있었던 것이다(Schmoker, 2002).

'데이터 친화적인' 학교문화를 만드는 일은 어렵지 않다. 우선 교사들끼리 학생들에 대한 정보를 공유하고, 도움이 필요한 학생이 누구이며, 예전에 어떤 방법이 효과적이었는지 의견을 나눈다. 또한 성적이 가장 저조한 과목에 대해 3~5가지 측정 가능한 목표를 세우고, 특정 성취기준에 미치지 못하는 학생들을 직접 도울 수 있는 교수전략을 교사들이 함께 설계하고, 수정하고, 평가하면 된다.

책무성 강화

(**A**ccountability)

성과가 저조한 학교의 아이들과 이야기를 나눠보면, 이런 학교들은 시설이 좋지 않고, 교사들의 전문성도 낮고, 학생을 수업에 참여시키려는 고민도 없으며, 학생들이 당면한 삶의 문제를 사소한 일로 치부하는 공통점을 갖고 있다. 한편, 교사들에게 왜 가난한 환경의 아이들이 학업에서 실패하는지를 물어보면, 대개는 가난 탓으로 돌리거나 폭력적인 환경에 둘러싸여 있기 때문이라고 말한다. 학생의 학습동기가 부족하다고 쉽게 단정하거나, 학부모들이 아이에게 전혀 신경 쓰지 않기 때문이라고 답하는 교사도 있다. 그러나 이들이 제시하는 실패의 원인은 과학적인 근거가 없거나 책임을 회피하려는 변명일 뿐이다. 이런 교사들에게는 학생이 학업에서 성공하지 못하는 이유가 오로지 불우한 가정환경 탓이다. 교사는 결국 자신의 관점에서 구성한 이야기와 눈앞에 보이는 성과에 의존할 수밖에 없다. 원하는 결과를 얻지 못했을 때는 자신의 관점에서 이해한 대로 실패 이유를 설명하고, 원하는 결과를 얻었을 때는 겉으로 나타나는 통계수치만을 강조하면서 "우리가 해냈어!"라고 환호하는 것이다.

교사들에게 억지로 책임감(responsibility)을 심어줄 수는 없다. 책임감은 어떤 행동에 대한 결과를 도덕적으로나 윤리적으로 민감하게 받아들일 때 생긴다. 단기간에 눈에 띄게 향상된 학생에게 변화 이전과 이후의 정서적 경험에 대해 묻는다면, 교사들은 자신의 행동이 얼마나 중요한지 깨달을 수 있을 것이다. 물론 깨닫지 못할 수도 있다. 결국 책임감은 교사들이 스스로를 위해 갖추어야 할 개인적 성품이다.

이에 비해 교육의 책무성(accountability)은 직무규정의 한 부분으로 이해해야 한다. 모든 교사들은 교육의 과정과 결과에 관련된 행동에 대해 공식적인 책임을 져야 하며, 책무의 수행 여부는 적절한 데이터를 통해 평가할 수 있다. 교사들로 하여금 책무성을 갖추게 하는 최선의 방법은 설득력 있는 집단적 목표를 설정하고, 형성평가를 통해 실제적이면서도 구체적인 데이터를 제공하여 목표 달성 상황을 분명하게 보여주는 것이다. 궁극적으로 교사는 이런 과정에 대한 믿음을 가져야 하고, 더욱 효과적으로 가르치기 위해 헌신하고, 공동의 목표를 달성하기 위해 주어진 상황에 맞추어 교육방식을 변화시켜야 한다. 교사가 올바른 길을 선택하고 이를 끝까지 실천한다면 학교는 어느 정도 성공을 거둘 수 있다. [도표 4.3]은 교사의 헌신적인 노력과 실천이 어떤 변화를 가져오는지를 보여준다.

SHARE 모델(학교 차원의 성공 요인) 실행 수준에 따른 표준편차 증가분

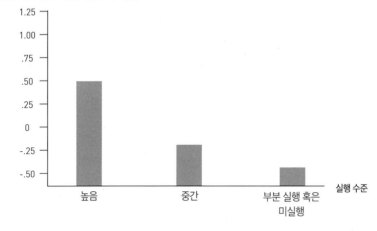

성취도 점수상의 표준편차 증가분(조정값)

출처: 「Examining the Role of Implementation Quality in School-Based Prevention Using the PATHS Curriculum(PATHS 교육과정을 사용한 학교기반 예방 프로그램의 실행 수준에 따른 분석)」 (Kam, Greenberg, & Walls, 2003) 『Prevention Science』, 4권(1호).

이론 및 연구

인간은 변화 가능한 뇌를 가지고 태어났으며, 인간의 뇌는 좋은 쪽으로 든 나쁜 쪽으로든 삶의 경험에 따라 지속적인 변화를 겪는다. 이런 관점에서 볼 때 학생들에게서 변화를 얼마만큼 이끌어낼 수 있는지는 다음 2가지 요인과 직접적으로 비례한다.

1. 열악한 가정환경과 대조를 이루는 풍성한 학습환경

교사가 제공하는 학습환경은 학생들이 일상적으로 경험하는 열악한 가정환경과 얼마나 다른가? 만약 학교가 '별반 다를 바 없는' 정도의 환경밖에 제공하지 못한다면, 긍정적인 결과를 기대하기 어렵다. 다양한 지적 자극이 풍부한 프로그램도 가정환경보다 확연히 나은 경우에만 유익하며, 성취도 향상과도 직결된다 (Barnett, 1995).

2. 지속적이고 일관성 있는 교육 제공

몬테소리 학교(Montessori School)는 부실 학교들과 비교할 때 빈곤층 아이들에게 더 풍부한 교육과정을 제공하여 취학 전부터 중학교에 이르기까지 아동발달에 실질적이고 긍정적인 역할을 한다 (Miller & Bizzell, 1984). 그러나 아이들의 성공적인 발달을 돕기 위해 반드시 사립학교의 교육방식을 따를 필요는 없다. 중요한 것은 지속적이고 일관성 있게 교육을 제공하는 것이다.

학교 차원의 성공 요인, SHARE 모델을 변화과정에 적용하는 것만으로 성공이 보장될까? 열정은 책임감을 느끼는 것을 넘어 실제로 교육과정과 결과에 대한 책임을 지는 데서 생겨난다. 중요한 것은 장기간의 집중교육 프로그램을 원칙에 따라 실행하는 것이다. 그렇다면 교육 프로그램의 실행에서 구체적으로 어떤 숫자들이 중요할지 따져보자. 먼저 교사들에게 주어진 조건을 시간으로 나타내면 다음과 같다.

1. 모든 학생에게는 매주 168시간이 주어진다(24시간 × 7일).

2. 학생들이 자고, 먹고, 세수하고, 옷 입고, 병원에 가고, 교통수단으로 이동하고, 동생을 돌보고, 이동하고, 가족과 관련된 급한 일이나 예외적인 사건들을 처리하는 시간(하루 12~13시간 × 7일 = 84~91시간 정도)을 제하라.

3. 이제 학생들에게는 최대 84시간, 1년으로 따지면 4,368시간이 남는다. 여기에서 교사가 학생들의 삶을 변화시킬 수 있는 시간은 1년을 36주에서 42주로 보고, 주당 수업 시수를 30(6시간 × 5일)으로 계산했을 때 기껏해야 1,260시간이다.

4. 교사와 학생에게 주어진 시간의 비율은 1,260 : 4,368, 즉 학생이 사용할 수 있는 4,368시간 중 교사는 1,260시간을 학생과 함께한다. 이는 학생이 깨어 있는 시간 전체의 28퍼센트에 해당되며 전체 가용시간의 3분의 1도 되지 않는다.

28퍼센트라는 숫자의 의미는 실로 중대하다. 학생이 집에서 하는 일에 대해 교사는 거의 개입할 수 없다. 어울리는 친구들에 대해서도 어찌할 방도가 없다. 교사가 학생과 함께할 수 있는 시간이 이렇게 짧은데 수업 중 한 시간이건 하루이건 간에 시간을 낭비한다는 것은 꿈도 꿀 수 없다. 학생을 무시하거나 불공평하게 대해서도 안 되고, 지루한 수업으로 학생을 수업에서 멀어지게 하는 것도 용납될 수 없다. 사소한 일로 학생을 정학시키는 일도 피해야 한다. 정학기간이 길면 길수록 학생이 학교생활을 잘해나갈 수 있는 확률은 줄어든다. 학교는 봅슬레이 경주와 같이 결코 멈추지 않고 여러 가지 활동과 도전과제가 넘쳐나며, 서로 잘못된 일은 고쳐주고 어려운 일은 도와주며, 긍정적인 경험이 계속되는 공간이어야 한다. 매일 매 순간 학생이 최선을 다하도록 이끌어야 한다. 학교가 매달, 매년 이렇게 노력하지 않으면 학생들의 삶을 변화시킬 가능성은 없다. 학생들이 겪고 있는 삶의 절망과 비참한 환경에 굴복한다면, 학교 수업과 학교의 실패는 예상한 그대로 현실이 될 것이다. 학생들로부터 최선의 결과를 이끌어내기 위해서는 교사가 먼저 자신에 대한 기대 수준을 높이고 스스로에게 최선을 요구해야 한다.

진심으로 빈곤층 아이들이 성공하도록 돕고 싶다면 교사가 학생들과 함께하는 1,260시간은 1년의 나머지 7,500시간을 능가할 수 있을 만큼 단연 최고의 시간이어야 한다. 자, 여러분의 학교는 그만큼 훌륭한 학교인가?

실제 사례

극적인 변화를 이끌어낸 학교의 성공담을 읽어보면, 학교 전체 교직원들이 그냥 말로만 떠드는 게 아니라 진정으로 학생들에게 높은 기대를 갖고 변화를 이끌어냈다는 사실을 알 수 있을 것이다. 텍사스의 엘패소 지역은 열악한 환경을 평계로 포기하지 않았다. 학생들에게 높은 기대를 갖고, 변화시킬 수 있다는 믿음을 견지했다. 도시의 극심한 빈곤율에도 불구하고, 지역의 교육행정가들은 책무성에 관한 높은 성취기준을 마련했다. 이것은 교육과정에서 학생들이 습득해야 할 지식과 스킬에 대해 교사들의 책임을 구체적으로 요구할 수 있는 근거가 되었다.

엘패소는 여타 지역들과 달리 이 정도에서 멈추지 않았다. 텍사스대학 엘패소 캠퍼스는 학생교육에 대한 책임을 나누었다. 텍사스대학은 교사교육이라는 과제를 맡았다. 대학 프로그램의 변화는 교사교육의 변화로 이어졌다. 예를 들어 초등 예비교사들에게는 이전에 비해 수학 및 과학 관련 수강과목 비율을 두 배 이상 늘렸다. 수학 및 과학 전공 교수들이 예비교사들을 가르쳤다. 중요한 것은 이들이 성취기준 수립에 직접 참여한 경험이 있어 교사들이 갖추어야 할 수학적 지식의 깊이와 종류에 대해 누구보다 잘 알고 있었다는 점이다.

지역공동체는 엘패소 협력기구(El Paso Collaborative)를 설립하여 기존의 교사들에게 여러 가지를 지원했다. 새로운 교육과정에서 제시된 성취기준을 적용해 수업을 진행할 수 있도록 하는 교육도 진행되었다. 이 단체는 교과교사들을 위한 하계 집중워크숍 및 월례회의를 개최했고, 학생 과제물을 성취기준과 비교·분석할 수 있는 워크숍을 열도록 재정을 지원했다. 또한 엘패소 지역의 3개 학구에서 동료교사들을 가르칠 수 있는 60명의 전문교사를 배출했다. 결과는 놀라웠다. 성취기준에 뒤처지는 학교가 없어졌고, 사회경제적 계층에 상관없이 모든 학생에 대한 기대가 상승했다. 실제로 성적이 향상되었고, 프로젝트 시행전에 많이 뒤처졌던 학생집단의 성적 향상 폭이 특히 컸다(Ferguson & Meyer, 2001). 엘패소 및 다른 지역의 유사한 성공 사례들은 학생들의 학업성취도를 전반적으로 향상시키는 방법과 상위권 및 하위권 학생들의 차이를 줄일 수 있는 전략에 대해 풍부한 교훈을 제공한다.

아이다호주의 라퐈이초등학교(Lapwai Elementary School)는 학생 대다수가 빈곤계층 출신의 원주민 아이들이다. 이들 중 95퍼센트 이상이 자기 학년 수준 혹은 그 이상의 읽기능력을 갖추고 있다. 어떻게 이런 일이 가능했을까? 학교의 모든 구성원이 자기가 맡아야 할 책임을 자각하고, 결과에 대해 책임을 졌다는 데서 그 비결을 찾을 수 있을 것이다. 교사는 수준 높은 과제를 내주고 학생들이 분명히 그것을 해낼 수 있다고, 그것도 아주 잘 해낼 수 있다고 믿는다. 여기에서 중요한 점은 학교가 명확하고 도전적인 성취기준에 따라 모든 학생의 학업능력 향상을 책임지고 개선하려는 노력을 게을리하지 않았다는 것이다. 아울러 이런 활동에 대한 집중적인 지원을 통해 교사들이 수업을 개선할 수 있도록 하고, 보충이 필요한 학생들은 별도로 지도를 받게 했다는 점도 주목해야 한다. 이 학교는 변명을 늘어놓는 대신 자신이 맡은 교과에 대한 전문지식과 깊은 애정을 갖고 일분일초도 허비하지 않으며 학생들을 수업에 적극 참여시키는 교사들을 지원한다(parrett, 2005).

KIPP(Knowledge is Power Program, 미국 전역의 저소득 지역에서 무상으로 운영되는 대입준비 프로그램-옮긴이)를 채택한 전국 65개 이상의 학교에서도 비슷한 성공 사례를 볼 수 있다. KIPP를 운영하는 학교에는 미국 20개 주 1만 6천여 명의 학생들이 다닌다. 대상 학생의 90퍼센트 이상이 아프리카계 및 히스패닉계이며, 80퍼센트 이상이 무상급식이나 급식비 감면 대상자다. 이들 학교는 성적이나 행동발달 상황 혹은 사회경제적 배경에 상관없이 학생들을 받아 꾸준히 대학에 보내고 있다. 비결이 무엇일까? 그것은 성취기준을 높게 설정하고, 다양한 학습경험과 체험을 통한 맞춤형 교육 프로그램을 실시하면서, 학교가 적극적으로 지원해주었기 때문이다. 또한 학교의 하루 일과시간을 늘리고, 학년을 7월에 시작하여(일반적으로 미국의 새 학년은 8월 말이나 9월 초에 시작한다-옮긴이) 교사들이 아이들과 보내는 시간을 늘렸다. 학생들은 월~목요일과 격주 토요일에는 오전 7시 30분부터 오후 5시까지 수업을 받고, 금요일에는 오후 2시 30분에 하교한다. KIPP를 운영하는 학교의 책무성은 매우 강력하며 그 성과도 명백하다.

실행전략

교사에게 권한을 위임하라

대체로 교사들은 업무처리 방향에 대해 어느 정도의 발언권이 주어질 때 그 결과에 대한 책임을 지려는 태도를 갖는다. 다음 사항에 대해서는 교사들에게 발언권을 주는 것이 좋다.

- 팀티칭
- 시설관리
- 직무연수
- 교육과정 및 교재사용
- 예산편성
- 인사
- 학교의 정책 결정
- 학교의 운영업무 분담
- 행정적 처리

교사를 존중하라

교사들은 대부분 박봉에, 제대로 대우도 못 받고, 과도한 업무에 시달린다고 느낀다. 교장이나 교감은 교사들을 지치지 않고 일하는 자원봉사자라 여기지 말고, 각자의 업무에 따라 고유한 일처리 방식을 지니고 있으며 매일 기분이 다를 수 있는 존재임을 이해해야 한다. 다음과 같은 방법으로 교사들을 독려하라.

- 매 학년 학생들이 좋은 교사를 만나면 시험성적이 향상된다는 연구 결과를 공유한다.
- 공식회의, 교실, 복도 어디서나 교사의 노고를 치하한다.
- 우수교원상을 수상한 교사가 있을 때 재미있는 축하모임을 열고

모든 교직원이 동료 수상자들을 축하해주도록 한다.

- 교사의 스토리를 발굴하고 어떤 교사가 대단한 일을 하면 꼭 인사 고과에 반영하거나 지역신문에 알려 그 교사에 대한 기사를 싣도록 한다.
- 이메일로 처리하는 게 더 효과적인 행정정보를 교직원회의에서 다루는 방식으로 교직원의 시간을 빼앗지 않는다.

업무역할을 새롭게 디자인하라

옛 속담에 '교실 문이 닫히고 나면 교사는 오롯이 혼자가 된다.'고 했다. 하지만 꼭 그러란 법은 없다. 수업시간표를 조정하여 팀티칭을 확대할 수 있다. 교사들이 수업에 들어가는 방식에 변화를 주거나(예를 들어, 4명이 120명의 학생을 지도하고, 교사 한 명이 맡는 아이들의 숫자와 배치를 지속적으로 바꿀 수 있다), 교실과 자료실을 공유할 수 있다. 학교조직을 '수평화'시켜서 교직원들에 대한 감독역할은 줄이고 지원역할은 늘린다. 이 외에도 다음과 같은 활동을 할 수 있다.

- 교사지원 서비스를 확충하라(건강관련 서비스, 간단한 개인용무 처리시간, 휴식시간 제공).
- 교사지원 인력을 새로 배치하라(교사들이 다 같이 이용할 수 있는 서비스를 제공하는 보직을 신설하라).
- 같이 기획할 수 있는 시간을 제공하라(일과 전이나 후, 또는 일과

중에 다른 교직원들이 업무를 분담하는 동안 일부 직원들이 같이 기획할 수 있는 시간을 주어라).

- 협력기획과정을 지원해서 모든 교사들에게 충분한 시간과 돈이 돌아가도록 하라.
- 교실과 실험실을 공유하여 비용은 줄이고 동료교사 간의 동료애는 키우도록 하라.

이제는 학생들이 인종이나 사회경제적 지위에 관계없이 가장 어려운 과제도 수행해낼 수 있다는 것을 알았을 것이다. 학생의 성공에 대해 책임지려 하는 학교는 경제적 배경이나 가정환경을 핑계로 사회경제적 지위가 낮은 학생이나 소수인종 학생들을 심화 수업이나 대학과목선이수제(Advanced Placement, AP)에서 배제시키지 않는다. 교사들은 대체로 성공의 요건이 확보되지 않은 경우 책임을 떠안으려 하지 않는다. 만약 교직원들이 책임감을 느끼지 않는다면 그럴 만한 이유가 있다고 생각하자. 학교가 수준 높은 교육과정과 학생들에 대한 기대감이 높은 학교문화를 일구었다 해도 교사들을 지원하고 성장시키지 못한다면 변화를 이룰 수 없다. 대부분의 교사들에게 변화란 어려운 것이다. 변화를 두려워하는 교사도 있고 변화를 받아들이는 데 한두 해 시간이 걸리는 교사들도 있다. 인내심을 가지고 모든 수단을 다 써보기 전까지는 그 어떤 교사도 포기하지 말자.

긍정적인 관계 구축
(Relationship Building)

저소득층 가정에서는 아이의 사회성·감성 발달에 꼭 필요한 부모와의 견고한 애착관계 형성이나 안정적인 성장환경 조성이 어렵다. 학력 수준이 낮고 과로나 스트레스에 시달리는 빈곤층 부모들은 자녀에 대한 관심이 부족한 경우도 있고 심지어 아이를 방치하거나 애물단지로 여기기까지 한다. 아이가 부모와 안정적인 애착관계를 형성할 기회를 갖지 못하면 장기적으로 생리적·심리적·사회적 측면에서 부정적 결과가 초래된다.

이론 및 연구

사회에는 다양한 인간관계가 존재하는데 관계마다 개인의 삶에 미치는 영향이 다르다. 어떤 관계는 오랜 시간 매우 은밀한 영향을 미치고, 또 어떤 관계는 예기치 않은 상처를 남긴다. 학교에서 이루어지는 중요한 사회적 관계는 다음과 같다.

- 학생-학생 관계
- 보호자-학생 관계
- 교직원-교직원 관계
- 교사-학생 관계

2장에서 살펴보았듯이, 빈곤계층의 아이들은 온전하지 못한 관계를 경험하게 된다. 이런 경험은 대부분 어린 시절에 시작된다. 가난한 부모들은 가난 때문에 생기는 만성적 스트레스 속에서 생존을 위해 애쓴다 (Keegan-Eamon & Zuehl, 2001). 그러다 보니 자라나는 자녀에게 충분한 관심과 애정을 쏟지 못하고 제대로 보살펴주지 못하게 된다. 집 밖에 나오면 빈곤층 아이는 어떻게 처신해야 하는지를 몰라서 남을 괴롭히거나 다른 아이들한테 괴롭힘을 당하기 쉽다. 이런 아이들은 어린 시절 소외감을 느끼고 낮은 자존감을 갖게 되면서 성인이 되어서도 우울증에 걸리거나 정신장애를 앓기도 한다. 결혼생활이나 다른 관계에서도 어려움을 겪게 된다. 어린 시절부터 가장 가까운 사람에게도 의지할 수 없고, 소외, 비난, 실망으로 인한 거듭되는 상처의 고통 속에 남겨진 아이들은 자신의 환경을 이겨내는 일이 매우 어렵다는 것을 체감

한다(Mikulinecer & Shaver, 2001). 이 같은 사실이 교실 수업에 미치는 영향은 지대하다. 교육과정과 교수법 및 평가의 수준이 탁월하다고 해도 주변환경이 자신에게 적대적이라 느낀다면 아이들은 제대로 배울 수 없다.

교사나 친구들과 강한 유대감을 형성하지 못한 학생은 교실에서 주목받기 위해 떼를 쓰거나 눈에 거슬리는 행동을 하고, 또 불안감을 표출하는 행동을 하게 된다. 대체로 이런 아이들은 누구의 도움도 필요 없다는 식의 태도를 보이는데 이런 태도로 인해 학교생활에서 점점 멀어지게 된다. 하지만 이런 학생들을 비난해서는 안 된다. 오히려 더욱 공감해주고, 지속적으로 믿을 만한 도움을 줘야 한다. 아이들이 생애 초반에 겪는 혼란의 영향은 파괴적이어서, 안정적이고 긍정적인 관계를 형성하지 못하면 여러 가지 행동장애를 야기할 수 있다. 희망적인 것은 학교가 새로운 유대관계를 형성하는 장이 될 수 있을 뿐 아니라, 아이들이 이전에 받은 상처를 치유할 수 있는 방안까지도 제공할 수 있다는 것이다.

빈곤층 아이들이 가정환경 때문에 학교에서 성공하기 힘들다고 단정하는 것은 옳지 못한 태도이다. 사실 교사는 학생들의 관계 형성에 영향을 미칠 수 있는 위치에 있다. 한 연구(Lee & Burkam, 2003)에 따르면, 학생들이 학교에서 교사들과 긍정적인 유대감을 형성하면 중퇴율이 낮아지고 졸업률이 높아진다. 또한 교사가 학생들과 일대일 관계를 맺어 학생들을 보살피거나 교사 1인당 학생 수 비율을 낮추어 지도할 경우 학생들의 학업성취도가 개선되고 자아존중감이 높아질 가능성이 커진다.

또한 빈곤계층 소수인종 학생 1,803명을 대상으로 한 연구(Finn & Achilles, 1999)에서는 자아존중감과 학교활동 참여가 학생들이 학교를 떠나지 않게 하는 가장 중요한 요인이라는 것을 밝혀냈다. 다른 연구(Kretovics et al., 2004)는 ALCRT(Accelerated Learning, Culturally Responsive Teaching) 센터에 관한 연구를 진행하였다. 이 센터는 학습공동체를 만들어 광범위한 지원을 제공하고, 교사들을 위한 직무능력개발 프로그램을 지속적으로 실시함으로써 학교의 성과를 개선한다. 교사, 코치 및 상담교사들은 학생들이 희망적이고 미래지향적인 마음으로 학교생활에 전념하게 하는 데 중추적 역할을 담당한다.

학교 구성원들 간에 강한 유대감을 형성하는 가장 쉽고도 효과적인 방법은 '학생-교사 묶기'전략을 쓰는 것이다. 한 무리의 학생들을 교사와 묶어 학년이 올라갈 때 같이 올라가도록 하는 방법이다. 학생-교사 묶기 방식은 가족 같은 친근한 분위기를 만들고, 일반적인 학년이동 방식과 비교했을 때 더 지속적이고 일관된 학생-교사 간 상호작용을 가능하게 한다. '교사와 학생이 같이 움직이는' 관계는 학습효과 면에서도 긍정적이다. 학생-교사 묶기 후 다음 학년을 맞게 되면, 학급의 친밀한 관계나 수업 분위기 형성을 위한 일을 새로 시작할 필요가 없다. 결과적으로 최대 6주의 수업시간을 더 벌 수 있다. 교사들은 학년이 바뀐 다음에도 교육과정을 연속적으로 이어나갈 수 있고, 교사와 학생들이 새 학기에 적응하는 기간이 필요하지 않게 된다. 또한 학생들이 이전의 학습이력에 대한 아무런 정보도 없이 낯선 교사에게 '던져지는' 일도 막을 수 있게 된다. 초등학교 수준에서는 3년 이상 학생들을 같이 묶어주는 것도 효과가 있지만, 중·고등학교에서는 학생들이 학교를 그만두거나 전학을 가는 상황이 종종 발생하므로 2년 정도가 가장 적당하다. 학생-교사 묶기전략은 다음과 같은 효과를 가져올 수 있다.

- 읽기 및 수학성적 향상(Hampton et al., 1997)
- 정서적 안정 및 갈등해결능력과 팀워크 향상(Checkley, 1995)
- 학생, 교사, 보호자 사이의 강한 유대감 및 학교활동 참여 증가 (Checkley, 1995)
- 출석률 개선, 유급생 비율 감소, 특수교육 추천대상자 비율 감소 (Hampton et al., 1997)

학생과 부모 사이의 밀접한 관계 형성이 좀처럼 어려운 현실에서, 학생들은 교사와 상담교사, 멘토와의 관계를 소중히 여기게 되고, 실제로 이들과 잘 지내보려고 애쓴다. 학생들의 상황에 민감하게 반응하고, 배움에 대한 열정을 공유하며, 학생들의 능력에 대한 믿음을 적극적으로 표현하는 교사들은 학생들이 매일 경험하는 수많은 위험 요소와 스트레스 요인을 완화해줄 수 있다(Zhang & Carrasquillo, 1995). 한 연구에 따르면 빈곤계층 초등학생 중 교사와 친밀하게 연결되어 있다고 생각하는 학생들은 읽기와 어휘능력이 개선되었다(Pianta & Stuhlman, 2004). 소수인종 고학년 학생들의 경우, 자신과 인종 및 성별이 같은 수학교사의 수업을 들을 때 상위 단계의 수학강좌에 등록할 확률이 높았고, 이에 따라 대학공부를 마칠 확률이 유의미하게 높아졌다(Klopfenstein, 2004). 멘토와 관계를 오래 유지하는 학생들은 그렇지 못한 또래들에 비해 자아존중감이 높고, 건강상태가 좋았으며, 폭력서클이나 폭력사건에 가담하는 경우가 적었다. 또한 바람직한 사회의 규율이 통용되는 상황을 자주 경험하고, 학교는 물론 직장에서도 더 좋은 성과를 거두는 것으로 보고되었다(DuBois & Silverthorn, 2005). 멘토는 학습에 대한 열정을 몸소 보여주고 관련된 도움을 주기도 하며, 좋은 관계를 형성하고, 학생들이 필요로 하는 서비스가 가능한 곳을 소개해줄 수 있다. 멘토가 없는 비교집단의 학생들에 비해 멘토를 둔 실험집단 학생들은 다음과 같은 특성이 있었다(Jekielek et al., 2002).

- 학습에 대해 더 긍정적이다.
- 결석을 하거나 수업에 빠질 확률이 적다.
- 반사회적 활동에 가담하지 않는다.
- 마약이나 음주를 시작할 가능성이 낮다.
- 성적이 높다.
- 폭력을 행사할 확률이 낮다.
- 부모에게 거짓말을 할 가능성이 낮다.

- 또래 친구들과의 관계가 좋다.
- 급우들이나 다른 친구들에게 정서적인 도움을 주는 경우가 많다.

멘토링에서 가장 중요한 요소 중 하나는 관계의 지속성인데(DuBois & Silverthorn, 2004), 특히 고등학교 운동부 프로그램의 긍정적 영향이 장기적으로 큰 것으로 나타났다. 운동부 코치들이 남학생 선수들을 지도할 때 나타나는 학업성취의 영향을 상세하게 분석한 연구에 따르면, 대부분의 코치들은 운동부 학생들과 매우 밀접하게 생활한다. 설문조사 대상 코치들의 3분의 2가 시간을 내어 학생 개개인과 대화하고, 학생들의 학업성취와 관련하여 교사 및 부모들과 지속적으로 소통한다고 대답했다. 마찬가지로 실험에 참여한 학생의 80퍼센트 이상이 코치가 자신의 성적에 대해 관심을 갖고 있다고 말했으며, 4분의 3은 자기 삶에서 가장 영향력이 큰 세 사람 중 한 명으로 운동부 코치를 꼽았다(Newman, 2005). 학생들은 처음 선택한 운동을 계속하게 될 가능성이 높다. 따라서 운동부 프로그램에 참여하면 긍정적인 역할모델을 찾아 장기적으로 정서적 도움을 쉽게 받을 수 있다(Herrera et al., 2007). 운동부 프로그램은 학업성취를 빠르게 개선시킬 뿐 아니라 졸업률을 높이고, 학교에서의 문제행동을 줄이는 역할을 하는 것으로 밝혀졌다(Ratey & Hagerman, 2008; Sallis et al., 1999).

여기까지는 사회화를 통한 관계 형성, 즉 학생들이 동질성 확보를 통해 또래집단에 받아들여지도록 돕는 관계 형성에 대해 살펴보았다.

사회적 위상 확보의 욕구도 학생들에게는 사회화를 통한 관계 형성과 비슷한 강도의 부담을 준다. 하지만 그 성격은 정반대이다. 위상 확보의 욕구는 집단 내에서 더 나아지려는 경쟁을 일으키기 때문이다.

사람은 어디서든 높은 사회적 위상을 확보하려고 애쓴다. 사회적 위상이 높은 사람에게 사회는 특권을 주기 때문이다. 학교라는 사회도 예외는 아니다. 최고 성적을 받은 학생은 성적 우수자 명단에 오르고 운동부에서는 최우수 선수를 선정한다. 사람은 어떤 사회적 계층에 속해 있든 가장 높은 위치로 오르고 싶어 한다. 아동들 역시 경험을 통해 데이터를 수집하고 반에서, 동네에서, 댄스공연장에서 혹은 스포츠팀에서 자신의 위치를 잘 파악하고 있다.

자, 그렇다면 이런 위상 확보는 어떤 면에서 중요할까? 사회적 위상면에서 최고 위치에 오를 수 없다고 느끼는 아이들에게 또래집단의 일원으로 받아들여지는가의 문제는 더욱 중요해진다. 잘 설계된 한 연구(Kirkpatrick & Ellis, 2001)는 집단 내에서 높은 위상을 확보하는 것과 집단 구성원들에게 받아들여지는 것 사이에 어떤 차이가 있는지를 조목조목 따져보았다. 자신이 집단 내에서 높은 위치에 있다고 생각하는 학생들은 공격적인 성향을 지닌 경우가 많은 반면(유명한 운동선수, 정치가, 혹은 조직폭력배 두목을 떠올려보라), 집단의 일원으로 받아들여진다고 느끼는 학생들은 공격적 태도가 덜했다. 이 같은 결과는 집단 내에서 높은 위상을 차지하기 위해 적극적으로 나서는 학생들이 집단과 또래로부터 받아들여지기를 원하는 학생들과 갈등을 일으킬 수 있음을 보여준다.

따라서 학교는 학생들의 사회적 위상 확보 욕구를 적절하게 충족시켜주고, 모든 학생이 집단에 받아들여지도록 노력해야 한다. 먼저, 교사가 할 수 있는 최선의 일은 학생들을 한 사람도 소외시키지 않는 일이다. 학생들 모두가 자신의 모습 그대로 받아들여진다고 느끼도록 하고, 잘할 수 있는 과제를 제시하거나 특별한 능력을 찾아내어, 이들이 집단 내에서 위상을 갖도록 틈새를 찾는 것이 중요하다. 집단 내에서 관계가 좋지 않거나 빈약하면 여러 가지 부작용이 일어날 수 있다. 일례로, 만성적으로 코르티솔 수준이 높은 경우 뇌세포 파괴, 사회적 판단력 저하, 기억력 감퇴와 인지능력 악화 등의 문제가 나타날 수 있다(Sapolsky, 2005). 반면에 자신이 집단에서 받아들여지고, 괜찮은 위상을 유지하며, 긍정적인 관계를 유지하고 있다고 생각하면 학업도 술술 풀리게 된다. 장기적으로 보았을 때, 학생들이 사회성이나 감성과 같은 소위 '소프트 스킬(soft skills)'을 발달시키는 것은 학습을 담당하는 뇌의 학습운영시스템을 구축하는 것만큼이나 중요하다(Hawkins et al., 2001; 2008).

실제 사례

'건강아동멘토링 프로그램(Healthy Kids Mentoring Program)'은 전문교

육을 받은 지역의 멘토들과 학업에 어려움을 겪고 있는 4학년 학생들을 연결해준다. 연구 결과, 학교와 연계하여 실시한 멘토링 세션이 학생들의 유대감과 소속감을 향상시킨다는 사실이 밝혀졌다(King et al., 2002). 한 학기 동안 멘토링 프로그램을 실시한 결과, 이전에 두세 과목에서 낙제점을 받았던 학생들의 성적이 전반적으로 올랐고 특히 독해 능력이 향상되었다. 자아존중감 제고, 가족과 또래친구 및 교직원들과의 관계 개선은 또 다른 수확이었다(King et al., 2002).

루이지애나주 벨차세초등학교(Belle Chasse Primary School) 학생들 중 4분의 3은 무상급식이나 급식비 감면 대상자다. 하지만 4학년 학생들은 수학에서 전국 3등, 영어에서는 전국 6등의 점수를 획득했다. 이 블루리본학교(Blue Ribbon School, 빈곤층 학생들이 많은 학교 중에서 높은 학업성취도를 보이거나 성적 향상이 두드러진 학교에 부여하는 명칭-옮긴이)는 기준미달 점수를 받은 학생의 비율이 4퍼센트밖에 되지 않는다. 루이지애나주 전체에서 최저기록이다.

이 학교에서 사람들 간의 관계를 제1순위로 생각한 것은 결코 우연이 아니다. 학교의 전 교장이었던 신시아 호일(Cynthia Hoyle)은 조직적이면서도 가족 같은 학교 분위기를 만드는 데 성공했다. 교장은 모든 학생의 이름을 알고 있고, 교사들은 매주 학부모에게 학생에 대한 메모를 보낸다. 교장·교감은 교직원을 돕고, 교직원은 학생을 돕는다. 재난이나 안타까운 일이 발생할 경우(이 학교는 2005년에 허리케인 카트리나로 인해 큰 피해를 입었다), 전 교직원이 즉각 '총력 지원모드'에 돌입한다. 끈끈한 유대는 재난상황이 벌어질 때 더욱 빛을 발하여 좀처럼 볼수 없는 행동을 낳고, 이것이 자양분이 되어 서로에 대한 책임의식이 싹트게 된다. 교직원들이 몸과 마음을 다해 아이들에게 관심을 쏟으면 아이들도 이 고마운 분들을 실망시키면 안 되겠다는 생각에 더 잘하고 싶어 한다.

실행전략

교직원 간의 관계를 강화하라

학생들은 교직원끼리 잘 지내는지, 서로 돕는 관계인지 아닌지를 금방 알아챈다. 교직원 간의 관계가 나빠지면, 학생들 역시 부정적인 영향을 받게 된다. 나아가 교직원들이 한마음이 되지 못하면, 학교가 성공할 가능성은 크게 낮아질 수밖에 없다. 따라서 교직원들의 협력과 동료애는 학교가 잘 돌아가게 하는 데 중요한 요소다. 학교의 비전, 목표, 방법론, 세부목표, 그리고 루브릭(rubric, 채점기준표)에 이르기까지 교사들의 동의와 협력은 필수적이다. 여러 교과의 교사들로 구성된 공동프로젝트 팀은 소모둠 교수법, 맞춤식 평가목표 설정, 학생 강약점 파악을 위한 포트폴리오 교차채점 등과 같이 과학적 데이터에 따른 맞춤식 교수방법론을 개발할 수 있다. 교직원들 사이에 긍정적 관계를 강화하고 업무의 효율성을 높이려면 다음과 같은 방안을 시행해보라.

- 성공축하모임, 전직원 수련회, 야외파티, 휴일이벤트 등 비공식적인 행사를 마련하라.

- 팀워크 강화를 위한 짧은 직무향상 프로그램이나 활동을 계획하여 같이 일하는 동료들이 자신의 배경과 강점, 취미 등에 대해서 이야기할 수 있는 기회를 제공하라.

- 임시협의회 혹은 위원회 등을 조직하여 학교안전, 학부모들의 관심사, 학업성취, 지역학구정책 등과 같은 문제에 대해 해결책을 제시하라.

- 같은 학년 혹은 같은 과목 교사들이 서로 협력하여 수업 계획, 채점, 루브릭 작성 등의 업무를 진행할 수 있도록 배려하라.

- 교직원들이 데이터를 수집하고 아이디어를 공유하며 교원연수 프로그램에 참여함으로써 학교발전을 위한 노력에 동참하도록 하라.

교직원 간의 상호작용을 위해 어떤 형식을 갖추는지도 중요하지만, 더욱 중요한 것은 교직원들의 학교에 대한 주인의식, 즉 자신이 학교의 변화 프로세스에 어느 정도까지 영향을 미칠 수 있다고 생각하는가이다. 소통을 촉진할 수 있는 구조를 마련한다고 해서 교직원들의 참여가 자동으로 이루어지지는 않을 것이다. 하지만 내가 연구한 성공적 개혁 사례에서는 학교 밖에서의 교직원 단합 이벤트, 팀구축 활동, 같은 학년 및 같은 교과 교사들로 이루어진 업무관련 팀구성 등의 효과적인 전략들이 발견되었다.

학생 간의 관계를 강화하라

서로 잘 알고 신뢰하며 협력하는 학생들은 대개 학과성적이 좋다. 자주 언급되지만 좀처럼 실행되지 않는 교육방식인 협동학습(cooperative learning)은 다른 학생들과의 관계에서 다양한 역할(예를 들어 리더, 서기, 발표자, 기획자 등)을 해낼 수 있도록 유도한다는 점에서 매우 효과적인 교육방법이 될 수 있다. 새 학년 첫 주에는 학생들로 하여금 자기의 강점이 무엇인지("난 어떤 문제든 풀 수 있는 해결사입니다"), 취미로는 뭘 하는지("야구카드 모으는 거 정말 좋아해요"), 자기 삶에 대한 이야기 중 나누고 싶은 것이 무엇인지("2학년 때 어느 식당 알바생에게 푹 빠졌어요") 이야기를 나누도록 해보라. 학생들을 짝지어 파트너에 대한 세 가지 사실을 알아보도록 하고, 이를 통해 얻은 정보를 가지고 자기 파트너를 학급 전체에 소개하는 활동을 시도해도 좋다.

학생들은 안전한 상태에서 중요한 존재로 인정받고, 필요시 누군가에게 도움을 받을 수 있다는 느낌을 받지 못하면, 또래들과 친해지고 성공적으로 공부하는 데 어려움을 겪게 된다. 다음과 같은 설문은 학생과의 관계를 만들어가는 출발점으로 삼을 수 있다. 설문은 목적과 내용을 고려할 때 새 학년이 시작되고 30일 이내에 하는 것이 좋다.

- 학교에 오면 정서적으로 편안한가요? 그렇다면 왜 안전하다고 느끼나요? 혹시 불안하다면, 어떻게 해야 안전하다고 느낄 수 있을까요?

- 학급에서 소속감을 느끼고 친구들과 잘 어울리나요? 그렇다면 소속감을 느끼는 데 도움을 주는 것은 어떤 것인가요? 그렇지 않다면 어떻게 해야 소속감을 느낄 수 있을까요?
- 학급에서 괜찮은 위상을 확보하고 있나요? 그렇다면 어떤 것들이 스스로를 중요한 사람이라고 느끼게 하나요? 그렇지 못하다면 자신의 중요성을 키울 수 있는 일에는 어떤 것들이 있을까요?
- 필요할 때 지원이 이뤄지고 있다고 생각하나요? 어떤 면에서 적절한 도움을 받고 있다고 느끼나요? 그렇지 못하다면, 학교가 어떻게 해야 더 적절한 도움을 받을 수 있을까요?

교사와 학생 사이의 관계를 강화하라

교사와 학생 사이가 좋아야 한다는 말은 너무 당연해 보이지만, 가난한 환경에서 자란 아이들에게는 교사와의 관계가 학교생활의 성공과 실패를 가르는 중요한 요인이 된다는 점을 명심해야 한다. 교사가 학생들을 존중하면 학생도 교사를 존중하게 될 것이다. 학생과 교사 사이의 관계를 강화하기 위해서 교사는 다음과 같이 행동해야 한다.

- 긴급상황이 아니라면 목소리를 높이지 말라.
- 말한 것은 반드시 지켜라.
- 계획의 변경이 필요하다면 바뀐 계획을 확실히 공지하라.
- 항상 "혹시 괜찮으면 ~ 해볼래?"라든가 "고마워"라는 말을 사용하

고, 절대 일방적인 명령조로 교사가 원하는 바를 표현하지 말라.

- 자신이 실수한 것에 대해 책임을 지고, 잘못된 것이 있다면 원상 태로 돌려놓으라.
- 모든 학생들을 한결같이 공평하게 대하라. 차별대우는 금물이다.
- 학생들이 목표를 달성할 수 있도록 지원하라.
- 권위나 지식을 보여주는 것 이상으로 학생들에게 관심을 쏟으라.

학생의 행동을 바로잡고 성적을 높이기 위해 긍정적인 관계보다는 힘과 권위에 의존하는 학교가 많다. 강압적인 접근법의 문제는 명확하다. 학생들과의 관계가 좋지 않을수록, 똑같은 일을 하는 데 더 많은 자원과 권위를 필요로 하게 된다. 그 반대도 성립한다. 예를 들어 교사가 비품을 차에 옮기려고 할 때, 학생들과의 관계가 좋은 상태라면 한 명이 아니라 여러 명의 도움을 받을 수 있을 것이다. 자신이 좋아하고 같이 있고 싶어 하는 사람이라면 기꺼이 도와주려고 할 것이기 때문이다.

MERC(The Midwest Educational Reform Consortium, 미국 중서부 교육개혁 컨소시엄)'는 큰 규모의 학교들도 작은 학교처럼 운영할 수 있도록 하자는 제안을 했다. 작은 학교는 대체로 안전하고 효율적이며, 지역사회에 열려 있고, 학업성취도 또한 높다. 수업시간에 팀티칭을 자주 활용하며, 수준별 편성을 하는 경우가 적고, 통합교과적 접근을 선호하며, 소규모 모둠을 잘 활용한다.

구성원들에 의해 일이 순조롭게 진행되는 학교와 상부에서 내려오는

지시대로 움직이는 학교 사이에는 커다란 차이가 있다. 전자는 학생들을 존중하지만, 후자는 학생들을 2등시민쯤으로 여긴다. '골칫거리 녀석들'이라고 불평하는 교사가 있는 반면, 학생들이 교사가 바라는 대로 잘 따라줄 것이라 믿고 즐겁게 일하는 교사도 있다. 학교 내 구성원 사이의 관계가 학교를 흥하게도 망하게도 할 수 있다. 학생들이 자기 자신과 친구, 교사를 어떤 존재로 느끼는지를 간과해서는 안 된다. 학생들은 자신에 대해 누가 관심을 갖고 있는지를 정말 중요하게 생각한다. 교직원이나 지역사회 구성원들은 빈곤계층 학생들과 돈독한 신뢰관계를 형성함으로써 학생들에게 독립심과 자아존중감을 심어주고, 빈곤의 악영향으로부터 이들을 보호할 수 있다. 저소득층 아이들이 빈곤의 악순환으로부터 탈출하려면 학교와 지역사회 구성원 모두가 전면적인 지원을 제공해야 한다.

다양한 자극이 풍부한 환경

(Enrichment Mind-set)

똑같은 일을 반복하면서 결과가 달라지길 기대한다면 실패는 불 보듯 뻔하다. 교직원 모두가 학생들에 대한 사고관점을 '구제 불능의 문제아들'에서 '재능 있는 우리 아이들'로 바꿀 때 새로운 변화를 일으키는 것이 가능하다. 학습결손을 바로잡아주는 정도의 접근에서 벗어나 다양한 학습경험과 체험을 통해 홍미 있게 공부할 수 있는 맞춤형 교육 프로그램을 제공하는 접근으로 다가가라. 다양한 지적 자극이 풍부한 환경을 제공하는 데 중요한 것은 지적 호기심과 정서적인 교감 그리고 사회적인 유대감을 키워주려는 마음가짐이다.

맞춤형 교육 프로그램이 제공하는 학습환경에서 학생들은 지적 호기심을 자극하는 잘 구성된 교육과정을 경험한다. 또한 성적이 저조한 학생들도 최고 수준의 교사에게 배울 수 있는 기회를 갖게 된다. 학습과정에서 스트레스를 받는 일이 거의 없고, 예체능수업에 대한 참여기회가 획기적으로 늘어난다. 영양이 골고루 잘 갖추어진 식단이 제공되며, 학생들이 학교의 높은 기대 수준에 부응하여 소기의 목표를 이룰 수 있도록 돕는 여러 지원책이 마련된다. 이는 근본적으로 학생 개개인에게서 학습부진의 원인을 찾는 것이 아니라, 학습환경 개선으로 문제를 해결하려는 접근이며, 어떠한 난관에도 학생과 교직원의 잠재력을 최대치로 끌어올리겠다는 마음가짐을 토대로 한다. 맞춤형 교육 프로그램은 대학진학의 문제를 넘어 학생들이 성공적인 삶을 영위하는 데 도움이 된다.

이론 및 연구

한 연구(Poplin & Soto-Hinman, 2006)는 학업성취도 우수학교로 선정되지 못한 빈곤지역 학교에서 근무하지만, 담당 학생들의 성취도평가 결과는 최고 수준인 교사들의 특성을 살펴보았다. 연구 결과, 이들은 학생의 참여를 유도하고, 수업 진도를 학생들에게 맞추면서도 도전적인 과제해결을 요구하는 교수법을 활용하고 있었다. 이런 교사들은 높은 성취기준을 제시하고, 학생들이 그 목표에 도달할 수 있도록 지원한다. 평가자료를 바탕으로 개인별 학습 프로그램을 관련자들과 함께 결정하고 학생들을 잘 보살피는 학교문화를 정착시키려 한다. 사실 학교의 변화를 이끌어내기 위해 어떤 방법을 적용하든 교사가 교육의 중심이라는 사실에는 변함이 없다. 따라서 가장 적합한 교사에게 학생을 맡기는 일은 매우 중요하다.

학생들의 발달을 3년간 추적한 연구(Sanders & Rivers, 1996) 결과, 능력이 가장 떨어지는 교사들이 가르친 하위권 학생들은 평균 14퍼센트의 점수 향상을 보인 반면, 능력이 가장 뛰어난 교사들이 가르친 하위권 학생들은 53퍼센트의 점수 향상을 보였다. 교사의 역량이 뛰어날수록 하위권 학생들의 성적 향상이 두드러졌고, 이어서 평균적인 학생, 최상위권 학생들 순으로 효과가 있었다. 능력이 가장 부족한 교사로부터 지도를 받는 학생들은 바라는 만큼 성적이 오르지 않았다. 이와 같은 결과는 교육행정가들이 교사의 전문성을 높일 수 있는 전략들을 개발하고 실행하는 것이 학교의 성공에 필수적 요인이라는 것을 말해준다. 직무교육의 일부로 교사 형성평가를 시행하라. 첫 단계로 교사들에게 학생들의 학업성취도 관련 측정지표를 모두 제공하여, 교사가 우선 자신의 상대적인 강점과 약점을 스스로 생각해볼 수 있게 하라.

실제 사례

텍사스주 샌안토니오의 에스팔자초등학교(Esparza Elementary) 교장 멜바 마트킨(Melva Matkin)은 학부모 및 교직원들과 대화를 나눌 때, 중산층 가정에서 자라 많은 혜택을 받은 아이들에 비해 빈곤층 아이들은 여러 측면에서 부족하다는 점을 인정한다. 하지만 상황을 한탄하는 데서 그치지 않고, 체험에 기반을 둔 방과후 맞춤교육 프로그램을 통해 기타, 바이올린, 양궁, 체스, 발레, 포크댄스, 기술, 저널리즘 강좌를 제공한다. 이 학교 학생들은 부유층 학교에 비해 답사여행 기회가 더 많고 실생활에 도움이 되는 체험도 많이 한다.

학교 전반에 퍼져 있는 학생에 대한 태도는 "우리 학생들이 부족한 게 많으니 학교가 더 많은 것들을 지원해주어야 한다"라는 말로 요약될 수 있다. 학교 수준에서 체험기반 맞춤형 학습 프로그램을 실시한다는 것은 학교가 자신의 사명을 다하기 위해 헌신하고 있다는 얘기다. 이는 학생들의 학업성취에 실로 중대한 영향을 미친다.

에스팔자초등학교와 같은 학교를 움직이는 동력은 교직원들 자신이 올바르고 시급한 일을 해내고 있다는 흔들리지 않는 믿음이다. 이러한 마음가짐과 태도는 학교조직의 모든 층위에 스며들어 의사결정, 교직원 채용, 직무연수, 재정확보, 홍보 등 관련 이슈들에 영향을 미친다. 교장은 교사들의 리더로서 존중받고, 교직원들은 데이터를 활용하여 교수법 개선에 앞장서고, 직무와 관련된 교육기회를 소중히 여기며, 교육의 과정과 결과에 대한 책임을 기꺼이 받아들여 지속적인 자기계발에 힘을 쏟는다.

실행전략

교실과 학교, 캠퍼스를 푸르고 아름다운 자연환경으로 꾸며라

환경친화적 활동은 학생들에게 휴식을 제공하여 정신적 피로감을 덜어 줄 수 있다. 몇 가지 예를 들어보자.

- 학생들과 함께 나무를 심고 수풀을 가꾸며 꽃이나 채소를 키워 학교환경을 멋지게 꾸미는 프로젝트를 시작하라.
- 교사들로 하여금 인근 공원이나 나무 밑에서 야외 수업을 하도록 장려하라.
- 학교 담벼락이나 사물함 혹은 교실이나 복도의 벽면에 낙서를 하지 못하게 하라.
- 바깥 공기가 신선하다면 교실을 자주 환기하라.
- 스트레스를 날려버리는 멋진 포스터를 부착하라. 학교 벽면에 자연을 배경으로 하는 벽화를 그리는 것도 좋다.
- 자칫 따분해질 수 있는 환경에 변화를 주고 나무나 꽃을 교실에 들여놓아 학생들에게 활기를 불어넣어라.
- 학급마다 학교 곳곳의 환경을 관리하도록 하라(예를 들어, "이 복도는 로빈 선생님 반이 관리합니다"와 같은 문구를 붙일 수 있다).

전 교직원이 맞춤형 학습 프로그램을 제공한다는 마인드를 갖도록 하라

의사의 진단을 받지 않았지만 많은 학생이 스트레스성 증상(예: 반응성 애착장애(reactive attachment disorder), 우울증(depression), 범불안장애(generalized anxiety disorder), 외상 후 스트레스장애(post-traumatic stress disorder), 학습된 무기력(learned helplessness))이나 학습부진(예: 난산증(dyscalculia), 난독증(dyslexia))을 겪고 있을지도 모른다. 이런 학생들에게는 개인별교육계획(Individualized Education Plan, IEP)을 적용할 수 있다. 개인별교육계획은 학생을 가장 잘 알고 있는 사람이 작성해야 한다. 작성자 그룹에는 최소한 부모나 보호자 중 한 명, 상담교사, 특수교사, 그리고 대상 학생의 학교생활에 가장 많이 관여하고 있는 교사 한 명이 포함되어야 한다. 개인별교육계획의 실행을 위해서는 해당 학생의 강점과 약점을 전체적으로 기술하고 주별, 월별, 연도별로 세세하게 정의된 측정가능 요소들을 계획에 포함시켜야 한다. 계획에서 제시된 목표와 학생발달을 적절하게 연결시키기 위해서는 다양한 데이터를 활용하여 학습단계에서 거쳐야 할 주요 이정표를 만드는 것이 필요하다. 이 과정은 교직원회의에서 시작되어 교실에서 끝나야 한다. 다양한 맞춤형 프로그램에 모든 가용자원을 투자한다는 자세로 높은 수준의 목표를 수립하기 위해서는 다음과 같은 일들이 필요하다.

- 성적이 높든 낮든 학생들의 현재 성적 수준을 얼마든지 더 끌어올릴 수 있다는 점을 모든 교사들에게 강력히 전달하라.

- 교사들의 노력으로 학생들이 잠재력을 발휘할 직업을 선택할 수 있다는 점을 강조하라.
- 교직원 책모으기 운동을 전개하라. 교사들에게 학생에게 기부할 책과 가정에 보낼 맞춤형 학습자료들을 가져오라고 요청하라.
- 학습내용을 익히는 데에는 죽어라 반복하는 것이 최고라는 생각을 버리고 새롭고 흥미로운 학습방식을 채택하도록 유도하라.

모든 학생에게 좀 더 나은 맞춤형 학습 프로그램을 찾아주어라

많은 학교의 사례에서 보듯이 체험기반 맞춤형 학습 프로그램을 제공하는 것이 결코 헛되지 않다는 것을 확실하게 알 수 있다. 예를 들어, KIPP(Knowledge Is Power Program)를 운영하는 학교는 학교 운영시간과 연간 수업일수를 늘렸다. 학생들이 학교 밖에서 지내는 시간이 많아지면 학업발달이 느려진다는 점을 고려하여, 빈곤계층 학생들을 여름방학 장기 프로그램에 등록시키는 학교도 많다.

또한 설득력 있는 수많은 연구들은 영양섭취가 인지, 기억, 기분, 행동 등의 영역에서 매우 중요한 역할을 한다는 점을 시사한다. 영양섭취는 가족, 사회경제적 계층 등 환경과 관련된 여러 가지 변수들과 상관관계가 있고, 이들은 인지발달에 영향을 줄 확률이 높다. 빈곤층은 부유층에 비해 좋은 음식을 규칙적으로 먹지 못하는 경우가 많은데, 이것이 학생들의 읽기능력과 수학성적에 부정적 영향을 미친다(Jyoti et al., 2005). 여기서 꼭 짚고 넘어가야 할 것은 빈곤층 아이에게는 음식의 양보다 질이 더 중요하다는 점이다. 사실 음식의 양을 조절하여 평상시보다 20~30퍼센트 적게 먹는 것이 학습에 도움이 된다. 또한 좋은 음식을 골고루 섭취할 때 새로운 뇌세포의 생성이 촉진된다(Levenson & Rich, 2007).

한편 빈곤층 아이들을 위협하는 주요 위험 요인 중 하나로 알려져 있는 만성 스트레스는 식습관에 좋지 않은 영향을 주어 건강을 악화시킬 수 있고, 결과적으로 장기적인 발병 위험을 높인다(Cartwright et al., 2003). 또한 기름진 음식을 많이 섭취하고, 과일이나 채소를 덜 먹고, 아침을 스낵으로 때우거나 아예 거르는 습관은 스트레스 증가와 연관이 있다. 니콜라 그라이메스(Nicola Graimes)가 쓴 『Brain Foods for Kids(아동의 뇌를 위한 음식)』(2005)에 좀 더 자세한 내용이 담겨 있다. 에릭 브레이버맨(Eric Braverman)의 『뇌체질 사용설명서(The Edge Effect)』(2005)도 교직원들에게 도움이 된다. 물론 책을 통해 지식을 얻는 것에 그치지 않고 학교 차원에서 노력을 기울이는 것이 중요하다. 예를 들어, 자녀를 보살피는 일은 양질의 음식을 제공하는 것이지 영양 측면에서 부실한 음식을 많이 제공하는 것과는 거리가 멀다는 메시지를 학부모들에게 보내는 일도 필요하다. 이 과정에서 학교가 할 수 있는 일은 다음과 같다.

- 더 건강한, 그래서 당연히 뇌에도 더 좋은 식재료를 사용하라. 또한 뇌발달에 별 도움이 안 되는 지방, 탄수화물이나 설탕 위주의

식품은 피하라.

- 다양한 식품이 뇌에 끼치는 영향에 대한 정보를 여러 장소에 게시하라(예를 들어, "단백질은 뇌가 각성상태를 유지하는 데 도움을 준다."라는 문장을 써서 복도 벽에 게시할 수 있다).
- 아이들이 음식에 포함된 영양성분을 알 수 있도록, 과학프로젝트를 만들어 아이들을 참여시켜라.

다양한 맞춤형 교육 프로그램은 하향식 접근법, 상향식 접근법, 이두 가지를 절충한 방법의 세 가지 방식으로 실행될 수 있다. 하향식 접근법이란 정책입안자, 행정가, 실행 주체들이 맞춤식 프로그램을 계획하고 현장에서 이를 실행하도록 지원하는 방식을 말한다. 상향식 접근법이란 교육현장에서 활동하고 있는 교사, 아동의 보호자 그리고 부모들이 연방정부나 주정부의 정책과는 별개로 새로운 조치나 정책을 제안하는 경우를 가리킨다. 이 두 가지를 절충한 접근법은 교육을 '실행하는 주체들'이 현장에서 가능성을 극대화하기 위해 즉각 조치를 취하고 있는 동안, 공공부문의 교육정책에 대해 영향력을 행사하기 위한 별도의 노력들이 진행되는 형태를 말한다. 종합적이고 여러 영역에 스며들 수 있는 세 번째의 절충식 접근법이 대체로 가장 효과적이다.

실패의 지름길

지금까지는 학교 수준에서의 성공전략을 살펴보았다. 이젠 반대로 실패로 가는 지름길을 살펴보도록 하자. 교직원들이 성공에 이르는 자신만의 방법을 터득해야 하는 것은 사실이지만, 아래에 소개하는 일곱 가지 경우는 학교의 상황을 막론하고 실패를 낳는 지름길이므로 반드시피해야 한다.

실속 없이 장황한 설명

교직원들에게 어떻게 성공을 거둘 것인지, 왜 계속 발전해야 하는지 미주알고주알 설명하는 연설을 피하라. 진부한 이야기를 늘어놓기보다는희망의 근거가 어디에 있는지 설명하라. 무슨 일이 언제, 어떤 식으로 일어날지에 대해서 구체적으로 이야기하라. 계획은 교직원들이 계획수립과정에서 변화의 가능성을 믿게 되는 경우라야 비로소 가치를 갖게된다. 교직원들이 변화에 대한 믿음을 갖지 못한다면, 변화는 일어나지않을 것이다. 교육행정가들은 실행 가능성과 재정적 지원이라는 구체적 근거를 기반으로 희망을 제시하고, 이에 대한 명확하고 일관된 비전을 교직원들과 공유함으로써 변화과정에 영향을 줄 수 있다. 학교를 개선하기 위한 실천과정에서 중요한 날짜 및 주요 이정표, 구체적인 실행단계들을 교직원들과 공유하고 돈과 시간, 인력이 어떻게 공급될 계획인지, 각자에게 주어진 세부목표는 무엇인지, 왜 자신감을 갖고 순수한즐거움으로 변화에 동참해야 하는지를 이야기하라.

계획에 지나치게 공들이기

더 많은 것을 계획하고 더 많은 문서를 만들어낼수록 계획이 더 좋아질 것이라는 생각을 버려라. 괜찮은 계획을 작성하기 위해 투자하는 시간이 길수록 오류 없는 계획이 나올 확률이 높아진다고 생각한다면 오산이다. 누구든 실수를 하게 마련이며, 실수를 범했을 때 이를 지혜롭게 극복하는 것이 중요하다. 다만 너무 큰 실수를 하지 않도록 주의하고, 실수에서 배우며 목표를 향해 나아가면 된다. 만약 30일 이내에 계획을 만들고, 공유하며, 이에 대한 구성원들의 합의를 이끌어낼 수 없다면, 그 계획은 필요 이상으로 복잡한 것이라고 봐도 무방하다. 계획서가 열 페이지 이상이라면 내용을 적절한 분량으로 줄여라. 필요하다면 다음 영역에서 구체적으로 어떤 변화를 이끌어낼 것인지를 함께 결정하라.

- 학교환경
- 학교 구성원들의 사기와 태도
- 데이터 수집과 관리
- 학교정책의 수립
- 교직원 채용 및 직무능력 개발
- 수업운영전략
- 교수방식 개선 및 맞춤형 교육 프로그램 제공
- 학생지원 서비스

계획에는 각각의 교직원이 어떤 책임을 맡게 될지를 명시하고, 언제 팀별 모임을 할지, 어떤 방식으로 지속적으로 데이터를 모으고 팀의 사기를 진작시킬지에 대한 구체적인 내용까지 포함해야 한다.

교직원을 고려하지 않고 학생만 신경 쓰는 태도

교직원들이 모두 새로운 변화 패러다임을 믿고 참여하도록 하는 일은 성공적인 학교를 만드는 데 매우 중요한 과정이다. 교직원 채용과 교사 교육 문제를 변화의 우선순위에 포함시켜라. 교사의 질이 매우 중요하기 때문이다(Jordan et al., 1997). 물론 어떤 학교든 좋은 교사를 채용하고 싶어 한다. 이미 훌륭한 자질을 갖춘 교사들을 뽑는 것도 중요하다. 하지만 힘겨운 상황에 있는 학생들에게 실질적인 도움이 될 수 있도록 교사들의 능력을 지속적으로 업그레이드하는 노력을 게을리 하지 말아야 한다. 이를 위해 능력 있는 교직원들이 학교에서 계속 일할 수 있도록 보상책을 마련하는 일도 필요하다.

전쟁에 나가는 군인처럼 교사들도 물자 지원(예: 교실비품), 정서적 지원(예: 교사들의 말을 경청하고 언제든 이야기를 나눌 수 있는 열린 마음과 유연한 업무환경 제공) 및 능력개발(예: 새로운 교수법 교육) 등이 필요하다. 이런 것들이 안 갖춰진 것에 대해 교사에게 책임을 전가해서는 안 된다. 단도직입적으로 말해, 장기적으로 능력 있는 교사들을 채용하기 위해서는 돈이 필요하다. 재정을 조달하여 교직원들의 능력을 강화시키기 위해서는 제안서 작성능력을 갈고 닦는 등 여러 가지 노력이 필요하다. 한편 교직원들이 학교 당국의 적극적인 지원을 받고 있다는 것을 몸소 느낄 수 있도록 해야 한다. 이를 위해서 다음과 같은 일을 할 수 있다.

- 장황하지 않게 진심 어린 칭찬하기
- 수업 참관 후 좋았던 점 공유하기
- 브레인스토밍 후 각자가 회의에서 나온 아이디어를 어떻게 실행했는지(혹은 실행하지 못했는지) 이야기하기
- 지속적으로 도움을 주며 신뢰할 수 있는 대화 상대 되어주기
- 스트레스, 계획시간 부족, 동료관계 등 교사들이 겪고 있는 문제에 주목하고, 해결책 찾아보기
- 교직원 스터디그룹을 만들어 함께 공부하기
- 한 교사가 수업능력이 탁월한 교사의 수업을 참관하는 동안 참관교사를 대신하여 수업 진행하기

마지막으로, 교사들이 스트레스를 풀고, 학교의 여러 상황에 대해 서로의 이야기에 귀 기울이며 협력할 수 있는 시간을 제공하라. 훌륭한 결과를 위해서는 시간투자가 선행되어야 한다. 교직원들에게 계획할 시간도 주지 않고 중대한 도전과제를 성공적으로 이끌기를 기대할 수는 없다. 그건 마치 배우에게 대본 읽어볼 시간도 주지 않고 훌륭한 연기를 요구하는 것이나 다름없다. 다시 말해, 제대로 단계를 밟지 않고 좋은 결과를 기대해서는 안 된다. 분주하게 흘러가는 학교 일상 속에서 계획을 세울 수 있는 시간을 확보해야 한다. 예를 들면, 1, 2주에 한 번씩 일과 전 혹은 일과 후 시간을 이용하여 45분 정도 교사회의를 하고, 한 달에 한 번은 교사들이 평소보다 일찍 퇴근할 수 있도록 배려

하라. 교사회의가 진행되는 동안은 동료 교사들이 돌아가면서 수업을 대신 해주거나, 교사들 중 절반이 회의에 참여할 동안 나머지 교사들이 학생 전체를 맡아서 수업을 진행하는 방식도 생각해볼 수 있다.

공포 분위기 조성

교사들은 열정을 다해 일하면서 그 과정에서 실수를 해도 괜찮다는 생각이 들 때 가장 큰 능력을 발휘한다. 재량껏 새로운 것들을 도입하고, 모험 같아 보이더라도 학생들과 다양한 학습방법을 시도하며, 종종 관습을 깨는 창의성을 발휘할 수 있어야 한다. 만약 학교 분위기가 실패하면 처벌하겠다는 식의 공포 분위기라면 성공적인 결과를 만들어내기 힘들 것이다. 교직원들은 업무에서는 프로여야 하지만, 사적으로는 유머를 주고받으며 친목을 도모할 수 있어야 한다. 잘 가르친다는 것이 그리 쉬운 일이 아닌데, 교사들에게 업무평가 점수까지 신경 쓰라고 강요하는 것은 불합리하다. 전체적인 목표 달성에 집중할 수 있는 학교 분위기를 만들고, 필요할 경우 업무 분위기를 부드럽게 해주는 것도 필요하다.

텍사스주 샌안토니오 에스팔자초등학교의 교장 멜바 마트킨은 '공포 분위기'를 피하기 위해 할 수 있는 모든 일을 해보려고 노력하지만, 두려움을 완전히 없애는 일은 정말 어렵다고 토로한다. 지역 교육청과 주

교육당국이 평가에만 초점을 맞추다보니, 교직원들이 평가를 걱정하지 않고 교사생활을 잘 하기가 정말 어렵다는 것이다. 교사들은 종종 업무를 진행할 때 창의성과 혁신, 모험의 마인드로 임하기보다는 체제순응 모드로 다가간다. "그냥 뭘 할지 알려주시면 그대로 할게요." 하는 식으로 말이다. 그들은 주어진 수업자료에서 벗어난 파격적인 수업을 시도하지도 못하고, 당면 문제에서 한 발짝 물러나 세부적인 내용을 넘어선 폭넓은 안목으로 학생이 진짜 학습해야 할 것이 무엇인지를 살펴보지도 못하는데, 이는 두려움 때문이다.

교장으로서 그녀의 임무는 교사들이 더 넓은 관점에서 자신이 완수해야 할 일들에 대해 생각하도록 하는 것이다. 그래서 바람직하고도 재미있는 방식으로 아이들을 가르칠 수 있도록 지원하고 격려한다. 이런 그녀의 접근방식은 성과를 거두고 있는 것 같다. 에스팔자초등학교는 주지사가 수여하는 우수교육자상(Governor's Educator Excellence Award)을 받았고, 텍사스주 블루리본학교(Texas Blue Ribbon School), 국내 우수 블루리본학교(National Blue Ribbon School of Excellence), 타이틀 I 우수학교(Title I Distinguished School), 그리고 텍사스 우수학교상(Texas Recognized School) 등을 받았다. 마트킨 교장은 교직원에게 동기를 부여하기 위해 공포심을 조장하는 일은 하지 않았다. 이 사례에서 배울 수 있듯이, 리더는 교사들에게 일처리를 위한 도구를 줄 뿐 아니라, 그 일을 왜 해야 하는지 이유를 알게 하고, 성취할 수 있도록 지원해야 한다.

학교발전을 시험 점수와 동일시하는 태도

최고의 학교는 성공의 공적 기준으로 통용되는 학업성취기준을 잘 이해하고 활용한다. 시험성적이 올라가면 학교의 사기도 올라가게 된다. 하지만 시험성적 데이터 같은 가시적 성과에만 집중하게 될 경우 이에 못지않게 중요한 데이터를 놓치게 된다. 예를 들어, 학교의 '분위기'는 계량화할 수 없을지 모르지만 분명히 실감할 수 있다. 이렇게 계량화되지 않는 요소들을 고려하기 위해서는 측정 가능한 데이터만큼이나 교사들의 직관을 신뢰할 필요가 있다. 학교 성공의 징후 중에서 측정하기 힘든 요소는 다음과 같은 것들이다.

- 잘 어울리며 서로를 돕는 교사와 학생들의 모습
- 학생 및 교직원들 모두가 밝은 학교 분위기
- 교사들의 학생 사랑 및 상호배려
- 학생과 교직원 간의 미소
- 소소하고 비공식적인 축하의 문화
- 갈등의 해결 및 분노의 해소
- 학생들의 사회적 능력 향상

전적으로 시험 점수에만 매달리는 경우 발생하는 또 다른 문제는 장기적인 학교발달 목표에 집중할 수 없게 된다는 점이다. 전직 교장이며

현재 컨설턴트로 일하고 있는 론 피츠제럴드(Ron Fitzgerald)는 학교의
모든 리더가 다음 명제들에 대해 동의할 수 있어야 한다고 말한다.

- 학교 내에 프로그램과 정책, 업무처리 절차 등을 기획, 운영, 개선
  하는 전문인력이 있다.
- 학구 전체와 학구 내의 각 학교에 학교운영위원회가 승인한 미션
  이 있다.
- 학구 내의 모든 학교와 교사들은 미션에 근거하여 실행과 평가의
  기준이 될 수 있는 모델을 개념화하고 이를 사용한다.
- 학구 내의 모든 학교와 교사들은 뇌에 긍정적 변화를 가져오는 교
  수법에 대한 연구에 각별한 관심을 갖는다.
- 교직원들은 연간 전문성개발 프로그램을 통해 주정부의 최신 교
  육방침이나 새롭게 발생한 건강 및 안전 관련 이슈에 대해 논의한
  다. 또한 정의된 개념적 모델을 교육에 적용할 수 있는 방법을 집
  중적으로 토론한다.
- 교사들은 교수학습 결과를 개선하기 위해 형성평가 데이터를 지
  속적으로 활용한다.

문제의 근본적 원인이 아닌 증상만 치료하려는 태도

아스피린이 잠시 머리 아픈 것을 잊게 해줄 수는 있다. 하지만 직업으로 인해 스트레스를 받는 상황이 계속된다면, 두통은 계속해서 찾아올 것이다. 어떤 문제에 직면했을 때는 증상이 아니라 근본적 원인을 치료하는 것이 중요하다. 예를 들어 아이들이 읽기유창성이 부족하다고 해보자. 학교에서 실시하는 독서 프로그램이 이 문제를 어느 정도는 해결할 수 있을지 모른다. 하지만 이와 함께 아이들이 책을 집에 가져가서 읽을 수 있도록 했을 때에만 근본적 문제해결에 한 발짝 더 다가갈 수 있을 것이다. 비슷한 예로, 문제행동을 해결하기 위한 새로운 프로그램을 추가하는 것도 학생들의 행동개선에 도움이 되겠지만, 그보다 더 시급한 것은 아이들이 부적절하고 위험한 행동을 하게 되는 근본적 원인을 치료하는 프로그램을 도입하는 일이다.

학생들이 학급활동에 적극적으로 참여하는 것만으로도 학생지도 관련 문제점이 완전히 해결될 수 있다. 사실 일부 학교의 강력한 학생지도 프로그램은 도리어 학교발전에 장애가 되기도 한다. 만약 아이들이 문화적 차이 때문에 학교에서 눈에 거슬리는 행동을 한다면, 다양성 강화 프로그램을 실시하여 개인적으로 관심 있는 내용에 참여할 수 있도록 해보라. 아이들이 지루해서 딴짓을 하는 경우라면, 아이들을 수업에 적극적으로 참여시키는 전략을 사용하는 것 외에 다른 도리가 없다. 아이들이 친구들로부터 소외감을 느낀다면, 멘토링이나 클럽활동,

팀워크 강화훈련 및 지역활동 등을 통해 관계를 개선하라. 무엇을 하든지 겉으로 나타나는 증상만을 해결하는 '임기응변식 해법'에 시간과 돈, 교사의 기운을 허비해서는 안 된다.

단기간에 너무 많이 기대하는 태도

어떤 학교는 학교혁신 프로세스를 시작할 때 목표를 20~30개, 심지어는 50개까지 설정한다. 이 정도의 대규모 변화는 한 해 동안에 절대 일어나지 않는다. 학교를 바꾸는 일은 단거리 경주도 마라톤도 아니다. 학교가 존재하는 한 계속되는 과정이다. 거창한 계획을 세우느라 시간을 낭비하지 말고, 바로 실천할 수 있는 작은 변화에 집중하라. 커다란 변화를 만드는 것도 가능하지만, 그러기 위해서는 시간이 필요한 법이다(Felner et al., 1997). 거대한 변화의 물결을 일으킬 수 있는 일상의 소소한 일을 찾아내고 응원하라. 구체적으로 다음과 같은 것들을 할 수 있을 것이다.

- 일별, 주별, 월별로 실천 가능한 목표를 수립하고 이에 집중하라.
- 매주 한 가지 작은 변화를 만들어내고, 몸에 완전히 밸 때까지 반복 실천하라.
- 매달 한 가지 큰 변화를 만들어내고, 몸에 완전히 밸 때까지 반복

실천하라.

- 스트레스를 날려버릴 수 있는 활동을 늘리고 교실을 청소하라. 새롭게 페인트칠을 하고, 조명을 밝게 하고, 학생들의 성적과 사기를 높일 수 있는 교실의 작은 변화를 시도하라.

- 목표에 대한 소기의 성과에 대해 축하하는 시간을 갖고, 새로운 목표를 수립하라.

변화에 성공한 학교의 비결

당신 자신을 학업성취도는 바닥이고 학생지도는 엉망이라고 혹평을 받는 한 고등학교의 교장이라고 가정해보자. 이 상황에서 당신에게 주어진 목표는 ① 출석상황을 호전시키고, ② 중퇴생 비율을 줄이고, ③ 9학년에서 10학년(중학교 3학년에서 고등학교 1학년)으로 올라가는 학생 비율을 세 배로 늘리고, ④ 주에서 실시하는 수학시험 합격생 수를 28퍼센트 끌어올리는 것이다. 어떻게 이 과제를 해결할 수 있겠는가?

볼티모어의 패터슨고등학교(Patterson High School)는 빈곤학생 비율이 높지만 학업성취도가 높다. 이 학교는 위에서 언급한 목표를 달성하기 위해 학급 크기를 줄였다. 교사와 학생, 또 학생과 학생 사이의 관계를 개선하고 교육과정과 결과에 대해 교사의 책임을 강화했다. 또 직무학교와 9학년(중학교 3학년) 성공아카데미를 설립하여 다양한 학습경험과 체험을 제공하는 맞춤형 교육 프로그램을 제공했다. 현재의 심각한 상태를 강조하기보다는 새로운 미래를 개척하는 데 집중하여 학교에 새로운 희망을 불어넣었다. 개인교습과 방과후수업, 주말교실, 여름학교 프로그램을 통해 학생들에게 추가적인 도움을 제공함으로써 학생들 뇌의 학습운영시스템을 향상시킬 수 있도록 능력을 키워주었다. 이 학교의 성공은 계속되고 있다.

테네시주 해밀턴 카운티 채터누가에 위치한 9개 초등학교가 주에서 성적이 가장 저조한 20개 학교 안에 든다는 주정부 보고서가 나오면서 '벤우드 구상(Benwood Initiative)'이 시작되었다. 해당 학구는 이들 학교의 교장을 여러 번 교체하였고, '공립교육펀드(Public Education Fund)'라는 교장리더십학교를 설립하여 데이터 활용 및 교사교육을 통해 수업의 질을 개선하는 법을 가르쳤다. 또한 교사들을 재배치하여 빈곤율이 높은 학교에 능력이 부족한 교사가 밀집되지 않도록 했다. 새로 부임한 교장들은 교수법 개선을 위해 학교 내에서 교사들을 대상으로 직무연수 프로그램을 실시하였다. 교사들은 대부분 수업을 통한 코칭을 받았으며, 특별히 선출된 교사들은 '오스본 펠로우(Osborne Fellows)'가 되었다. 이들에게는 지역교육에 관련된 이슈, 그리고 도시에서 학생들을 가르치면서 경험하게 되는 문제를 해결하기 위해 마련된 석사학위과정에 전액장학금을 받고 공부할 수 있는 기회가 주어졌다. 학사연도를 기준으로 2004년에서 2005년까지 벤우드의 3학년 학생들 중 53퍼센트가 '테네시 종합평가 프로그램(Tennessee Comprehensive Assessment Program)'의 읽기 영역에서 최상(Advanced) 혹은 능숙

(Proficient) 레벨 점수를 받았다. 2007년도에는 같은 수준의 점수를 받은 학생 비율이 80퍼센트로 증가했다(Chenoweth, 2007).

이 책에 소개된 학교들의 공통점은 무엇일까? 그것은 변화에 대해 추상적으로 이야기하는 것을 넘어 실제적인 변화를 이끌어내기 위한 계획을 수립했다는 점이다. 그들은 변화를 위해 팔을 걷어붙이고 분주하게 움직였다. 교직원들은 앉아서 기적을 기다리는 법이 없었고, 마음을 모아 자기 자신이 기적이 되는 길을 선택했다. 성과가 좋지 않은 학교는 변명하는 문화를 드러낼 뿐이다. 반면에 변화에 성공한 학교는 교직원과 학생이 한마음이 되어 움직인다. 이들은 높은 성취목표와 잘 조직된 교과수업, 그리고 학생과 교사, 학교와 지역 사이의 튼튼한 관계를 통해 교과지식 습득, 사회성 및 인격 함양 등의 목표를 달성한다. 성공적인 학교는 커다란 희망을 심고 이를 현실로 만들며 다음 세대의 꿈을 키워나간다.

수많은 학교가 변화가 불가능할 것이라던 주변의 예상을 깼다. 학교 차원에서 대대적인 변화를 일으키려는 접근법은 장기적으로 긍정적인 결과를 가져온다. 교사들은 우선적인 과제에 집중하게 되며, 시간과 돈 그리고 인적자원에 대한 투자는 최고의 성과로 되돌아온다. 학교가 전면적으로 변하기 위해서는 성공을 위해 가장 중요한 요소를 선정한 다음 그것에 총력을 기울여 집중할 필요가 있다. 5장에서는 학급 차원에서 구체적 변화를 어떻게 만들어낼 수 있는지에 대해 논의한다.

요약 정리

학교 차원의 변화를 위한 핵심 개념: SHARE 모델		
SHARE 모델	**개념**	**실행 계획**
Support of the Whole Child	전면발달을 위한 지원	학생들에게 무엇이 필요한지 조사하라.
		부모를 참여시키고, 다양한 지원 프로그램을 제공하라.
		지역의 교육주체들과 파트너십을 구축하라.
Hard Data	데이터 수집과 활용	데이터가 갖추어야 할 기준을 마련하라.
		필요한 데이터만을 수집하라.
		데이터를 분석하고 공유하라.
		데이터 적용계획을 수립하라.
Accountability	책무성 강화	교사에게 권한을 위임하라.
		교사를 존중하라.
		업무역할을 새롭게 디자인하라.
Relationship Building	긍정적인 관계 구축	교직원 간의 관계를 강화하라.
		학생 간의 관계를 강화하라.
		교직원과 학생 간의 관계를 강화하라.
Enrichment Mind-Set	다양한 자극이 풍부한 환경	교실과 학교, 캠퍼스를 푸르고 아름다운 자연환경으로 꾸며라.
		전 교직원이 맞춤형 학습 프로그램을 제공한다는 마인드를 갖도록 하라.
		모든 학생에게 좀 더 나은 맞춤형 학습 프로그램을 찾아주어라.

5장

학급 차원의
성공 요인

5장에서는 학급을 변화시키는 교수전략에 대해 알아보고자 한다.
중요한 다섯 가지 요인을 토대로 변화에 성공한 빈곤지역 학교 사례를
소개하고, 실제 어떻게 적용할지 전략을 세워보고자 한다.

"희망은 뇌의 화학작용을 변화시켜
  행동에 영향을 미친다.
학교 어디서나 희망이 넘쳐흘러,
한 명의 학생도 예외 없이 매일 희망을
느끼고, 보고, 들을 수 있어야 한다."

호킨스 선생은 한 줄기 희망을 보기 시작했다. 학생들의 인지능력이 향상될 수 있다는 것을 알게 되었고, '내놓은 아이들'로 치부하던 학생들이 멋지게 성공한 여러 학교의 사례도 들었기 때문이다. 하지만 이제 그는 새로운 부담을 느끼기 시작했다. 학교 전체의 문제가 아니라 자신이 담당하고 있는 학급 안에서 일어나는 문제와 마주해야 하기 때문이다. 그래서 과거에는 생각해본 적도 없던 질문을 하게 되었다. 예를 들면, "나는 빈곤층 아동을 제대로 지도할 수 있는 자질을 갖추고 있는가?"와 같은 질문이다. 그로서는 이 질문을 던지는 것만으로도 큰 진전이었다. 예전에는 '내놓은 아이들'로 생각했던 학생을 '보살펴야 할 우리 아이'로 보기 시작했고, 교사로서 자기 자신을 돌아보게 됐다. 이제 그는 "퇴임이 6년밖에 남지 않았는데 그동안 뭘 제대로 할 수 있을까?"를 고민하고 있다.

학급 차원의 변화 - SHARE 모델

4장에서 우리는 학교 차원에서 긍정적인 변화를 이끌어낸 사례들을 살펴보았다. 이제는 시야를 조금 좁혀 학급 차원에서의 변화를 살펴보도록 하자. 현장연구를 많이 하면 할수록 더 좋은 시야를 갖게 된다. 나뿐만 아니라 모든 연구자들은 자신이 살아온 경험에 근거해 자기만의 관점을 가질 수밖에 없다. 예를 들어, 교사는 저마다 교육철학이 다르다. 잘 짜인 교육과정이 가장 중요하다고 생각하는 교사가 있는 반면, 잘 짜인 표준화 교육과정은 학습자의 자기주도성을 빼앗고 스스로 의미를 찾아가는 작업을 방해하므로 장기적으로 좋지 않다고 여기는 교사도 있다. 수업 태도가 좋아야 교육이 잘 이루어진다고 보는 교사도 있고, 학습동기만 잘 심어주면 따로 규율을 세울 필요가 없다고 보는 교사도 있다.

학급을 변화시킬 수 있는 가장 좋은 방안은 무엇일까? 여러분이 가장 잘 통제할 수 있는 요소인 수업의 질을 높여 성공확률을 높이는 것이다. 교직원들이 이미 이러한 능력을 어느 정도 갖추고 있다면, 어떻게 빈곤층 아동들을 변화시킬 수 있을까? 5장은 이 질문에 대한 해답에 초점을 맞춘다.

내가 전하고자 하는 메시지는 간단하다. 중요한 건 얼마나 많은 일을 하느냐가 아니라 무슨 일을 얼마나 꾸준히 하느냐이다. 나는 위에서 제시한 연구 결과와 우리가 일반적으로 알고 있는 빈곤의 영향을 모두 고려하여, 학생들을 변화시키기 위해 가장 중요한 교수전략을 도출해 소개하려 한다.

학급 차원의 성공 요인(SHARE)

- 성취기준에 기반한 교육과정 및 교수법
  (**S**tandards-Based Curriculum and Instruction)
- 희망 심어주기(**H**ope Building)
- 예술, 체육 및 심화학습(AP)과정
  (**A**rts, Athletics, and Advanced Placement)
- 학습운영시스템 개선(**R**etooling of the Operating System)
- 적극적 참여를 이끌어내는 수업(**E**ngaging Instruction)

여러 연구를 살펴보면 학급을 변화시키기 위한 동력으로 위 5가지 요인이 나온다. 이 요인들은 서로 영향을 주고받는데 4장에서 논의한

학교 차원의 성공 요인, SHARE 모델과도 연결된다. 많은 요인이 복잡하게 얽혀 있지만, 변화의 중심은 학급이다. 모든 요소가 합쳐져서 변화가 일어나기도 하고 뒤처지는 학생이 방치되기도 한다. 여기 소개하는 학급 차원의 성공 요인, SHARE 모델은 변화를 이끌어낸 학교 사례를 통해 그 효과가 입증된 것들이다.

성취기준에 기반한 교육과정 및 교수법
(Standards-Based Curriculum and Instruction)

4장에서 살펴본 바와 같이, 학교 차원에서 빈곤층 학생의 학업성취에 긍정적인 변화를 만들어내는 데 필요한 요소로는 1)전면발달을 위한 지원, 2)데이터 수집과 활용, 3)책무성 강화, 4)긍정적인 관계 구축, 5)다양한 자극이 풍부한 환경이 있다.

안타깝게도, 빈곤학생을 지도하는 학교에서 이런 요인을 변화시켜나가는 속도는 고통스러울 정도로 느리다. 그 성과마저도 대부분 객관성이 부족하고 눈에 띄게 두드러지지도 않는다. 결국 시험 점수로 판가름날 수밖에 없다. 시험 점수가 교사들을 평가하는 가장 객관적인 잣대다. 시험성적을 올리려면 교과과정과 교수법을 국가의 성취기준에 맞춰야 한다.

이론 및 연구

빈곤학생이 많은 학교가 국가의 성취기준을 충족시키는 것은 거의 불가능에 가깝다. 성취기준이 빈곤학교에 미치는 영향에 대해서는 많은 연구가 있는데, 그 결과를 살펴보면 성취기준이 양질의 수업과 함께 가는 일은 드물다는 것을 알 수 있다. 평가전문가 제임스 폽햄(James Popham)은 "(평가에 대해) 아예 기대를 하지 마세요. 성취도평가 출제자들은 어떻게 출제를 해야 이것이 좋은 수업을 하도록 만들까에 대해서 전혀 관심이 없습니다"라고 말한다(2004). 대체로 성취기준에 따른 표준화시험은 수험자들 간의 미세한 차이점을 측정하려고 한다. 이는 출제자가 소수의 문항만을 가지고 수험자들의 스킬이나 지식의 미세한 차이를 구분해낼 수 있어야 한다는 것을 의미한다. 그런 미세한 차이가 점수분포를 만들어내고, 이 점수분포는 단 한두 시간의 시험으로 결정이 나야 하므로 시험문항의 난이도는 다양해야 한다.

그렇다면 어떤 평가문항이 가장 넓은 점수분포를 만들어낼까? 폽햄에 따르면, 사회경제적 지위와 밀접하게 연관되어 있는 문항의 경우 점수분포가 가장 넓게 나타난다. 평가과목에 따라 다르지만, 규준참조평가(norm-referenced evaluation, 상대평가를 의미-옮긴이)는 문항의 15~80퍼센트가 사회경제적 지위와 관련되어 있다. 학생의 사회경제적 지위는 학교가 통제할 수 없는 요소이므로, 평가 결과는 늘 사회경제적 요인에 의한 차이를 반영한다. 따라서 폽햄은 모든 교사들이 평가에 대해 좀 더 알아야 하며 교사가 가르치고 있는 내용을 실제적으로 평가할 수 있는 도구를 채택해야 한다고 주장한다. 평가항목의 수는 줄이고, 그 내용은 일반적인 것으로 해야 하며, 평가 후에는 교사들에게 좀 더 상세한 피드백을 주어 수업을 개선할 수 있도록 해야 한다.

하지만 성취기준은 앞으로도 한동안 존재할 것이고 학교는 성취기준에 관심을 기울일 수밖에 없다. 사실, 성취기준을 기반으로 수업을 개선했을 때 학생들의 학업성취에 긍정적인 영향을 미친 경우가 있었다(Gamoran, 2007). 성취기준을 잘 따르면 교사의 목표의식이 높아지며, 이는 빈곤지역 학교의 교사자질 향상과도 관계가 있다(Desimone et al., 2005). 성취기준은 다음과 같은 점에서 긍정적인 역할을 한다.

- 학교별 성과에 사회적 불평등 요소가 존재한다는 사실을 드러낸다. 시험성적을 보고할 때 각 학교는 다양한 인구학적 하위 그룹으로 학생들을 분류해 성적을 보고해야 하기 때문이다.
- 빈곤학생에게 더 나은 학업기회를 제공한다. 학교가 성적을 일정 수준으로 끌어올리지 못하는 경우, 학생들은 다른 학교로 전학을 가거나 부족한 부분을 보충할 서비스를 받을 수 있다.
- 빈곤학생에게 좋은 기회를 제공한다. '아동낙오방지법(No Child Left Behind, NCLB)'에 따라서 성적이 낮은 지역의 모든 교실에 '아주 우수한 교사'가 배치된다.
- 우수성이 입증된 교육과정 및 교수법을 도입할 수 있다.

- 동일 학년 학생이라면 어느 학교에 다니든 모두 동일한 이해 수준에 도달할 수 있게 한다.

물론 성취기준이 모든 문제를 해결하는 것은 아니지만, 성적이 저조한 학교를 혁신하는 데 도움이 되는 것은 분명하다. 장기적으로는 학업성취도가 학교 발전을 측정하는 가장 정확한 지표가 아닐지도 모르지만 부모·정책결정자·교사들과 같은 학교의 이해당사자들에게는 의미가 크다. 사실 최상위 학교들이 성취기준에 집중하는 이유는 간단하다. 많은 경우, 성취기준 달성 여부가 학교의 성공을 눈으로 직접 확인하기 가장 쉬운 측정지표이기 때문이다. 학교가 성취기준 달성에 매달리는 것은 생존 때문이다. 실제로 교직원들은 일정한 성취목표를 달성하기 위해 함께 노력할 수밖에 없다. 성적이 오른 학교들은 주정부의 평가기준에 맞추어 교육과정을 편성한다. 학생들의 수행능력을 평가하는 데는 여러 가지 척도가 있지만, 사람들의 관심이 가장 집중되는 부분은 주정부가 부과하는 성취기준이라는 점을 명심해야 한다.

실제 사례

성취기준에 대한 강조로 획기적인 발전을 이끌어낸 학교의 성공 사례를 하나 살펴보도록 하자. 뉴저지주의 노스스타아카데미(North Star

Academy)에 재학 중인 384명의 학생 가운데 99퍼센트는 소수인종이고, 90퍼센트는 무상급식이나 급식비 감면 대상자이다. 그런데도 졸업률은 거의 100퍼센트에 육박한다. 또한 12학년(고등학교 3학년) 일반과정 학생들 모두가 뉴저지주 고교평가(New Jersey High School State-wide Assessment) 시험을 통과했다. 이에 비해 뉴워크(Newark) 지역 학구는 44.2퍼센트, 주변 지역 학교들은 19.5퍼센트의 합격률을 보였다. 노스스타아카데미는 비교대상 학교들의 사회경제적 수준과 관계없이 뉴저지주 전체 학교 가운데 출석률과 4년제 대학 합격률에서 1위를 기록하고 있다.

노스스타의 성공 비결은 무엇일까? 이 학교가 채택한 가장 혁신적인 정책은 개인의 특성과 수준을 반영한 수업을 제공하고, 학생들이 각 교과목의 성취기준에 도달할 수 있도록 헌신적으로 지원하는 것이었다. 예를 들어 뉴저지 주의 성취기준과 잘 연계된 중간평가를 6주에서 8주 간격으로 시행하여 교사가 학생들의 미진한 부분을 파악하도록 했다. 시험 결과는 교사들이 이해하기 쉽게 스프레드시트 형식으로 제공되었다. 또한 교감과 주임교사들은 매일 적어도 85퍼센트 정도의 교실을 방문해 교사들에게 격의 없이 의견을 개진했다.

교사들은 일상적인 관찰 소견과 중간평가 자료를 바탕으로 작성된 '노스스타 평가분석표 및 교수계획 템플릿(North Star Assessment Analysis Sheet and Instruction Plan)'을 바탕으로 자신의 수업 방식과 학생들의 수행도 간의 상관관계를 분석하고 학생들의 성취기준 도달을 위해 자신이 해야 할 일이 무엇인지 결정한다. 담당교사와 교과주임은 결과를 분석하여 성취기준에 미치지 못하는 학생이나 그룹이 누구이며, 이들에게 어떤 보충수업이 필요한지 확인한다. 그리고 보충수업을 소모둠 활동으로 할지, 개인교수로 할지, 속진학습(acceleration)으로 할지를 정한다. 교사들은 개별화지도(differentiated instruction)를 계획하고 학생들의 성취기준 통과에 도움이 되는 보충자료를 준비한다. 교사는 학생의 성적자료 분석과 수업모둠 편성에 사용하는 데이터 관리 프로그램을 배운다. 학생이 성취기준에 미치지 못할 때 담당교사는 스스로에게 질문을 던진다. "어떻게 하면 이 부분을 다른 방식으로 가르칠 수 있을까? 학생이 성취기준에 도달하려면 무엇을 바꿔야 할까?"

실행전략

학습 세부목표와 내용을 재구성하라

전체 성취기준은 일일 학습목표로 세분화되어야 한다. 성취기준들을 의미 단위의 학습단원으로 바꾸려면 추가로 몇 가지 작업을 해야 한다. 해당 학구의 교육과정에 맞추어 수업을 의미 단위로 재구성할 필요가 있다. 이 작업을 어떻게 해야 할까?

1. 같이 묶을 수 있는 핵심 개념과 스킬, 질문들을 파악하라. 위긴

스(Wiggins)와 맥타이(McTighe)의 책 『거꾸로 생각하는 교육과정 개발(Understanding by Design)』(2005)을 가이드로 삼아 각 과와 단원에서 핵심적인 개념을 질문으로 작성하라.

2. 단원 내의 비슷한 학습목표를 한데 묶어 해당 단원들을 의미 단위로 나누어서 학생들이 중요 개념들을 더 잘 기억할 수 있도록 하라. 여러 단원을 포괄하는 전체적인 주제를 새로 만들 수도 있을 것이다.

3. 학생이 배우고 있는 교과내용과 스킬에 공통적으로 나타나는 패턴을 파악할 수 있게 하라. 연관성이 없는 학습목표들을 마구잡이로 가르치지 않도록 주의하라. 주제별로 묶인 정보들을 가르치면 신경세포의 시냅스(synapse)가 좀 더 효율적으로 만들어질 수 있다.

4. 학습목표와 단원 전체를 관통하는 질문을 작성하라. 그렇게 하면 학생의 뇌는 특정 수업 및 단원에서 다루는 주요 항목에 더 집중하게 된다. 고차원적 사고를 요하는 개방형 질문을 하는 것도 좋고, 단원 전체의 주제가 될 수 있는 일반적인 질문도 좋다(이런 질문은 위에서 언급한 핵심 질문으로 이용할 수 있다).

5. 각 단원의 세부 학습목표를 만들 때는 모든 학습내용을 제시함과 동시에 '~할 수 있다'와 같이 동사로 표현된 도전과제도 포함되어야 한다는 것을 명심하라. 교사들이 '아메리칸 인디언'과 같은 표현으로 학습목표를 정의하는 경우가 종종 있는데, 사실 이것은 학습

목표가 아니라 학습소재이다. 또한 수업 혹은 단원이 끝나고 나서 평가해야 할 학습목표를 설정할 때 다음과 같은 질문을 던져보라. "수업이 끝난 후 학생들은 수업 전과 비교하여 정확히 무엇을 알게 되고, 무엇을 할 수 있게 되고, 어떤 내용과 관련지어 이해할 수 있을까?"

사전평가를 실시하여 학생들의 배경지식 수준을 측정하라

무엇을 가르쳐야 할지 잘 알고 있다 하더라도 아래와 같은 단계를 통해 현장에서 수업의 내용과 수준을 조정할 수 있다.

1. 빈칸 채우기, 단답형, 선다형 문제들을 엮어 사전평가 문항을 작성하라.
2. 바로 다음 수업에서 학습할 단원의 주요 개념과 스킬을 확인하는 문항을 작성하라.
3. 각 단원의 수업목표를 확인하는 문항을 5~6개 작성하고, 단원별로 분류하라. 이렇게 하면 각 단원의 학습목표를 학생들이 얼마만큼 이해하는지 그 수준을 확실히 파악할 수 있다.
4. 핵심을 찌르면서 호기심을 자극하는 '맛보기' 질문을 몇 개 던져서 다음 단원에 대한 흥미를 유발하라.
5. 학생들의 배경지식 수준에 따라 수업을 조정할 수 있도록 단원을 시작하기 1주일쯤 전에 사전평가를 실시하라.

사전평가 결과에 따라 교안을 조정하라

매일의 교안을 사전평가 결과에 맞춰 조정하고, 다음과 같은 내용을 파악해보라.

- 학생들의 배경지식 수준을 고려하여 단원이나 수업을 어디서부터 시작하는 것이 좋은지
- 단원 시작 전, 학생들이 잘못 알고 있는 개념이 무엇인지
- 특정 개념에 시간을 얼마나 배분할지
- 단원의 학습목표를 어떤 순서로 가르칠지
- 모둠 구성을 어떻게 할지
- 다음 단원의 학습을 위해 학생들을 어떻게 준비시킬지
- 마인드맵(mind map), 그래픽 오거나이저(graphic organizer), 개념 웹(concept web, 핵심 주제에 관한 여러 개념의 관계를 도식화하는 방법-옮긴이) 등을 통해 단원에 나오는 개념들의 갈래나 위상을 드러내 보여줄 방법이 무엇인지
- 단원과 연계된 고난도 프로젝트에 바로 참여할 정도로 기본기를 갖춘 학생들을 어떻게 선별할지(이와 같은 방법을 '교육과정 압축(curriculum compacting)'이라 부름)
- 특정 분야에 뛰어난 학생이 누구인지
- 수업 이전과 이후에 학생들의 지식 수준이 어떻게 달라졌는지

희망 심어주기
(Hope Building)

교사들은 모든 아이들에게 기대를 품는다고 하면서도 빈곤층 아동에게는 기대치를 너무 낮추는 경향이 있다. 빈곤층 아동은 적절한 지원을 받지 못해 스트레스를 더 많이 받고, 더 자주 아프고, 정서적인 지지나 지적인 자극을 받기도 힘들다고 단정한다. 그러나 빈곤층 아이들이 학교생활을 제대로 하지 못할 것이라는 교사들의 통념이 항상 옳은 것은 아니다. 통계적으로 그럴 확률이 높다고 해서 모든 아이가 그런 건 아니다.

학생에 대한 교사의 믿음과 전제는 학생의 성취에 큰 역할을 하는데, 특히 낮은 기대를 받아왔던 학생들에게 그렇다. 그들은 살아오면서 부정적인 경험을 너무 많이 했기 때문에 자신은 희망이 없다고 느끼면서 자신들의 미래는 밝지 않을 것이라고 생각하는 경우가 많다. 그 어떤 학생들보다도 이들에게 희망을 듬뿍 불어넣어줄 필요가 있다. 희망은 뇌의 화학작용을 변화시켜 행동에 영향을 미친다. 학교 어디서나 희망이 넘쳐흘러 누구나 매일 희망을 느끼고, 보고, 들을 수 있어야 한다.

이론 및 연구

탈출구 없는 절망에 빠지면 학습된 무기력(learned helplessness)이라는 참담한 결과를 낳는다. 이런 성향은 유전적으로 타고나는 것이 아니라 삶의 조건에 순응한 결과 나타나는 반응이다. 2장에서 논의한 바와 같이 만성적 증상인 학습된 무기력에 대한 연구는 많이 이루어졌다 (Peterson et al., 1995). 학습된 무기력 상태에서 살아가는 학생들은 자신의 형편으로는 스스로 통제할 수 있는 일이 아무것도 없다고 생각하며, 뭘 하든 아무 소용이 없다고 느낀다. 이렇게 자기가 잘하는 게 아무것도 없다는 감정이 지속되는 경우, 환경을 변화시킬 힘이 생겨도 아무런 행동을 취하지 않는다. 초등학교 1학년 정도의 어린 아이들도 이런 생각과 행동에 사로잡힐 수 있다. 학습된 무기력에 시달리는 아이들은 자신의 삶을 그저 운명이라 받아들이게 되어, 학교를 중퇴하거나 10대에 임신을 하게 될 가능성이 높아진다.

희망과 낙관주의를 가르치는 것은 빈곤층 학생의 성공을 위해 매우 중요하다. 희망은 막연한 동경과는 다르다. 신체활동을 했을 때처럼 강한 긍정적 감정에 빠져들면 신진대사가 활발해져 뇌에 변화를 일으키는 유전자 발현(gene expression)에 영향을 준다. 변화는 이렇게 시작된다(Jiaxu & Weiyi, 2000).

꿈을 꾸는 아이들은 더 열심히 노력하고, 더 인내하고, 결국에는 더 나은 성적을 거두게 된다. 또한 교사가 학생을 믿고 격려해주면 성적이 나아지는 경향이 있다. 반대로, 교사가 학생에게 전혀 기대하지 않으면 성적이 더 떨어지는 경향이 있다(Johns et al., 2005). 한 연구(Zohar et al., 2001)에서 조사대상이었던 교사의 49퍼센트가 가난하거나 성적이 좋지 않은 학생은 높은 수준의 사고를 할 수 없다고 생각하는 것으로 밝혀졌다. 이러한 생각은 자기충족적 예언이 된다. 기대를 적게 하니 더 적게 거두고 결국 희망이 사라지는 악순환이 계속되는 것이다.

실제 사례

희망은 정말로 큰 변화를 일으킬 수 있을까? 조지아주 애틀랜타의 버제스초등학교(Burgess Elementary School)는 전교생의 99퍼센트가 아프리카계 미국인이고, 81퍼센트가 무상급식이나 급식비 감면 대상자다. 학교는 이해당사자에게 성취기준을 교육시키고, 부모들의 학교활동 참여를 독려하고, 지역사회와의 유대를 강화하고, 부모·학생·교사들 사이의 정서적 유대감을 높이는 프로그램을 도입했다. 이 프로그램을 도입하기 전 국가성취기준 통과율은 읽기 29퍼센트, 수학 34퍼센트 수준이었는데, 프로그램 실시 이후 읽기는 64퍼센트, 수학은 72퍼센트로 상승했다. 목표를 높게 세우고 자극이 풍부한 학습환경을 조성하고 서로간의 유대감을 강화한 것이 이러한 변화를 일으켰다.

한 초등학교에서 실시한 실험에서 로젠탈과 제이콥슨(Rosenthal & Jacobson, 1992)은 학기 초 전교생을 대상으로 지능검사를 실시했다. 검사 후 지능검사 결과와 관계없이 20퍼센트의 학생을 무작위로 뽑아서, 교사에게 이 학생들은 '남다른 지적 성장잠재력'이 있으며 학년 말에는 이런 잠재력이 꽃을 피울 것'이라고 말해주었다. 8개월 후 학년 말에 연구자들은 다시 전교생을 대상으로 지능검사를 실시했다. '지적 성장에 대한 잠재력을 가진 집단'으로 분류되었던 학생들은 다른 학생들에 비해 지능 점수가 통계적으로 유의미하게 향상되었다. 연구자들이 지적했듯이 '특별한' 학생에 대한 교사의 기대는 아이들의 학업성취에 실제로 영향을 끼친다. 윤리적인 문제 때문에 이 실험은 교사의 호의적이며 긍정적인 기대효과만을 살펴보았다. 하지만 이런 결론을 토대로 학생에 대한 부정적인 기대가 학업성취도를 저하시킬 것이라 추론할 수 있다.

실행전략

학생들에 대한 교사의 기대가 너무 낮은 것은 아닐까? 교사의 선입견 때문에 학생들이 좀 더 도전적인 교육과정을 경험할 수 있는 기회를 놓치고 있지는 않은가? 아래에 제시하는 전략은 이런 점들을 점검하는 데 도움이 될 것이다.

학생과 교직원을 대상으로 희망에 대한 설문을 실시하라

학생의 희망 또는 절망의 수준을 알아보라. 아래와 같은 문항을 25개 정도 만들어 간단한 설문조사를 실시해보라.

---

1 학교생활을 잘 마치고 졸업할 확률은 얼마나 될까요?
   a. 별로 높지 않다
   b. 잘 모르겠다
   c. 매우 높다

2 선생님들이 학교생활과 개인적인 문제를 해결하는 데 어느 정도 도움이 되나요?
   a. 별로 도움이 되지 않는다
   b. 조금 도움이 된다
   c. 큰 도움이 된다

---

3 10년에서 20년 정도 후에 자신의 위치를 생각하면 어떤 생각이 떠오르나요?

    a. 불확실하다

    b. 좋은 일도 있을 것이고 나쁜 일도 있을 것이다

    c. 대부분 좋은 일들이 있을 것이다

이번에는 교사가 특정 전략을 얼마나 고민하고 자주 사용하는지를 알아보라. 아래와 같은 문항을 25개 정도 만들어 설문조사를 실시해보라.

1 본받을 만한 선배나 유명인사의 성공담을 학생들에게 얼마나 자주 이야기합니까?

    a. 거의 안 한다

    b. 가끔 한다

    c. 일주일에 몇 번 정도 한다

2 학생이 주요 학습과정을 마쳤을 때 칭찬 등의 긍정적인 피드백을 합니까?

    a. 거의 안 한다

    b. 가끔 한다

    c. 일주일에 몇 번 정도 한다

> **3** 학생들에게 긍정적이며 희망적인 말을 얼마나 자주 건넵니까? (예: "야, 너 정말 재주 좋다!", "네 방식이 맘에 든다. 어떻게 생각해낸 거니?", "이번에는 잘하지 못했지만 다음에는 선생님이 도와줄게. 네가 원하는 걸 어떻게 얻을 수 있는지 선생님이 잘 알거든.")
> **a.** 거의 안 한다
> **b.** 가끔 한다
> **c.** 일주일에 몇 번 정도 한다

하루 24시간, 주 7일 내내 희망을 불어넣어라

희망과 낙관주의의 긍정적 힘에 대한 많은 연구 결과가 있다. 이 분야의 선구자는 '긍정심리학의 아버지'로 알려진 마틴 셀리그만(Martin Seligman)이다. 그의 연구(Seligman & Csikszentmihalyi, 2000)는 일반적인 지식처럼 희망적인 태도와 마음가짐도 가르칠 수 있다는 것을 시사한다. 사실 많은 대학 수준의 커리큘럼에서 긍정적인 마음상태(positive states)를 가르치는 수업을 개설하여 가르치고 있다. 이 수업에서 학생들은 긍정적인 마음상태란 무엇이고, 그 상태를 어떻게 유지할 수 있는지를 배운다. 또한 이 수업은 참여하는 삶, 즉 끌려다니는 것이 아니라 주체적으로 참여하는 삶의 가치에 대해 배운다. 의미 있는 삶이라는 주제를 통해 가장 중요한 문제에 집중하고, 일상을 벗어나 섬김과 봉사를 실천하는 방법에 대해 이야기한다. 이 외에도 희망을 심어주는 방식에는 다음과 같은 것들이 있다.

- 매일 긍정적인 말을 한다(말로도 하고 포스터를 작성해 교실 벽에 부착한다).
- 학생에게 희망을 말하게 하고 그것을 강화하는 피드백을 한다.
- 학생에게 성공할 수 있는 이유를 구체적으로 말해준다.
- 필요한 학습자료를(연필, 종이, 컴퓨터) 제공한다.
- 학생이 목표를 설정하고 그 목표를 성취할 수 있도록 방법을 알려준다.
- 학생들과 관련된 인물의 성공담을 들려준다.
- 학생들이 필요로 하면 언제나 도움을 주고, 격려하고 보살펴준다.
- 일상의 사소한 일들을 처리하는 스킬을 가르친다.
- 학생의 부족한 부분에 대해 불만을 토로하지 않고, 잘못된 부분이 있으면 올바른 방법을 가르쳐준다.
- 모든 학생이 잠재력을 갖고 있다는 것을 믿는다.
- 학생들의 학습·정서·사회적 자산을 키워준다.

희망을 망상이나 맹목적인 낙천주의로 해석하지 말라. 희망은 뇌의 화학작용을 바꿈으로써 행동에 영향을 미친다. 희망을 전파한다는 것은 아무 생각 없이 "간단히 3단계만 따라하면 의사도, 우주선 조종사도, 대통령도 될 수 있다."는 식으로 말해주는 것을 의미하지는 않는다.

교사가 아이들에게 전해주어야 할 메시지는 바로 "너희들은 꿈이 있잖아. 얼마나 좋아. 끈기를 갖고 열심히 노력해봐. 선생님은 항상 너희들 편이다. 너희들의 성공에 도움이 된다면 선생님은 뭐든 다 할 준비가 되어 있단다. 힘내!"와 같은 말이다. 희망 심어주기와 관련된 전략마다 색인카드를 만들거나 전략 목록을 교실 뒷벽에 부착해두는 것도 좋다. 희망을 온 몸과 마음으로 받아들여 교실에 희망이 가득 넘쳐흐를 때까지 전략을 실행하라.

결과를 모니터하라

희망 심어주기 프로젝트를 실시한 후에는 반드시 그 결과를 살펴보라.

- 앞에서 제시한 것과 같은 설문조사를 일 년에 두 번 실시하여 학생들의 반응을 살펴보라.
- (교장, 교감과 같은 교육행정가들은) 편하게 교정을 둘러보며 잠깐씩 교실에 들러보도록 하라. 학생들이 친구나 교사와 웃으면서 대화를 나누고 있는지 살펴보라.
- 자발적인 태도를 찾아보라. 긍정적인 아이들은 프로젝트와 봉사활동, 개인교습을 하겠다고 자발적으로 나선다.
- 친절하고 희망적인 행동을 목격하는 대로 기록하라고 교직원들에게 당부하라. 교사가 아이들을 만날 수 있는 시간은 일주일에 단 30시간뿐이다. 하루라도 헛되이 보내면 안 된다.

여기에 희망의 힘을 잘 보여주는 실화를 하나 소개한다. 몬티는 캘리포니아주 샐리나스의 농촌지역에 사는 16세의 가난한 학생이었다. '고등학교 졸업 후의 꿈'을 주제로 한 에세이에서 몬티는 커다란 목장을 운영하며 순혈종의 말을 키우겠다고 썼다. 며칠 후 교사는 에세이를 몬티에게 돌려주었다.

성적은 F였다. 충격을 받은 몬티는 선생님을 찾아가서 "어떻게 제 꿈이 F인가요?" 하고 따졌다. "진짜 이룰 수 있는 꿈을 쓰라고 했는데, 넌 실현 불가능한 꿈을 썼잖아." 하고 교사가 말했다. 몬티는 기가 막힌 듯 선생님을 빤히 쳐다봤다. 몬티의 반응을 눈치챈 교사는 "그럼 에세이를 다시 써. 좀 더 현실적인 꿈으로 말이야. 그래야 점수를 올려줄 수 있지." 하고 말했다. 몬티는 마음을 가라앉히고 선생님의 눈을 똑바로 응시했다. "그냥 F로 두세요. 저는 제 꿈을 포기하지 않을 거니까요."

훗날 몬티는 결국 자신의 꿈을 이루었다. 순수혈통만을 키우는 대규모 목장을 경영하면서 영국여왕이 탈 말을 조련하기도 했다. 몬티의 성공담을 담아 다섯 권의 베스트셀러가 나왔고 영화로도 만들어졌다. 〈호스 위스퍼러(Horse Whisperer)〉가 바로 몬티 로버트의 실화를 바탕으로 제작된 영화이다. 몬티는 대대로 가난한 집안에서 자랐다. 가진 거라고는 미래에 대한 희망과 꿈뿐이었다.

꿈은 학생들에게 힘을 줄 수 있다. 만약 학생들에게 아무것도 해줄 게 없다면, 미래에 대한 희망만이라도 심어주라. 가난에 허덕이는 사람들에게 내일에 대한 희망과 믿음은 하루하루를 견디게 하는 유일한 버

팀목이다. 학생들의 뇌가 무기력으로 인해 나쁜 방향으로 변할 수 있다면, 좋은 학교의 좋은 사람들한테서 배운 희망을 통해 좋은 방향으로도 변화할 수 있다는 사실을 교직원 모두가 진심으로 믿어야 한다. 가난한 환경에서 자란 학생에게 희망은 있으나 마나 한 사치품이 아니라 없어서는 안 되는 필수품이다.

예술, 체육 및 심화학습(AP)과정
(Arts, Athletics, and Advanced Placement)

'낡은' 사고방식에 의하면, 기초지식이 부족한 학생들에게는 교육과정을 설렁설렁 운영하거나, 누구나 아무 어려움 없이 이수할 수 있을 정도로 수업을 아주 쉽게 구성해야 한다. 그러나 그 믿음은 틀렸음이 밝혀졌다. 학생들의 배경지식을 쌓는 데 도움이 되는 구체적인 전략이 있기 때문이다(Marzano, 2004). 많은 교육자들이 학생들에 대한 기대 수준을 높이려 했지만 번번이 실패했다. 학생이 교사의 기대 수준에 부응하지 못하면 교사는 "거 봐, 그럴 줄 알았어. 쟤들은 안 돼."라고 말한다. 하지만 어떤 교육과정이나 교수방법, 평가도 그 자체만으로는 효과가 없다. 학생의 학습능력은 그대로 둔 채 기대 수준만 높여서는 안 된다. 우수한 성적을 거두고 있는 빈곤지역 학교들은 예술과 체육, AP과정(Advanced Placement, 대학과정 인증시험을 위해 개설되는 고급 교과과정으로, 해당 과목 시험에 통과하면 대학 입학 후 학점으로 인정됨-옮긴

246

이)과 같은 심화학습을 포함한 도전적인 통합 교육과정을 도입하고 있을 뿐 아니라 학생 개인의 학습능력도 키워준다.

이론 및 연구

저소득층 아이들은 학교에 진학하기 전 수년간 열악한 환경에 노출된다. 2장에서 살펴보았듯이, 가난한 집 아이가 부모와 함께 박물관이나 극장, 도서관에 갈 기회는 부유층 또래의 절반 수준이다. 문화를 깊이 이해할 기회는 꿈도 꿀 수 없다(Bradley & Corwyn, 2002). 부유층 또래에 비해 집안에서 놀 수 있는 공간도 협소하다. TV 시청시간은 많고 운동하는 시간은 적다(Evans, 2004). 가난한 환경의 아이들은 음악, 체육, 댄스, 연극 등과 같은 방과후활동의 기회를 누리기 힘들다(Bracey, 2006). 예술과목으로 편성된 교육과정은 핵심적인 학습능력과 인지능력을 키워준다. 또한 운동과 휴식, 신체활동은 신경생성(neurogenesis)을 증가시키고 우울증에 걸릴 확률을 감소시킨다. 따라서 학교 수업에 예술, 체육 및 심화학습(AP)과정을 통합하여 운영하는 데 가장 큰 관심을 기울여야 한다.

예술교육

예술은 대체로 등한시되는 교육과정이지만 학생들의 수행능력에 놀라운 변화를 일으킨다. 예술교육은 집중력을 높이고(Posner et al., 2008), 정보를 순서대로 처리하고 절차와 데이터를 조작하는 정보처리능력을 발달시키며(Jonides, 2008), 무엇보다도 단기기억을 강화해준다(Chan et al., 1998). 또한 읽기능력처럼 한 번 배우면 평생 지속되는 능력을 키워준다(Wandell et al., 2008). 연극과 드라마, 그 외의 공연예술에 참여하면서 아이들은 감성지능과 시간관리능력이 좋아지고, 자신의 행동을 반성할 줄 알며 다양성을 받아들인다. 또한 암기력과 정보처리능력이 발달하고, 또래 친구들과 원만하게 어울릴 수 있다(Gazzaniga et al., 2008). 예술과목을 공부하는 것은 대학입학시험(SAT) 고득점과도 상관이 있다. 연극과 드라마를 공부한 학생들은 예술과목을 전혀 듣지 않은 학생들에 비해 대학입학시험에서 더 높은 점수를 받았다.

UCLA의 교육학 교수 제임스 카터랠과 동료 연구자들(Catterall et al., 1999)은 예술교육이 학생들의 성적이나 태도와 어떻게 연관되는지 밝히기 위해 '전미교육종단연구(National Educational Longitudinal Survey)'를 수행하면서 2만 5천 명 이상의 데이터를 분석했다. 분석 결과, 예술활동 경험이 풍부한 학생들이 그렇지 않은 학생들에 비해 거의 모든 측정지표에서 더 높은 점수를 얻었다. 예술활동은 고소득층 학생보다 저소득층 학생의 성적 향상에 더 큰 영향을 끼친다. 나아가 카터랠은 빈곤층 학생 중 8학년에서 12학년(중학교 2학년에서 고등학교 3학년) 사이에 음악수업을 들은 집단과 그렇지 않은 집단을 비교하여, 음악수업을 들은 학생들의 수학 점수가 월등히 올랐을 뿐 아니라 읽기,

역사, 지리 점수가 40퍼센트나 올랐음을 알아냈다. 음악을 교육과정에 포함시키면 학업성적 향상과 뇌의 신경세포 발달에 도움이 된다. 음악수업의 경험이 없는 아이들의 뇌를 스캔한 뒤 15주간 피아노수업을 받고서 다시 뇌를 스캔한 결과, 뇌 안에서 구조적인 변화가 관찰되었다 (Stewart et al., 2003).

예술교육은 인지능력에 영향을 준다. 예술을 공부하는 학생들은 자기가 선택한 예술과목을 익히고자 하는 의지와 집중력, 동기가 높다. 동기는 보통 지속적인 집중력으로 이어지고, 이는 다시 집중력과 관련되는 뇌신경망의 효율성을 증가시킨다. 이렇게 향상된 집중력은 수학이나 과학과 같은 다른 영역의 인지적 발달로 이어진다(Spelke, 2008). 이는 다나 예술교육과인지발달컨소시엄(Dana Consortium on Arts and Cognition)과 5개 대학 10여 명의 신경과학자들이 3년간 공동연구를 통해 밝힌 사실이다(Gazzaniga, 2008). 또한 학생의 '실용지능(practical intelligence)' 혹은 '유동지능(fluid intelligence)'을 강화하여 다양한 문맥에 적용할 수 있는 능력을 가르칠 수 있다는 최초의 증거다(Jaeggi et al., 2008).

실제로 예술활동을 통해 배우는 암묵적 학습(implicit learning, 자전거 타기나 수영처럼 무의식적으로 행할 수 있으며 말로 설명할 수 없는 학습-옮긴이)이 교과서를 통해 배우는 명시적 학습(explicit learning)보다 전이효과가 더 좋다. 예술은 학교에서 제공하는 어떤 다른 교육 못지않게 뇌의 학습운영시스템을 제대로 발달시킨다. 단호하게 말해서, 잘 짜인 예술교육과정으로 이루어내는 효과를 대체할 만한 것은 없다.

체육활동

학교의 또 다른 관점 중 하나는 흔히 체육과 운동경기를 인지능력의 향상과 연관 짓지 않는다는 점이다. 하지만 체육활동은 학생들의 건강, 심폐기능, 근력, 신체균형, 운동속도, 반응시간, 스트레스에 대한 반응 능력 등을 개선하는 것 이외에도 인지능력(Sibley & Etnier, 2003)을 강화하여 성적(Pellegrini & Bohn, 2005)과 졸업률을 높이고, 문제행동을 줄인다(Newman, 2005). 아이들을 자리에 앉혀 시험공부를 시키기 위해 체육시간을 줄인다면 체육활동이 학업성취에 미치는 엄청난 긍정적 효과를 놓치는 것이다.

운동은 BDNF(brain-derived neurotrophic factor, 신경세포 성장인자) 단백질의 분비를 늘려서 학습과 기억 및 뇌신경회로의 재생과 유지, 신경연결에 필수적인 뇌세포의 생성을 돕는다. 또한 운동은 세포를 강하게 하고, 세포소멸을 방지한다(Bjørnebekk et al., 2005).

UCLA의 한 연구팀은 운동을 하면 학습과 기억을 담당하는 해마(hippocampus)의 BDNF 수치가 상승한다는 것을 발견했다(Gómez-Pinilla et al., 1997). 또 몇몇 연구들은 운동이 포유류의 뇌세포 생성 및 기능을 증가시키며, 이는 학습능력과 기분, 기억 등과 높은 상관관계를 갖는다는 점을 발견했다(Fabel et al., 2003; van Praag et al., 1999). 한 연구는 전전두피질(prefrontal cortex)을 사용해야 하는 학습 및 기억

테스트에서 평소에 조깅을 하는 사람들이 그렇지 않은 사람들보다 꾸준히 더 나은 성적을 거두었음을 보여주었다(Harada et al., 2004). 한편 운동을 하면 칼슘량이 증가하고 도파민 합성(dopamine synthesis)이 일어나 인지적 문제해결과 작업기억을 향상시킨다(Sutoo & Akiyama, 2003).

　이러한 뇌의 화학물질 변화가 실제 어떤 현상으로 나타날까? 아이들이 학교에서 높은 수준의 체육수업을 받을 때 학업성취에 어떤 변화가 일어날까? 첫째, 자신의 존재에 대한 개념이 형성되고(Tremblay et al., 2000), 스트레스와 공격적 성향이 감소한다(Wagner, 1997). 둘째, 성적이 좋아진다(Sallis et al., 1999). 캘리포니아주 교육국(California Department of Education)의 분석에 따르면 공립학교의 학업성취도와 건강 수준은 서로 관련성이 있다고 한다(Slater, 2003). 이 연구는 5학년생 35만 3천 명, 7학년생 32만 2천 명, 9학년생 27만 9천 명의 읽기 및 수학 점수와 체육 점수의 상관관계를 밝혀냈다. 측정 대상 세 학년 모두 신체적으로 건강할수록 학업성취가 높았다. 운동을 하면 스트레스와 장애·질병 등의 부정적 요인에 대한 면역력이 높아지고, 기억력·집중력 등의 뇌기능이 강화되어 인지능력과 학업성취도가 높아진다. 운동을 조금만 하더라도 기억력이 나아지고 인지기능이 개선된다는 점에 주목한 하버드 의대의 존 레이티(John Ratey) 교수는 한 학구를 연구 대상으로 삼아 최상의 건강상태에 도달하는 학생이 가장 뛰어난 학업성취도를 보인다는 것을 밝혀냈다(Ratey & Hagerman, 2008).

운동에 의해 단련된 뇌에서 학습과 미래 변화에 최적화되는 구조적 특성들이 발견된다는 연구 결과도 있는데(Bruel-Jungerman et al., 2007), 이것이야말로 저소득층 아이들에게 꼭 필요한 것이다. 일리노이대학 어바나-샴페인 캠퍼스(UIUC) 운동생리학과의 찰스 H. 힐먼(Charles H. Hillman)과 달라 M. 카스텔리(Darla M. Castelli)는 일리노이 주 4개 초등학교의 3학년과 5학년 재학생 239명의 체력을 측정했다. 그 결과, 심폐지구력과 신체질량지수(body mass index, 체중(kg)을 신장(m)의 제곱으로 나눈 수치로 과체중인지 저체중인지를 판단하는 데 사용-옮긴이)에서 좋은 점수를 받은 학생들이 일리노이주에서 주관하는 읽기 및 수학시험에서도 높은 점수를 받았다. 이와 같은 관계는 아이들의 사회경제적 지위와 상관없이 유효했다(Hillman et al., 2005).

감각운동실(sensory motor lab)을 활용하는 것도 학업성취를 높이는 방법 중 하나다. 빈곤층 아동은 공부를 잘하는 데 꼭 필요한 뇌신경연결이 원활하지 못하다. 미네소타 학습자료센터(Minnesota Learning Resource Center)에서 제공하는 라이엘 팔머(Lyelle Palmer)의 운동능력발달 프로그램은 아이들에게 미래의 학업능력을 키우는 데 기초가 되는 감각운동능력을 가르친다. 노스캐롤라이나주의 타이틀 I 학교(Title I School) 네 군데에서는 팔머의 SMART(Stimulating Maturity through Accelerated Readiness Training) 프로그램을 시행했다. 그 결과, 빈곤학생의 80퍼센트 이상이 학업준비도 및 기초 읽기능력에서 기본을 다질 수 있었다(Palmer et al., 2008). 팔머의 감각운동 프로그램은 뇌를 활성화시키지 않은 채 단순히 앉아서 하는 활동보다 인지능력을 습득하는 데 훨씬 효과적이었다. 뇌는 감각기능이 활발할 때 효율적인 인지시스템을 만들 수 있다. 아주 어렸을 때부터 이러한 토대를 마련하는 데 필요한 경험을 하는 아동은 많지 않다. 하지만 팔머의 프로그램은 늦게라도 뇌발달을 따라잡을 수 있는 해결책을 제시해준다.

텍사스주 빈곤율 상위학교인 팀버빌데초등학교(Timberwilde Elementary)의 교사들이 설계한 감각운동실은 전교생 800명 중에서 유치반 아이들을 대상으로 한다. 교사들은 발달단계를 고려한 학습정거장(learning station)을 만들었다. 양 팔다리를 서로 교차시키는 횡단(cross-lateral)운동, 두 손과 다리로 어딘가를 오르는 것과 같이 몸의 양쪽(bilateral)을 사용하는 전신운동, 팔뻗기처럼 신체의 반쪽만을 사용하는 한쪽(unilateral)운동을 실시했다. 감각운동실 운영은 2007년 9월에 시작되어 2008년 5월에 끝났는데, 텍사스대학 샌안토니오 캠퍼스에서 운동발달을 연구하는 학생들이 이 과정을 관찰하며 기록했다. 프로그램은 1년 내내 1주일에 나흘, 하루 30분간 시행되었다. 체육교사 질 존스턴(Jill Johnstone)은 프로그램 참가학생들이 그렇지 않은 학생에 비해 학업성취가 우수하다는 사실을 확인했다. 한 학년을 뛰어넘어 그다음 학년으로 월반하는 아이도 있었다.

조지아주 오거스타 지역의 비만아동 163명을 대상으로 한 연구에서는 인지능력과 학업능력 향상이 운동량에 비례한다고 밝혔다. 여러 학문분야의 전문가로 구성된 연구팀은 아이들을 무작위로 세 그룹으로 나누었다. 첫 번째 그룹은 매일 방과후 40분간 체육활동을 했고, 두 번째 그룹은 20분, 마지막 그룹은 어떤 운동도 하지 않았다. 14주 후 표준학업성취도와 집행기능(executive function, 계획, 조직, 추상적 사고 및 자기통제와 관련된 뇌의 기능) 두 가지 평가에서 가장 큰 향상을 보인 그룹은 매일 40분간 술래잡기 같은 여러 가지 게임을 하며 체육활동을 한 그룹이었다. 하루 20분 운동을 한 그룹의 향상도는 40분 운동을 한 그룹의 절반 수준이었다(Viadero, 2008).

심화학습(AP)과정

심화학습(AP)과정은 학생들에게 미래에 대한 희망을 심어주고, 따분한 수업을 도전해볼 만한 수업으로 만들어주며, 앞으로 보완해야 할 약점이 무엇인지를 알게 한다. AP과정 한 과목을 수강하는 것만으로도 학생들은 대학 수준의 공부를 접하게 되고, 비판적 사고와 효율적 학습법, 기초지식의 중요성을 깨닫게 된다. 실제로 AP과정 수업을 해보면 그 학생이 대학에서 공부를 잘할 수 있는지 예측할 수 있다. 미국 교육부에서 시행한 연구는 "학생들을 어떻게 분류하든 간에 고교 교육과정이 얼마나 알차고 질이 높은가가 대학교육을 성공적으로 끝마칠 확률을 높이는 요인"이라는 결론을 내렸다(Adelman, 1999). 대학교육 성공 여부에 기여하는 요인은 다양하지만, 그중에서도 AP과정 학습경험은 고교학점평균, 학급 내 등수, SAT 점수 등의 요인보다 더 큰 영향을 미쳤다(pp. 18, 25)

또 하나의 연구(McCauley, 2007)는 AP과정 수업과 이중등록과정 (dual enrollment courses, 고등학교에 다니면서 대학교 강의를 들을 수 있게 한 프로그램-옮긴이)이 제때 대학을 졸업하는 데 어떤 영향을 미치는 지를 알아보기 위해 AP과정 및 이중등록과정 학생 3,781명과 어느 프로그램에도 참여하지 않은 2,760명의 학생들을 대상으로 조사하였다. 연구 결과, AP과정 수업을 들은 학생들은 대학에서 학생에게 기대하는 게 무엇인지를 알기 때문에 실제 대학학점을 취득할 수 있었다. 또한 알차고 수준 높은 고교 교육과정을 통해 대학 교과과정을 집중적으로 준비했고, 대학에 대해 막연한 환상을 품는 일이 없었다.

AVID(Advancement Via Individual Determination, 개인별 심화학습 프로그램-옮긴이)는 저소득층과 이민 1세대 학생들을 위한 정부 차원의 프로그램이다. 프로그램에 참여하는 학생들은 대학준비수업에 등록하고 대학생 개인교습을 받는다. 또한 대학과 기업에서 파견된 강사의 강연을 듣고, 단과대학이나 종합대학 탐방에 참여한다. 저명한 교육학자 여러 명이 AVID 연구에 참여해 학생들의 성취도를 높일 수 있는 교육과정 개편 방향을 제시하는 연구 결과를 내놓았다(Datnow et al., 2002; Slavin & Calderon, 2001).

1989년부터 휴 메한(Hugh Mehan)과 동료들은 샌디에이고 통합학구 내의 학생기록과 8개 AVID 실시현장을 면밀히 검토하여 AVID 프로그램을 연구했다. 메한은 AVID에 참여한 졸업생들이 그렇지 않은 졸업생에 비해 대학에 등록한 비율이 2.5배 더 높고, AVID 코디네이터들이 교사의 역할을 재정의함으로써 학생의 잠재적 학습능력을 탐구할 수 있게 도와주었다는 것을 알게 되었다(Mehan et al., 1996). 그는 학생들이 AVID 프로그램에 참여하는 기간이 길수록 학업에서 더 큰 성공을 거둔다는 점에 주목한다. 또한 AVID는 학교 전체의 성취도 향상에 다양한 형태로 기여한다.

실제 사례

예술수업을 도입한 학교들

문제가 많은 시카고 공립학구 14개 빈곤지역 학교는 '시카고 예술협력 교육(Chicago Arts Partnerships in Education, CAPE)' 프로그램으로 개발된 혁신적인 예술통합형 커리큘럼을 도입하여 학업성취도에서 놀라운 성과를 보였다. 시카고의 한 초등학교는 학생의 84퍼센트가 빈곤선 이하의 환경에서 살고, 30퍼센트는 영어를 할 줄 모른다. 예술 프로그램을 도입하기 전에는 자기 학년 단계의 읽기 수준에 도달한 학생이 38퍼센트에 불과했고, 자기 학년 단계의 수학 문제를 풀 수 있는 학생은 49퍼센트뿐이었다. 예술 프로그램이 도입되자 큰 진전이 일어났다. 60퍼센트의 학생이 자기 학년 단계의 읽기 수준에 도달했고 68퍼센트의 학생이 자기 학년 단계의 수학 문제를 풀 수 있게 되었다(Leroux & Grossman, 1999).

뉴욕주 유티카의 공연예술 마그넷스쿨(Magnet School)인 왓슨윌리엄스초등학교도 또 하나의 성공 사례다. 학생의 22퍼센트가 전학생이고, 96퍼센트가 무료급식이나 급식비 감면 대상자인 이 학교에서는 공연예술 교사들이 정규과목 교사들과 자주 만나 각 과목의 핵심 개념과 어휘를 공연예술 커리큘럼과 공연에 통합시킴으로써 놀라운 성취를 이뤄냈다.

일부 아동에게 학교의 예술수업은 유일한 체험 및 심화학습 프로그램이 된다. 뉴욕주 마운트버넌의 링컨초등학교(Lincoln Elementary School)는 다른 블루리본학교처럼 예술에 모든 것을 걸었다. 예술교육은 학생들의 뇌를 학습하기에 적합한 상태로 만들 뿐 아니라 학습동기를 유발하기 때문이다.

링컨초등학교는 예술로 아동들의 관심을 유도하는 전략을 교육과정마다 적용했다. "예술로 아동들의 관심을 사로잡아라. 그러면 저절로 학습이 이루어진다." 링컨초등학교 교장인 조지 알바노(George Albano)는 이렇게 주장한다. 알바노 교장은 교직원들의 멘토이자, 교사들과 교과내용을 편안하게 이야기하는 주임교사이고, 학생들의 성취감과 좌절감을 잘 아는 교육행정가다. 이 학교는 읽기·쓰기수업과 재즈, 물리학수업, 그리고 체육수업을 적절하게 결합시키는 통합교육 커리큘럼을 제공한다. 얼마나 멋진 학교인가.

사우스캐롤라이나주 그린빌에서는 예술이 수학수업을 바꾸었다. 6학년 학생들은 연습문제를 푸는 게 아니라 수직선을 따라 춤을 추면서 양수와 음수에 대해 배운다. 교사들은 케네디센터의 공연예술기금을 지원받은 뒤부터 문제풀이 위주의 교수법을 버리고 예술기반 교수법을 선호하게 되었다. 이런 획기적인 변화에 학생들은 열광했으며 성적도 올랐다.

오하이오주 톨레도예술학교(Toledo School for the Arts)도 예술중점 시범학교이다. 이 학교는 예술기반 학습방식의 대입준비반 커리큘럼을 제공하지만 핵심 목표는 학생들의 전인교육이다. 교직원들은 학생들이 대학에 진학하든, 예술학교로 진학하든, 곧바로 예술가로 활동하든 상관없이 평생학습자가 되기를 바란다.

조지아주 오거스타의 중고교과정 공립학교인 존 데이비드슨 순수예술 마그넷스쿨(John S. Davidson Fine Arts Magnet School)은 예술교육으로 좋은 성과를 이뤘다. 대학입학 준비반과 심화학습 수업과정의 커리큘럼 이외에 시각예술, 음악, 합창, 무용, 연극과정의 커리큘럼도 진행한다.

마지막으로 오클라호마의 벨아일엔터프라이즈중학교(Belle Isle Enterprise Middle School)는 전교생이 외국어를 배우고 미술, 공연예술과정에 등록해 학사일정에 맞춰 정기적으로 전시회나 공연을 열도록 돼 있다. 전교생의 59퍼센트가 무료급식이나 급식비 감면 대상자이지만 전교생의 97~99퍼센트가 주 성취도평가에서 능숙(Proficient)등급 이상의 좋은 결과를 얻었다.

체육활동을 도입한 학교들

시카고 남쪽 외곽 학구인 내퍼빌 203 학구는 학생 수가 18만 6천 명에 달하는데 이 학구의 교육감들은 학생들에게 심장이 뛰는 활동 열 가지 정도를 하게 했다. 학생들은 심박계를 차고 일주일 내내 하루에 한 번, 휴식 없이 25분 동안 분당 160~190 수준의 심박을 유지하는 운동을 했다. 실험을 시작할 때, 보충수업을 시킬 목적으로 읽기 점수가 낮은 학생 10여 명을 모집했고, 체육활동과 읽기교과를 통합하기 위해 읽기 교사도 몇 명 모집했다. 학생들은 외발 롤러스케이트를 타고 달리면서 바닥의 종이쪽지 위에 쓰인 단어와 그에 해당하는 뜻을 맞추는 게임을 했다. 아침운동을 마치고 학생들은 읽기·쓰기 보충수업을 하는 특수반에 들어가 역시 읽기·쓰기에 서투른 다른 학생들과 함께 공부했다.

한 학기가 끝날 무렵 내퍼빌 교육감들은 읽기·쓰기수업 직전에 운동에 참여한 학생들이 수업 2시간 전에 운동을 했거나 운동을 전혀 하지 않은 학생들보다 더 높은 점수를 받았다는 것을 알게 되었다. 내퍼빌 교육감들은 다음 학기에 대수학(algebra) 기초과정에도 똑같은 방식을 적용했다. 운동과 수학 특수반 수업을 병행한 학생들은 대수학 성취도평가에서 점수가 20.4퍼센트 상승한 것을 확인했다. 대조군 학생들의 점수는 3.87퍼센트 상승에 그쳤다. 이 실험 결과를 바탕으로 생활지도 상담교사들은 모든 학생에게 시간표 작성을 지도할 때 체육시간 직후에 가장 어려운 과목을 듣도록 권한다(Dibble, 2008).

AP과정을 도입한 학교들

가난한 소수인종 학생들에 관심을 갖는 사람들은 교육자들에게 이런 학생들을 AP과정에 넣어 물심양면으로 지원을 아끼지 말 것을 강력히 요구한다(Valdero, 2002). 뉴스기사에 따르면 북부 버지니아의 웨이크필드고등학교(Wakefield High School)와 T. C. 윌리엄스고등학교(T. C. Williams High School)는 거리상 불과 3킬로미터밖에 떨어져 있지 않지만 학업성취도에서는 아주 대조적인 모습을 보였다. T. C 윌리엄스고등학교의 학생들은 42퍼센트가 흑인, 24퍼센트가 히스패닉, 27퍼센트가 백인(기타 인종 7퍼센트)인데 비해, 웨이크필드고등학교는 29퍼센트가 흑인, 44퍼센트가 히스패닉, 17퍼센트가 백인이다(기타 인종 10퍼센트). T. C 윌리엄스 학생의 40퍼센트, 웨이크필드 학생의 50퍼센트가 무료급식이나 급식비 감면 대상자다. 기사가 나올 당시 웨이크필드의 AP과정 등록률은 T. C. 윌리엄스에 비해 36퍼센트나 높았다. 웨이크필드의 AP과정시험 합격률은 51퍼센트인 반면 T. C. 윌리엄스의 합격률은 39퍼센트였다. 이 결과를 보면 AP과정은 빈곤의 부정적 효과를 완화시키는 데 아주 효과적이라는 것을 알 수 있다.

샌디에이고 남부에 위치한 명문 종합고등학교인 사우스웨스트고등학교(Southwest High School)는 전교생에게 대입을 준비하기 위한 AP과정을 장려하고 학교개혁의 일환으로 AVID 프로그램을 진행했다. 전교생 2,474명 가운데 84퍼센트는 히스패닉이고 32퍼센트는 영어를 능숙하게 구사하지 못한다. AVID 프로그램은 수업시간에 필수적으로 시행되며 교직원의 40퍼센트 이상이 AVID 프로그램 진행을 위한 교육을 받았다. AP과정 시험을 보는 학생들은 4년 기간 동안 290명에서 920명으로 증가했고, 350명이 합격점을 받았다. 사우스웨스트의 AVID 프로그램에 참여한 학생의 90퍼센트는 대부분 4년제 대학에 진학했다.

실행전략

예술 프로그램을 전폭적으로 시행하라

이 말은 아무리 강조해도 지나치지 않다. 예술은 뇌의 학습운영시스템을 구축한다. 예술은 모든 과목에 통합시킬 수 있고 또 그렇게 해야 한다. 초등학교 수준에서 예술수업은 하루 최소 30분씩, 일주일에 3~5일은 의무적으로 진행한다. 예술수업은 반드시 해당 분양의 전문교사에게 맡겨야 한다. 중등학교 수준에서는 음악(악기연주나 노래연습), 미술(드로잉, 페인팅, 그래픽, 매핑)과 공연(무용, 연극) 기회를 제공해야 한다.

신체활동을 강화하라

모든 학생들이 최소 하루 30분, 일주일에 5일 신체활동에 참가하게 하라. 이 원칙은 질병이나 악천후, 중증의 신체장애인 경우만 제외하고 반드시 지켜야 한다.

- 남을 괴롭히거나, 아무것도 하지 않고 빈둥거리거나, 지시한 활동을 내켜하지 않을 경우에는 휴식을 취하게 하거나 신체활동에 몰두할 수 있는 다른 과제를 준다.
- 읽기와 산수를 못하는 학생들은 감각운동실로 보내 인지능력을 키워주는 연속동작, 주의집중, 정보처리과제에 몰두하게 한다.
- 휴식이나 체육수업은 선택이 아니라 의무이다.
- 신체를 다양하게 움직일 수 있는 대근육운동(gross motor, 목이나 팔, 다리 등 사지를 이용한 활동. 기기, 걷기, 달리기, 뛰기, 구르기, 나르기, 오르내리기 등의 활발한 동작과 들기, 밀기, 끌어당기기, 던지기, 받기, 차기 등과 같이 비교적 정적인 동작을 모두 포함-옮긴이)을 스스로 선택하게 하라.

AP과정을 시행하라

체육활동과 예술수업을 통해 두뇌가 '학습할 상태'가 될 때 본격적인 수업을 해야 한다. 일반적으로 학습부진 학생의 관심을 끌려면 커리큘럼을 '아주 쉬운 단계'로 낮춰서 가르치라고 한다. 하지만 한 연구(Lee & Burkam, 2003)에 따르면, 학습자 중심의 심화 교과과정을 실시한 학교가 학습난이도를 낮추어 단순하게 수업하는 학교보다 높은 성과를 냈다고 한다. 실제로 학교 수업이 별로 어렵지 않다고 말하는 아이들이 놀랄 정도로 많다(Yazzie-Mintz, 2007). 학교에 AP과정을 적극 도입하는 한편, 학생의 학습, 기억, 읽기능력 향상을 지원하는 방안을 연구하

라. 필요한 아이들 모두에게 무료 개인교습을 제공하라. 중등학교 가운데 지역단체나 대학과 멘토링협약을 맺는 학교도 많고, 봉사활동이나 추가학점 취득과정의 일환으로 개인교수를 해주는 대학생들도 있다. 커리큘럼이 복잡하고 어려울수록 학습을 위한 스킬을 배울 필요성이 더 커진다.

학습위기에 처한 학생에게 심화 교과과정을 제공하는 것은 얼핏 타당하지 않아 보이지만, 미국 전역에서 AVID 프로그램이 보인 극적인 결과는 모든 의문을 불식시킨다. 아이들에게 심화 교과과정을 충분히 해낼 수 있다는 믿음을 심어주라. 또한 성공을 위해 교사가 적극적으로 도울 것이라는 사실을 아이들이 깨달을 수 있게 하라.

뇌의 학습운영시스템 개선
(Retooling of the Operating System)

다양한 학습강화 프로그램을 도입한다고 모든 문제가 해결되지는 않는 다. 새로운 정보를 처리하려면 학생들이 먼저 새롭게 학습하고 사고하 는 방식을 터득해야 하기 때문이다. 위기에 처한 학교 입장에서는 예술 수업, 체육활동, AP과정의 도입이 '사치'로 보일 수 있겠지만, 이런 활동 이 뇌와 학습에 미치는 긍정적인 영향은 부정할 수 없다. 사실 이런 '고 급 프로그램'이야말로 학습위기에 처한 학생들의 성적 향상에 아주 중 요하다. 이 프로그램을 통해 학생들은 한 번에 여러 가지 과제를 처리 하면서 다른 정보를 검색할 수 있는 기억조작능력, 뇌에 과부하가 걸리 지 않도록 정보처리 속도를 조절하는 능력, 순서대로 처리하는 능력, 장시간 집중할 수 있는 능력 및 긍정적 태도를 익히게 된다. 이런 능력 없이 학업성적을 향상시키는 일은 거의 불가능하다.

3장에서 우리는 학생들 뇌의 학습운영시스템을 바로잡는 일이 중요하다는 사실에 대해 살펴보았다. 학습운영시스템이 좋으면 학교생활과 인생의 여러 복잡한 문제를 더 잘 해결할 수 있다. 다음 항목들의 머리 글자 CHAMPS는 학생들 뇌의 학습운영시스템에 포함되는 필수 능력 을 나타낸다.

- 챔피언 마인드(Champion's Mind-Set)

챔피언 마인드를 가진 학생들은 성공할 수 있다는 태도를 보이며, 스스로 변화할 수 있고 새로운 행동양식을 배울 수 있다는 자신감 에 차 있다. 교사는 학생들의 역할모델을 정하고, 학생들과 연관성이 있는 인물의 성공담을 들려주며 낙관주의를 심어줌으로써 챔피언 마인드를 북돋울 수 있다.

- 희망을 갖고 노력하기(Hopeful Effort)

희망을 갖고 노력하는 학생은 목표 달성을 위해 현재의 유혹을 이 겨내는 능력이 뛰어나다. 학생들의 희망과 꿈을 귀 기울여 들어주고 이를 응원하라. 목표를 설정하고 실천하는 방법을 가르쳐주면 이런 능력을 키울 수 있다.

- 주의집중력(Attentional Skills)

주의집중력이 강한 학생들은 세부사항을 배우는 데 집중하고, 필 요에 따라 관심을 다른 곳으로 돌리고, 충동적 결정을 피할 수 있는 능력을 갖추고 있다. 프로젝트기반학습(project-based learning, PBL), 탐구(inquiry), 음악훈련, 연극 및 공연예술을 통해 이런 능력을 강화할 수 있다.

• 기억력(Memory)

단기기억과 작업기억이 뛰어난 학생들은 시각정보처리 및 언어능력에서 두각을 나타낸다. 개인별 심화학습프로젝트(in-depth projects, 학생 개인별 연구과제를 주어 그 분야의 전문가가 되도록 하는 학습과정-옮긴이)와 음악, 연극 등의 활동을 통해 기억력을 키울 수 있다.

• 정보처리능력(Processing Skills)

정보처리능력이 뛰어난 학생들은 시각, 청각, 촉각정보를 잘 받아들이고 조작할 수 있다. 음악, 요리, 글쓰기, 시각예술, 비판적 사고 및 스포츠 등의 활동을 통해 정보처리능력을 키울 수 있다.

• 순서대로 처리하는 능력(Sequencing Skills)

순서대로 처리하는 능력이 뛰어난 학생들은 정리정돈을 잘하며, 전략의 적용과 일의 우선순위를 정하는 데 뛰어나다. 음악, 요리, 프로젝트, 스포츠, 수학 등의 활동을 통해 정보를 순서대로 처리하는 능력을 강화할 수 있다.

이론 및 연구

성적이 저조한 학교는 학생들의 성취도가 떨어진다는 것을 알면서도 성취도를 높이는 방법을 가르쳐주지 않는다. 학생들 뇌의 학습운영시스템을 개선한다는 것은 기억, 주의력, 정보처리 속도, 순서대로 처리하는 능력(Shaywitz et al., 1998)뿐 아니라, 지각운동능력, 청각처리능력, 문제해결능력(Gaab et al., 2007) 등을 향상시키는 것을 의미한다.

'아동낙오방지법(No Child Left Behind)'에 따라 적정 수준에 도달하지 못하는 학생들에게 매년 보충교육 서비스가 제공되지만, 대상자 중 20퍼센트의 학생만이 이 서비스를 이용한다. 제대로 된 프로그램이 없는 것도 한 이유이다(Burch et al., 2007). 그렇지만 개별 학생의 요구에 따라 맞춤학습을 제공하는 일대일 개인교습(Farkas, 1998)이나 일부 컴퓨터기반 학습모델(Gaab et al., 2007)의 경우 그 효과가 입증되었다. 일례로 패스트포워드(Fast ForWord)와 같은 컴퓨터기반 읽기 프로그램을 12주 동안 시행한 학생들은 읽기능력에서 큰 진전을 보였다(Temple et al., 2003).

학과시간은 필수과목 수업만으로도 바쁘기 때문에 보충교육 서비스를 하려면 방과후 능력개발 프로그램을 만들 필요가 있다. 예를 들면, 공공주택에 거주하는 10대 초반 빈곤층 청소년들의 성적 향상을 목적으로 만들어진 프로그램이 있었다. 프로그램에 참여한 학생들은 토론을 하고, 글쓰기와 독서, 숙제, 봉사활동을 하고, 인지기능을 활용하는 게임도 했다. 프로그램을 시작한 지 2년 반이 지나 학생들의 성적 및 출결자료를 분석한 결과, 참가학생의 읽기, 언어구사력, 쓰기, 자제력 등 모든 능력이 향상되었다. 좀 더 구체적으로는 참가자들의 읽기, 철자법, 역사, 과학, 사회 과목의 평균성적과 출석률 모두 대조군에 비해 높았다. 이와 같이 입증된 프로그램의 효과를 통해 학습부진 청소년들에게는 방과후 보충수업이 효과적이라는 것을 알게 되었다(Schinke et al., 2000).

실생활의 여러 상황이 아이들 뇌의 학습운영시스템을 강화하는 데 도움이 되지만, 가난한 환경에 처한 아이들의 경우는 위에서 언급한 CHAMPS 능력을 발달시킬 수 있는 기회가 훨씬 적다. 예를 들면 빈곤층 아이들은 부유층 또래에 비해 집중력을 키울 수 있는 게임, 스포츠, 예술, 컴퓨터기반 활동에 참여할 기회가 훨씬 적다. 여기서 주목할 점은 집중력이 모든 상위인지(higher-level cognition) 발달의 초석이 된다는 것이다(Posner, 2008).

학생이 학업성취를 가장 빠르게 이루는 방법 중 하나는 핵심 학습능력의 토대가 되는 좋은 프로그램에 참여하는 것이다. 핵심 학습능력을 익히면 다른 영역에서도 단시간에 성취를 보일 수 있다. 노력하는 자세와 감성지수도 교육을 통해 향상시킬 수 있다. IQ가 낮은 학생이 공부를 잘하도록 만들려면 이런 자질을 가르쳐야 한다(Mehrabian, 2002). 아이들이 깜짝 놀랄 정도로 빠르게 발전하는 걸 보고 싶다면, 핵심 학습능력을 향상시켜주는 것이 가장 좋다. 교육자들 중에 핵심 학습능력의 가치에 대해 이견을 달 사람은 별로 없다. 말은 쉽지만 그 것을 향상시키기는 어렵다.

실제 사례

빈곤층 학생의 학업성취를 끌어올린 학교들은 하나같이 학생들 뇌의 학습운영시스템 개선에 주력했지만, 그 방법은 조금씩 달랐다. 방과 후 보충학습에는 읽기·쓰기 훈련, 예체능수업, 필수적인 생활능력 훈련 프로그램이 있다. 이러한 프로그램은 학습부진 등의 이유로 개입 (intervention)이 필요한 학생들을 가르칠 때 채택하는 표준적인 과정 이다. 마이클 지앙그레코(Michael Giangreco)가 개발한 코칭 기법인 COACH(Choosing Outcomes and Accommodations for Children)는 학 생들이 무엇을 모르는지 평가하고, 가족이 우선적으로 바라는 사항 을 듣고, 부족한 것으로 확인된 능력을 어떤 방법으로 교육할지 결정 한다(Giangroco et al., 1998). 개인별교육계획(Individualized Education Plan, IEP)팀이 대안적 평가를 계획하고 실행하는데, 이를 통해 개선 영 역을 파악할 수 있다. COACH 프로그램은 다음과 같이 구성된다.

- 가족이 기대하는 우선적인 요구사항을 파악한다.
- 부수적인 학습성과를 설명한다.

- 학생에게 제공되는 일반적인 지원사항을 설명한다.
- 학생의 우선적인 바람을 개인별교육계획(IEP)의 목적과 목표로 바꾸어 설정한다.
- 교육 프로그램을 간략히 소개한다.
- 프로그램을 실행할 기획팀을 구성한다.
- 일반 수업을 들을 수 있도록 조정한다.
- 개인에 맞춘 교안으로 학습능률을 촉진시킨다.
- 프로그램의 효과를 평가한다.

　대체로 COACH 방법론을 이용하는 학교들은 개인별교육계획(IEP)의 목표를 확인하고, 그에 따른 학습능력 발달을 기록한다. COACH를 이용한 기획활동이 끝나면 개인별교육계획 형식에 맞추어 문서화한다. 교사들은 기대 이하의 저조한 성적에 불만을 늘어놓기보다는 문제를 진단하고, 학생들의 기본 학습능력 강화에 필요한 구체적 보충수업 과정을 설계한다. 연구(Farkas & Durham, 2007)에 의하면, 학생의 학습능력이 제대로 구축되지 않으면 학습 결과가 좋지 않다. 그러나 학생 개개인의 필요에 맞춘 학습능력향상 프로그램이 소모둠 개인교습 형태로 실시되고, 학생이 이 교습 일정에 빠짐없이 출석한다면 충분히 효과를 거둘 수 있다.
　전반적으로 낮은 학업 성취수준을 올리기 위해 이 프로그램을 일부 혹은 전면적으로 시행한 학교들이 많다. 미국과 멕시코의 접경에서 20

킬로미터 떨어진 곳에 있는 다양한 인구구성의 도시, 캘리포니아주 내셔널시티에 있는 아이라하비슨초등학교가 그 예다. 이 학교는 전교생의 60퍼센트가 히스패닉, 45퍼센트가 영어가 모국어가 아닌 영어학습 대상자(English language learners, ELLs)이고, 전원이 무료급식이나 급식비 감면 대상자이며, 전학률이 17퍼센트에 달한다. 2002년에는 영어학습 대상자의 4퍼센트, 전체 학생의 28퍼센트만이 6학년 읽기시험에서 능숙(Proficient)등급 이상을 받았고, 수학시험에서는 영어학습 대상자의 16퍼센트와 전체 학습자의 40퍼센트만이 능숙등급 이상을 받았다. 그런데 4년 후 영어학습 대상자의 23퍼센트, 전체 학생의 45퍼센트가 읽기시험에서 능숙등급 이상을, 영어학습 대상자의 38퍼센트, 전체 학생의 49퍼센트가 수학시험에서 능숙등급 이상을 받았다. 그동안 무슨 일이 있었던 것일까? 학교가 학생들 뇌의 학습운영시스템을 크게 변화시켰기 때문이었다. 특히 순서대로 처리하는 능력, 정보처리능력, 주의력 향상에 중점을 두었다. 그 후, 이 학교의 1~3학년 학생들은 매일 3시간씩 읽기능력 향상교육을 받는다. 4~6학년은 2시간씩 수업을 받고, 영어학습 대상자를 위해서는 보충수업이 지원된다.

이번에는 사우스캐롤라이나주 조지타운에 위치한 성취도 상위학교 샘핏초등학교를 살펴보자. 2005년도부터 수집한 5학년 평가데이터를 살펴보면, 93퍼센트의 학생들이 영어에서 기초(Basic)등급 이상의 성적을 받았고, 수학에서는 88퍼센트가 같은 성적을 거두었다. 이 학교는 전체적으로 읽기를 강조하며 학생들에게 '도전! 책 100권 읽기(100

Book Challenge!)'에 꼭 참여하도록 장려하는데, 이 행사는 하코트 트로피(Harcourt Trophy)와 아메리칸 리딩 컴퍼니(American Reading Company)가 후원하며 참가학교는 1년에 수차례 책을 기증받는다. 또한 '읽기촉진 프로그램(Accelerated Reader Program)'에 참여하고, 교사들은 개별적으로 학생을 지도하여 모든 학생들이 적정 수준의 읽기능력을 갖추게 만들었다.

실행전략

360도 다면평가를 실시하라

수집한 데이터를 살펴보고 학생들의 강점과 약점을 파악하라. 여섯 가지 CHAMPS 요소에 비추어 학생들이 어떤 상태에 있는지 질문을 던지는 방식으로 학생들의 강점을 찾아내라.

명확한 목표와 계획을 세우고 실행하라

학생들 뇌의 학습운영시스템을 새롭게 구축하는 과정에서 기존 프로그램을 사용할 수 있겠지만, 세부 절차는 조정해야 할지도 모른다. 변화의 속도와 질을 최적화하기 위해서는 장기적으로 학생들의 능력발달을 위한 지속적이며 일관된 지원이 필요하다. 프로그램을 일주일에 3~5일 실시하고, 하루에 30~90분 정도의 시간을 할애하라. 학생이 필요할 때마다 구체적인 피드백을 주어 학생이 프로그램의 가치를 믿고 따를 수 있도록 하라.

학생들 뇌의 학습운영시스템을 개선하라

여기에서도 CHAMPS 요소를 가이드로 삼아라.

- 챔피언 마인드(Champion's Mind-Set)

긍정적인 말과 행동으로 학생들을 대하고, 학생의 목표 설정을 돕고, 뇌가 더 좋은 쪽으로 변할 수 있다는 연구 결과를 학생들과 공유하라. 학생들이 그날그날 배운 것에 대해 신나게 이야기하게 하라.

- 희망을 갖고 노력하기(Hopeful Effort)

희망적인 표현을 사용하고, 학생들과 돈독한 관계를 형성하며, 역할 모델이 될 만한 인물의 성공담을 공유하라. 학생들의 목표 달성에 도움이 될 전략을 함께 세우고, 소소한 성공을 축하해주고, 학생들에게 멘토를 연결해 주어라.

- 주의집중력(Attentional Skills)

흥미로운 자료를 효과적으로 사용하여 독서, 예술 혹은 게임에 빠져들 수 있도록 하라. 학생들에게 체스 두는 방법을 알려주거나 블록처럼 작지만 정교한 것들을 쌓는 방법을 가르쳐주는 것도 좋다.

- 기억력(Memory)

내용을 작은 덩이로 나누거나 마인드맵과 같은 개념 오거나이저(con ceptual organizer)를 사용해 가르쳐보라. 기억을 돕는 도구나 정보를 간략한 암호로 만들어주는 도구를 제공하고, 신체활동을 장려하고 악기연습이나 체스게임 시간을 마련하라.

- 정보처리능력(Processing Skills)

패스트포워드(Fast ForWord)처럼 뇌의 정보처리효율을 향상시키는 데 효과적인 프로그램을 사용하여, 악기 연주하는 법을 익히거나 체스게임을 하게 하라. 글을 읽거나 문제를 해결할 때, 생각하는 바를 소리 내어 말하는 기법(think-out-loud)을 적용하여 비판적인 사고과정을 훈련하게 하라.

- 순서대로 처리하는 능력(Sequencing Skills)

학생들을 프로젝트기반학습(PBL)에 참여시키고, 무언가를 만들거나 수집하게 하고, 반에서 친구들에게 어떤 프로세스에 대해 설명하게 하고, 악기 연주를 연습하게 하라. 사방치기(hopscotch) 놀이나 감각운동실에서의 활동처럼 신체활동 게임을 하는 것도 좋고, 체스나 체커와 같은 보드게임을 하는 것도 좋다.

결과를 모니터하고 필요에 따라 학습능력 향상 활동을 수정하라

프로그램의 의도가 좋다고 마음 놓고 있어서는 안 된다. 교사는 학생들이 학습에 필요한 능력을 향상시킬 수 있도록 모든 노력을 기울여야한다. 프로그램을 실행하는 목적과 목표에 대해 학생들이 충분히 이해하고 활동에 참여할 수 있도록 하라. 칭찬, 격려와 같은 긍정적 피드백만이 아니라 잘못된 부분을 지적하는 부정적 피드백도 함께 주어야 한다. 이때 학생이 제대로 이해하고 고칠 수 있도록 자세하고 정확한 피드백을 준다. 프로그램이나 목표가 얼마나 복잡한가에 따라 차이가 있겠지만, 보통 4주에서 16주 사이에 결과를 확인할 수 있다.

학습능력을 향상시켜주면 학생의 학업성취가 눈에 띄게 달라질 수 있다. 단, 변화를 일으키는 데 정말 중요한 요인이 무엇인지 파악하고, 실제 변화를 일으키는 영역에 집중할 필요가 있다. 아무런 계획이나 목표 없이 일반적으로 쓰는 교수법으로는 학생에게 꼭 필요한 세부적인 학습능력을 키워줄 수 없다. 빈곤층 아이들의 학업성취도를 향상시키고자 한다면, 기본 학습능력에서 약점 영역부터 파악하여 그들의 학습운영시스템을 향상시켜야 한다. 이런 노력이 먼저 이루어져야 학생들은 교사가 제공하는 다양한 학습기회를 충분히 누릴 수 있을 것이다.

적극적 참여를 이끌어내는 수업
(Engaging Instruction)

가난한 환경에서 자란 아이들은 종종 가정에서 무관심의 희생양이 되고, 결과적으로 사회적 능력까지 뒤떨어진다. 어떻게 하면 이런 상황에서 벗어나 학생 스스로 학교를 의미 있는 공간으로 느끼게 할 수 있을까? 제일 좋은 방법은 개인의 특성과 흥미를 고려한 교수법을 통해 학생들을 수업에 참여시키는 것이다.

이론 및 연구

최근 학생들을 적극적으로 참여시키는 수업의 중요성에 대해 연구자들 사이에서 광범위하게 공감대가 형성되고 있다. 하지만 일반적으로 교실에서 이루어지는 수업은 대부분 학생의 참여를 이끌어내지 못한다.

인디애나대학이 실시한 학생의 수업 참여에 대한 대규모 설문조사에서는 8만 1천 명이라는 이례적으로 많은 학생에게 학교생활에 대한 질문을 던졌다. 안타깝게도 부정적인 답변이 대부분이었다. 중·고교 학생의 거의 절반이 매일 지루한 수업을 하고 있다고 답했고, 고교생 여섯 명 중 한 명은 모든 수업이 지루하다고 말했다(Yazzie-Mintz, 2007). 아이들이 학교에서 경험하는 일상의 문제들이 해결되기를 바란다면 바로 이 문제에서 출발해야 하지 않을까?

많은 교사들은 학급훈육(classroom discipline), 즉 학생지도가 가장 어려운 과제라고 토로할 것이다. 시중에는 이미 교사가 쉽게 따라할 수 있는 학생지도 프로그램을 소개한 책이 많이 나와 있다. 근무시간의 5분의 1 이상을 학생지도에 쓰는 8학년 교사가 일반학교에서는 12퍼센트 정도인데 비해, 사회경제적으로 어려운 학생의 비율이 40퍼센트 이상 되는 학교에서는 21퍼센트나 되는 것은 그리 놀랄 만한 일이 아니다(Lippman et al., 1996). 이것은 빈곤지역 학교의 교사 대부분이 교육에 쏟아야 할 소중한 시간을 학생지도에 낭비하고 있다는 것을 의미한다. 1년에 1,000시간의 수업을 하는 학교라면 200시간에 해당하는 수치이며, 이는 학생들의 행동을 교정하는 데 5주를 통째로 쓴다는 것을 의미한다.

빈곤층 아이들이 학교생활을 힘겨워한다는 것은 모두 알고 있다. 문제행동에 일일이 신경 쓸 시간이 없다. 어떻게 하면 학생들이 공부하려고 마음을 다잡을지 고민하는 쪽으로 생각을 바꾸어야 한다. 수업에 흥미를 갖고 참여하는 아이들은 문제를 일으키지 않을 것이고, 수업이 지루한 아이들은 말썽을 피우기 마련이다.

일반적으로 참여형 수업이란 학생들이 감정, 인지, 행동 면에서 적극적으로 참여하는 수업을 의미한다. 교사가 수업시간에 흥미를 자극하고 동기를 부여할 때 학생들은 자발적으로 참여한다. 즐거운 놀이나 지적인 도전, 상호작용 및 교사의 열정을 통해 참여를 이끌어낼 수도 있다. 이 과정에 대해 많은 연구가 진행되었지만 참여형 수업에 대한 이론이나 실천방안은 연구자마다 차이가 있다(Jensen, 2003; Marzano, 2007; Reeve, 2006). 고등학생들이 좋아하는 토론과 논쟁, 예능활동, 조별 프로젝트, 연극 등과 같은 활동은 학교에서 접하기 힘든 경우가 많다([도표 5.1] 과 [도표 5.2] 참고).

초등학생은 중고교생에 비해 학교생활에 더 많이 참여하지만, 여전히 문제가 있다. '아동초기 양육 및 발달 연구(NICHD Study of Early Child Care and Youth Development)'를 위해 3년간 2,500개 이상의 1, 3, 5학년 교실에서 1,000명 이상의 학생을 대상으로 실시간 관찰을 해본 결과, 5학년 학생 대부분이 학교생활의 93퍼센트에 해당되는 시간을 혼자 앉아서 공부하는 데 쓴다는 사실이 밝혀졌다(Pianta et al., 2007, [도표 5.3] 참고).

한 연구에 따르면 학생 참여의 주요 척도들은 다음과 같다(Jone et al., 1994).

- 학급 전체를 위해 해야 하는 일이나 심부름, 또는 간단한 질문에 답하는 일에 학생들이 자발적으로 참여한다.
- 교사가 요청한 일을 바로 수행한다. 교사가 계속 잔소리를 할 필요가 없다.
- 클럽활동, 스포츠, 모임 등의 방과후활동에 참여한다.
- 모둠활동을 할 때 친구들의 이야기를 열심히 듣고, 질문을 던지며, 자기 몫을 해낸다.

[도표 5.1] **학생들이 좋아하는 학습형태**

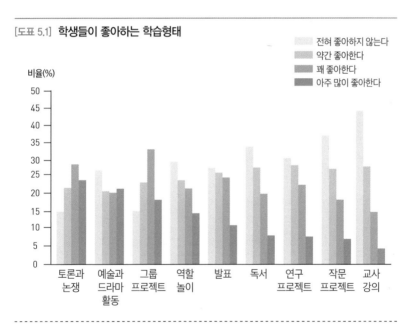

출처: 「Voices of Students on Engagement: A Report on the 2006 High School Survey of Student Engagement(참여에 관한 학생의 목소리: 학생참여도에 관한 2006년 고등학교 조사보고서)」(Yazzie-Mintz, 2007), Bloomington, IN: Center for Evaluation and Education Policy, Indiana University.

[도표 5.2] 학생들은 학교에서 얼마나 자주 지루해할까

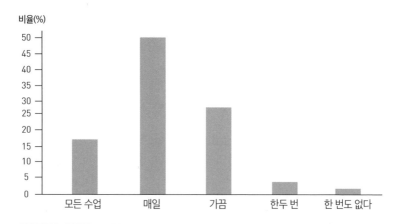

비율(%)

모든 수업　매일　가끔　한두 번　한 번도 없다

※ 위의 막대그래프는 "고등학교 수업에서 지루했던 적이 있습니까?"라는 설문에 대한 학생들의 답을 나타낸 것이다.

출처: 「Voices of Students on Engagement: A Report on the 2006 High School Survey of Student Engagement(참여에 관한 학생의 목소리: 학생참여도에 관한 2006년 고등학교 조사보고서)」(Yazzie-Mintz, 2007), Bloomington, IN: Center for Evaluation and Education Policy, Indiana University.

[도표 5.3] 5학년 수업활동 분포

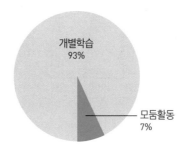

개별학습
93%

모둠활동
7%

출처: 「Teaching: Opportunities to Learn in America's Elementary Classrooms(교수: 미국 초등학교에서 학습기회)」(Pienta et al., 2007)「Science」, 315권(5820호), pp. 1795-1796.

- 학습내용과 진도를 결정할 때 적극적으로 참여하고, 까다로운 자료조사 활동에도 참여하며, 프로젝트 수행 시 아이디어를 내고, 인터넷을 활용해 새로운 내용을 스스로 발견한다.

학생의 참여도는 교사 및 학교의 학습분위기에 대해 많은 것을 이야기해준다. 학생들이 주의를 기울이고 자발적으로 배우려고 할 때 참여가 일어난다. 이 책에서 소개한 모든 학교는 학생의 참여를 수업의 제1순위에 놓고 있다. 참여학습의 원칙과 장점을 가장 잘 보여주는 몇몇 학교의 사례를 좀 더 자세하게 살펴보자.

실제 사례

2003년 1월 캘리포니아주 샌베르나르디노 소재 커티스중학교(Curtis Middle School)는 폐교 위기를 겨우 넘겼다. 그보다 더 최근에는 매년 충족시켜야 하는 연간적정향상도(adequte yearly progress. AYP) 기준 25개 중 13개 영역을 통과했다(연간적정향상도평가에서 작년 기준보다 연속 퇴보하면 시정 프로그램을 2년 시행하고, 그 후에도 기준을 넘지 못하면 교정 프로그램을 2년 동안 강도 높게 시행한 다음, 5년째에도 기준을 넘지 못할 경우 구조조정 계획에 들어간다. 6년째에도 기준을 넘지 못하면 폐교하거나 차터스쿨로 전환해 운영하게 된다-옮긴이). 이 학교는 전체 학생의 97퍼센트가 무상급식이나 급식비 감면 대상자다. 학교 당국은 교사들이 학교의 리더가 되었기에 이런 변화가 가능했다고 말한다. 교사들은 학생의 동기유발과 참여를 높이는 방안을 찾기 위해 학교 차원에서 교사학습공동체(professional learning community, PLC)를 체계적으로 조직하고 함께 공부했다.

교사들은 직무능력 개발을 위해 매주 2시간씩 시간을 할애하여 다섯 달 동안 연구, 관찰, 협력, 실행, 평가단계를 이행했다. 첫 번째 달에는 교수전략에 대해 연구하고 조사했다. 두 번째 달에는 모임을 이끄는 교사가 다른 교사들에게 교수전략에 대해 자세하게 설명했다. 이후 교사들은 각자의 생각이나 의견을 나누면서 설명을 들은 후에도 여전히 남아 있는 궁금증을 해소하려고 노력했으며, 실제 수업에 적용할 수 있는 방안에 대해 토론했다. 그런 다음, 행정가처럼 실행에 필요한 여러 비공식적인 자료를 수집한 후에 교수전략을 실제 수업에 적용했다. 끝으로, 교수전략을 더 효과적으로 적용하는 방법을 찾기 위해 학생들의 수행 결과물과 과제를 평가하고 자가진단을 실시했다. 이러한 직무향상 프로젝트로 교사들 사이에 신뢰와 협력문화가 싹텄고, 학교 전반적으로 가족적인 분위기가 조성되었으며(Atkins & Rossi, 2007), 문제행동을 지적하는 일은 사라지고 학생의 참여는 점점 늘어났다.

7학년에서 12학년(중학교 1학년에서 고등학교 3학년)까지 600명의 학생들을 가르치기 위해 설립된 자립형 공립 차터스쿨(charter school, 협약에 따라 정부가 재정을 지원하고 민간이 지역 특성에 맞게 교과과정을 독립적으로 운영하는 공립학교-옮긴이)인 샌디에이고의 '하이테크하이(High Tech High)'는 개인화, 직업세계와의 연계, 지적탐구 공통과제라는 세 가지 원칙에 의해 운영되고 있다. 이 학교는 지역에 위치한 하이테크놀로지 기업 리더들과 교육자들이 산업체의 인력수요에 맞게 인재를 육성하자고 합의하면서 설립되었다. 학교 구성원들을 적극적으로 참여시키기 위해 혁신기술이 도입됐다. 학교가 채택한 혁신기법으로는 수행기반평가, 교과협의 정례화, 프로젝트 학습을 위한 최신 기술장비, 전교생의 인턴십, 하이테크하이 작업장과의 밀접한 연계 등이 있다.

하이테크하이는 수행평가 방식의 학교다. 모든 학생은 자신들의 작업과 학습의 전체적 상황을 보여주는 디지털 포트폴리오를 만들어야 한다. 디지털 포트폴리오에는 개인목표 진술서, 이력서, 샘플작업들과 프로젝트 및 인턴십에 대한 정보 등이 포함된다. 디지털 포트폴리오는 기존 중·고교 성적표 형태로도 변환되어 주립대학과 단과대학 및 종합대학이 사용하는 표준성취도 측정 결과와 동일한 형식으로 학생들의 학업 및 교육성취도를 보여준다. 학생 프로젝트에는 로봇, 호버크래프트(hovercraft, 선체 밑바닥에서 분출되는 세찬 바람을 이용해 수면과 거의 같은 높이로 이동하는 수송수단-옮긴이), 잠수함 제작, 2차 세계대전 중 일본의 포로수용소에 관한 비디오 제작 등도 포함된다. 예술교육도 커리큘럼 전반에 통합되어 전교생을 대상으로 실시된다.

또한 하이테크하이는 프로젝트기반학습에 중점을 두어 학생 개인이 직업과 연계할 수 있도록 도와준다. 학생들은 개인적 흥미와 열정을 탐색하면서, 현직 근무자들과 협력하며 일할 기회를 갖는다. 이것은 성적을 매기는 수업보다도 더 중요한 활동이다. 모든 학생은 2학년 혹은 3학년 때 적어도 한 차례의 장기인턴십을 수료해야 한다. 이 학교의 모든 졸업생들은 대학에 진학했으며 학업성취지표(academic performance indicator, API) 순위는 주 10위이다. 이는 캘리포니아주 전체 상위 10퍼센트 안에 드는 성적이다. 히스패닉계 학생들이나 불우한 청소년들 집단에 국한한다면 주에서 가장 높은 평가 점수를 기록한 셈이다.

캘리포니아주 롱비치에는 학생참여도에 대한 걱정이 전혀 없는 극빈학교가 하나 있다. 학교의 설립 이사인 마빈 스미스(Marvin Smith)는 빈곤층 아동에게 교육기회를 제공하고자 학교를 세웠다. 혁신적인 변화를 이루어낸 다른 빈곤학교처럼, 마이크로 엔터프라이즈(Micro-Enterprise) 차터스쿨은 학업과 대입준비를 위해 엄격한 교육과정을 운영하고 있다. 모든 학생이 대입준비과정을 듣는데, 여기서는 대학진학을 위해 필요한 학과지식, 사회성 스킬, 등록금 조달전략 등도 수업시간에 직접 배운다. 하지만 이 학교의 탁월성이 가장 잘 드러나는 부분은 목표 자체보다는 목표를 성취하는 방식이다. 이 학교는 사회경제적 수준 차이로 인해 디지털 기기를 이용하고 정보를 습득하는 데 차이가 생기는 디지털 정보격차를 없애기 위한 도구를 제공하고, 학생들은 여러 가지 기술 관련 도구들(예를 들면 멀티미디어 발표, 스프레드시트 이용, 웹디자인 및 기타 프로젝트 관리도구들)을 실생활과 관련된 상황에서 익힌다. 모든 학생들이 사회적 기업에 참여해 지역봉사 프로젝트를 수행하면서 미래에 어떤 직업을 가질지, 혹은 어떤 사업을 할 수 있을지에 대해 생각할 기회를 갖고, 수업시간에 배운 리더십 역량을 바탕으로 초소형기업을 디자인하고 실제로 운영해보기도 한다. 이 학교는 최상의 졸업률을 보이고 있으며, 학생들은 이 학교에 서로 오고 싶어 한다.

실행전략

학생들의 참여를 이끌어내는 가장 강력한 방법은 학생들이 스스로 학습에 대해 책임을 지도록 하는 것이다. 책임감 있는 학생들은 교실에서 자기 자리가 어디인지, 같이 공부할 파트너가 누구인지, 학습자료들은 어디에 있는지 알고 있다. 자신을 잘 통제하고, 의미 있다고 느끼는 학습목표를 제안하기도 하고, 공부하는 데 따르는 어려움을 털어놓기도 한다. 시간관리를 잘하고, 루브릭이나 체크리스트를 이용해 스스로 학교생활의 질을 점검한다. 이런 학생들은 공부를 하면서 열정과 기대를 키우고 즐거움을 맛볼 가능성이 높다. 또한 다른 학생들과 함께 협업하고 탐구하며 발견하는 과정에서 얻은 바를 실생활 속에서 응용한다. 이런 학생들에게 교사는 코치나 학습촉진자가 되어 그들이 원하는 목표를 달성하도록 안내하는 역할을 맡는다. 물론 모든 학생이 준비된 상태로 수업에 임하지는 않는다. 그들을 준비시키기 위해서는 교사의 격려와 가르침, 코칭과 지원이 필요하다.

능력 있는 교직원을 발굴해서 고용하고 교육하라

이 과정을 시작하려면 컨퍼런스에서 해당 분야 최고의 사람들을 만나 최고의 능력을 가진 교사들을 데려오기 위한 방법을 논의하라. 지역에서 가장 능력 있는 교사들을 만나 최고의 교사들을 학구 내에서 가장 어려운 학교에 오게 하려면 어떤 것이 필요한지 물어보라. 통근하기가 너무 힘들다고 하는 사람도 있을 것이고, 새로운 동료들을 만나고 싶다는 사람들도 있고, 학교건물에 페인트칠을 새로 해야 하지 않겠느냐고 말하는 사람도 있을 것이다. 능력 있는 교사들을 불러들이기 위해 어떤 노력을 기울일지 결정하라.

학생들이 수업시간을 어떻게 느끼는지 알아보라

교사가 아이들과 같이할 수 있는 시간은 주당 30시간에 불과하며, 이 시간 동안 교육에 매진하지 않는다면 이들의 삶을 바꾸는 일은 불가능하다. 10개 문항으로 된 간단한 설문조사를 실시하여 학생들이 얼마나 자주 학습에 흥미를 느끼는지, 얼마나 자주 지원을 받는지, 얼마나 자주 학습과정에 활발히 참여하는지 알아보라. 학생들을 지속적으로 몰입시키는 데 실패하고 있다면, 그것은 아이들이 학습으로부터 멀어지고 있다는 것을 의미한다. 학생들이 수업시간에 얼마나 자주 지겹다고 느끼는지 알아보라. 이에 대해 많은 교사들에게는 실증적인 증거가 필요하다. 그래야 그들이 가르치고 있는 아이들이 몰입은커녕 참여하고 싶은 기분조차 느끼지 못한다는 사실을 인정하게 될 것이다.

학생들에 관한 자료를 교사들과 공유하고 함께 전략을 세워보라

데이터를 확보했다면, 교사들과 위협적이지 않은 분위기 속에서 이를 공유하라. "여기 계신 선생님들이 얼마나 지루한 수업을 해왔는지 알겠네요."라고 말하기보다는 "아이들의 얘기는 이렇습니다."라고 이야기하라. 이 설문은 피드백을 하자는 의도에서 하는 것이지, 누군가에게 책임을 묻자는 것이 아니다. 향후 문제를 해결하기 위해 필요한 지원이 무엇인지 살펴보고, 그룹별로 자유롭게 토론하거나, 학생들의 참여를 이끌어내는 데 특별히 소질이 있는 교사들의 아이디어를 모아 학생들을 참여시키기 위해 사용할 수 있는 전략을 목록으로 만들어보라.

매주 한 가지씩 전략을 추가하고 결과를 모니터하라

학생들을 수업에 몰입시킨다는 것은 상호작용을 하고, 더 많은 정보통신기술을 사용하게 하는 것 이상을 의미한다. 실제로 학생들의 참여를 이끌어내는 데 탁월한 능력이 있는 교사들은 학생들이 수업시간 내내 다른 데 눈을 돌리지 못하게 만드는 여러 전략들을 사용한다(Jensen, 2003). 매주 한 가지씩 새로운 전략을 도입한다면 다른 교사들도 충분히 성공할 수 있다. 교사들이 새로운 전략을 고안하여 익숙해지고, 필요에 따라 수정하면서, 궁극적으로는 의식적인 노력 없이도 자연스럽게 전략을 사용할 수 있도록 하라. 목표는 학생들의 흥미를 유지시켜 수업시간 내내 적극 참여하고, 배우는 내용을 잘 받아들이게 만드는 것이다. 다음과 같은 전략을 사용하면 충분히 실현 가능하다.

- 학생모둠을 다양하게 편성하라. 학생들이 같은 조원들과 10~20분 함께하고 다른 친구들을 만날 수 있도록 수업시간을 조정하라. 짝활동, 모둠활동, 학급전체활동 등 다양한 포맷을 이용하거나 특별 모둠활동을 시도해보라.

- 학습정거장, 교실 바꾸기, 학급 합치기 등의 방법으로 학생들을 이동하게 하라. 교실 바꾸기를 하면 신체활동 수업을 잘하는 교사가 다른 교사에게 시범을 보일 수 있고, 학생들은 에너지를 발산할 수 있는 시간을 갖게 된다. 학급을 합치는 경우에는 댄스나 단체 파도타기 등의 의식으로 분위기를 고조시킬 수 있다.

- 흥미진진한 질문을 하라. 단, 답변하기 애매한 질문은 피하라. 학급 전체가 대답할 수 있는 질문을 하라. 예를 들어 "지난주에 누가 그 영화 봤니?"라고 묻기보다는 "영화에 나오는 이런 경험을 해본 친구들이 얼마나 있을까?"라고 질문하라. 이런 질문은 영화를 보지 않은 학생들도 소외감을 느끼지 않으면서 영화에 나온 경험을 공유할 수 있다.

- 어떤 대답이든 존중하고 인정해주는 것이 중요하다. 의견을 제시할 때마다 고마워하는 습관을 들이면, 더 많은 학생들이 발표하기 위해 손을 들게 될 것이다. 학생들의 말 한마디 한마디를 평가해야 한다는 부담을 가져서도 안 된다. "흠, 네 이야기가 전부 맞는 건 아니야."가 아니라 "이야기해줘서 고마워. 다른 친구들의 이야기를 더 들어보고, 네 의견이랑 모아서 어떤 답을 얻을 수 있을

지 보자."라고 말하라.

- 학생들의 에너지를 발산할 수 있게 하는 활동, 게임, 연극, 시뮬레이션, 그리고 기타 적절한 시범전략을 이용하라.
- 내용 상기시키기, 아는 사람 손들고 대답하게 하기, 개념 설명하기, 괄호 채우기, 복습용 질문하기 등을 통해 학습내용을 기억하게 하라.
- 학생들이 배우는 내용에 흠뻑 빠져들 수 있도록 감정을 담아서 학습내용을 전달하라.

빈곤층 학생들을 배려해주지 않는 학교와 교실에 익숙한 아이들을 수업에 참여하게 만드는 일은 쉬운 일이 아니다. 하지만 이 아이들도 수업에 따라서 놀랄 만큼 긍정적으로 바뀔 수 있다. 가령 학생들은 자신을 둘러싼 물리적 환경과 소통하고 서로 교류하면서 새로운 개념을 발견하고 여러 가지 스킬을 적용해본다. 또한 그동안 배운 내용을 종합하는 과정에서 스스로 인류의 지식저장고에 중요한 공헌을 할 수 있는 지식생산자가 된다. 무엇을 어떻게 배우는가는 그 자체로도 중요하지만, 학생 스스로 자신의 가치를 확인하는 일이라는 점에서 더욱 소중하다.

여기에서 한 가지 짚고 넘어가야 할 것이 있다. 소득수준에 상관없이 학생들이 한 시간 또는 하루에 받아들일 수 있는 학습내용의 양에는 한계가 있다. 우리의 뇌는 '점화효과(priming effect)'의 영향을 받기 때문에 어떤 사람의 이름이나 사건정보를 접하면 그와 관련된 단순한 개념들이 연달아 떠오른다. 하지만 내용을 제대로 배우고 이해하려면 그 내용을 처리하는 데 시간이 필요하다. 기억 속에 저장된 어휘나 배경지식이 부족해서 새로 입력된 정보를 이해하는 데 어려움을 보일 수도 있다. 작업기억의 한계도 있고 새로운 정보가 신경연결을 만들기 위해 단백질과 포도당을 다시 만들어내는 데 시간이 걸릴 수도 있다. 간단히 말해서, 학생이 수업에 집중하게 하려면 새로운 정보를 처리하는 데 충분한 시간을 줘야 한다.

새로운 내용을 효과적으로 이해하도록 도와주는 수백 가지 전략이 있지만(Jensen & Nickelsen, 2008), 무엇보다 중요한 것은 전략을 실행하는 데 쓰는 시간이 얼마나 되느냐다. 새로운 내용을 가르치는 시간이 전체 수업의 50퍼센트를 넘어서는 안 된다. 교사가 수업시간의 절반 이상을 학생들이 각자 배운 내용을 이해하고 받아들이는 데 할애한다면, 학생들은 그 내용을 더 오래 기억할 것이다. 가르치는 속도가 빠르면 학생들이 내용을 잊어버리는 속도도 빨라진다는 사실을 명심하라(Alvarez & Cavanagh, 2004; Izawa, 2000; Klingberg, 2000; Todd & Marois, 2004; Wood, 2002).

이 장에서 논의된 전략들은 가난한 환경에서 자란 학생이 성공할 수 있는 방법에 초점을 두었지만, 사실 이런 전략들은 소득수준과 관계없이 모든 학생에게 적용될 수 있다. 이 전략들을 특정한 학생집단에 한정해서 적용할 필요는 없다. 단지 빈곤아동이 많은 학교에서 좀 더 두

드러지는 효과를 보일 뿐이다. 예를 들어 1,000명의 아동에게 비타민 보충제를 나눠준다고 해보자. 평소에 잘 먹고 운동도 하고 스트레스 관리를 잘하는 아이들은 별다른 효과가 없을 수 있다. 그러나 잘못된 생활습관을 지닌 아이들은 비타민 보충제를 복용하면서 건강상태가 눈에 띄게 좋아질 수 있다. 마찬가지로, 학급에서 사용되는 전략이 모든 학생에게 큰 영향을 미치지는 않을 수 있다. 그러나 어떤 학생은 인생이 뒤바뀔 만큼 변할 수도 있다는 사실을 명심하라.

학급 차원의 변화를 위한 핵심 개념: SHARE 모델		
SHARE 모델	**개념**	**실행 계획**
Standards-Based Curriculum and Instruction	성취기준에 기반한 교육과정 및 교수법	학생들에게 의미 있는 단위로 학습 세부목표와 내용을 재구성하라.
		사전평가를 실시하여 학생들의 배경지식 수준을 측정하라.
		사전평가 결과에 따라 교안을 조정하라.
Hope Building	희망 심어주기	학생과 교직원을 대상으로 희망에 대한 설문을 실시하라.
		하루 24시간, 주 7일 내내 희망을 불어넣어라.
		결과를 모니터하라.
Arts, Athletics, and Advanced Placement	예술, 체육 및 심화학습(AP) 과정	예술 프로그램을 전폭적으로 시행하라.
		신체활동을 강화하라(최소 하루 30분, 주 5일).
		심화학습(AP)과정을 시행하라.

학급 차원의 변화를 위한 핵심 개념: SHARE 모델		
SHARE 모델	개념	실행 계획
Retooling of the Operating System	뇌의 학습운영 시스템 개선	학생들의 강점과 약점을 파악할 수 있도록 360도 다면평가를 실시하라.
		명확한 목표와 계획을 세우고 실행하라.
		학생들 뇌의 학습운영시스템을 개선하라.
		뇌의 주요 학습능력을 향상시켜라.
Engaging Instruction	적극적 참여를 이끌어내는 수업	능력 있는 교직원을 발굴해서 고용하고 교육하라.
		학생들이 수업시간을 어떻게 느끼는지 알아보라.
		학생들에 관한 자료를 교사들과 공유하고 함께 전략을 세워보라.
		매주 한 가지씩 전략을 추가하고 결과를 모니터하라.

6장

마법의
교수법

호킨스 선생의 수업일과를 통해 이 책에서 다룬 개념들을 정리하고자 한다.
수업 전 준비, 수업시간 배분, 학습내용 전달, 학습환경 구축과정에서
각 개념과 전략들을 어떻게 적용할 수 있는지 알아본다.

"교사의 마음가짐이
아이를 바꾼다."

노련한 호킨스 선생은 자신에게 변화가 일어나고 있음을 느낀다. 교사
라는 직업과 학생들, 자기 자신을 대하는 마음가짐을 새롭게 다잡기로
한 것이다. 그는 '이제 새롭게 시작하는 일만 남았다'라고 말한다. 지금
호킨스 선생이 마주한 도전적 과제는 새로운 전략들을 몸에 익혀서 역
사수업에 적용하는 것이다. 지금까지는 '교단에 서서 강의'하는 스타일
이었지만 이제 호킨스 선생은 진정한 변화를 위해서는 자신이 먼저 변
해야 한다는 것을 알고 있다. 그러나 호킨스 선생에게는 약간의 도움이
필요하다. 교수법 향상에 관한 책을 읽었으므로 무엇을 해야 하는지는
안다. 그렇지만 그 기법을 정확히 언제 어떻게 활용하는지는 아직 모른
다. 이제 호킨스 선생에게 퇴직은 다른 의미로 다가온다. "이 과제를 빨
리 해결해야 하는데 퇴직할 때가 너무 빨리 다가오고 있어."라는 생각
이 드는 것이다.

변화의 시나리오

학교의 전반적인 정책과 상관없이 학생들을 매일 대면하는 교사의 역할이 중요하다는 사실은 분명하다(Nye et al., 2004). 학교에 뛰어난 교사가 단 한 명뿐이라면 그 교사가 다른 교사들에게 역할모델이 될 수 있을 것이다. 교사가 다른 교사의 수업을 참관하기 위해 교실을 비워야 할 경우 교장은 그 수업을 임시로 맡아줄 대리교사를 투입해야 한다. 백 번 듣는 것보다 한 번 직접 보고 경험하는 것이 나을 때가 있다.

6장은 호킨스 선생의 평상시 월요일 수업일과를 통해 이 책에 나온 핵심 개념을 총정리하고자 한다. 실제 수업일과가 소개되어 있어 교사들이 책에 나온 교수전략을 자신의 수업에 어떻게 적용할지 좀 더 실질적으로 생각해볼 수 있다. 이 책에 소개된 모든 전략이 여기에 언급되지는 않았다. 일부러 몇 가지를 제외한 것이 아니라 교사의 일과를 굳이 분 단위로 나열하여 구구절절 설명할 필요가 없기 때문이다. 일반적인 내용에 대해서는 교사들이 이미 알고 있다고 가정한다. 대신 여기에서는 가장 중요하게 여겨야 할 요소에 초점을 맞춰, 뇌기능을 향상시키고 학생의 삶을 풍부하게 할 차별적인 전략에 더 주력했다. '마법의 교수법'이란 그런 중요한 부분에 집중하는 교사의 능력을 말한다. 눈앞에 곧 펼쳐질 마법의 순간을 위해 하나씩 준비해보자.

수업 시작 전

자료 수집

호킨스 선생은 남학생 15명, 여학생 17명 총 32명의 학생에게 역사를 가르친다. 그중 2명은 임신을 했고, 5명은 부모가 아닌 양육자 손에서 자란다. 호킨스 선생은 설문조사를 통해 8명이 NBA 농구를 좋아하고, 22명은 음악에 빠져 있고, 대다수가 신체활동형 학습자(kinesthetic learner, 신체활동이나 직접 만져보는 경험을 통해 학습할 때 가장 잘 배우는 학습자-옮긴이)라는 것을 알아냈다. 학생의 80퍼센트가 작문과 독해 점수가 낮다는 사실도 확인했다.

수업 계획

호킨스 선생은 수업을 따라가기 힘든 일부 학생들을 고려해 그 학생들이 수업을 잘 따라올 수 있도록 미리 계획한다. 내용을 가르치기 전에 새로운 어휘도 가르쳐주고, 흥미를 유발하고 간단한 복습도 할 생각이다. 수업을 준비하면서 이렇게 자문해본다. "학생들을 어떻게 몰입시킬까? 어떻게 하면 생동감 넘치는 수업이 될까? 어떻게 하면 수업 내용을 더 잘 기억할까?" 그러면서 호킨스 선생은 아이팟(iPod)에 수업 시작을 알리는 음악, 명상음악, 신나는 음악, 자습할 때 사용할 배경음악, 효과음악, 수업 마무리 음악 등 주제별·용도별로 음악을 준비해둔다.

개인적인 준비사항

호킨스 선생은 수업 전에 물을 마시고, 에너지 보충을 위해 영양이 풍부한 간식도 먹고, 좋아하는 음악을 들으면서 학생들을 맞이할 준비를 한다. 교사 자신의 몸과 마음이 긍정적이어야 학생들과 기분 좋게 수업을 하게 된다는 것을 알기 때문이다.

긍정적인 학급환경 조성

학급환경을 바꾸는 데는 어느 정도 한계가 있으므로 호킨스 선생은 가장 중요한 부분에 집중한다. 그는 환기를 시키고, 소음을 최소화하고, 조명을 충분히 밝혀둔다. 그리고 교실 뒤에 유용한 포스터를 붙인다. 새로운 단어목록, 모범작문 샘플, 모둠별 활동사항 그래프, 앞으로 배우게 될 핵심 개념, 긍정적인 문구 등이다. 자기 선에서 할 수 없는 일은 그냥 넘어간다. 학생들이 교실에 들어오기 시작하면 〈아무도 우릴 막을 수 없어(Ain't No Stopping Us)〉, 〈최선을 다한다면 넌 해낼 수 있을 거야(You Can Make It If You Try)〉, 〈나는 좋은 것에 흠뻑 빠져있어(I'm into Something Good)〉, 〈넌 나에게 최고야(You Are My Number One)〉등 흥겹고 긍정적인 음악이 흘러나온다.

수업 초반 10분

관계 형성

월요일 아침마다 호킨스 선생은 교실 입구에서 긍정적인 인사말로 학생들을 맞는다. "안녕, 재스민! 만나서 반가워, 멋진 한 주 보내자." 다른 요일에는 이런 인사를 하지 않지만, 특별히 월요일에는 한다. 학생 한 명 한 명에게 인사를 건네며 멋진 한 주를 여는 것이다.

수업 시작

호킨스 선생은 자신이 제공한 긍정적인 노래들 중에서 학생들이 고른 '학급노래'를 들려준다. 그는 수업 시작을 알리는 종이 울려도 아이들이 1분 정도 이야기를 가볍게 나눌 수 있도록 학급노래를 계속 틀어놓는다. 아이들이 주말에 무슨 일이 있었는지 이야기를 주고받는 동안, 그는 아이들의 생활에 대해 자연스럽게 알게 된다. 누가 임대료나 관리비를 못 내서 집주인에게 쫓겨났는지, 누가 아픈지, 누구네 부모가 가출을 했는지, 심지어 동네에서 누가 죽었는지도 알게 된다. 학생들이 안부를 나누는 동안 어떤 말, 어떤 몸짓을 하는지 관심을 기울여 지켜보기만 하면 된다. 노래가 끝나면 수업을 시작한다.

소속감 높여주기

호킨스 선생은 사회성을 높이고 저마다 소속감을 느끼도록 학급을 팀으로 나누었다. 학생들이 자기 팀을 찾아서 자리에 착석하는 것으로 수업을 시작한다. 학급노래가 끝났는데도 팀원이 전원 착석하지 않으면 팀 점수를 잃게 된다는 것을 학생들 모두 안다. 팀 점수가 높으면 '자랑할 권리'를 부여받는다. 다른 특권은 없다. 팀마다 팀명, 응원가, 대표가 있다. 팀별 주간성적표는 벽에 게시된다. 팀 대표는 학생들이 돌아가면서 맡기 때문에 누구나 학기 중 한 번은 팀을 이끌 수 있다. 매주 학생들은 프로젝트를 같이할 뿐만 아니라 팀워크 강화활동도 한다.

출석 확인

출석 확인, 공지사항 전달과 같은 일은 수업 시작 30~60초 안에 팀 대표들이 맡아서 한다. 팀 대표들은 각 팀원의 출결을 보고하고, 한 명씩 돌아가면서 전체 학생에게 공지사항을 알리는 역할을 맡는다. 이때 호킨스 선생은 팀 대표에게 "목소리 크기가 참 적절했어."라는 식으로 칭찬을 하고, "말할 때는 먼저 친구들 전체를 쭉 훑어본 후 하는 게 좋지." 라며 고쳐야 할 점도 지적한다. 이 과정을 통해 아이들은 바른 태도와 사회생활에 필요한 스킬을 배운다.

실제 삶과 연결시키기

매주 월요일 호킨스 선생은 주말에 있었던 일을 학생들에게 이야기한다. 웃긴 일도 있고 안타까운 일도 있다. 드라마틱하거나 아주 사소하거나 궁금증을 자아내는 일일 수도 있다. 호킨스 선생이 사생활에 대해 이야기하는 1~2분 동안 학생들도 선생에게 인간적인 유대감을 느낀다. 아이들이 살아가는 데 있어 안정적으로 돌봐주는 어른이 정말 중요하다는 사실을 호킨스 선생은 알고 있다. 선생은 가끔씩 일상에서 부딪치는 문제를 말하기도 한다. 차량등록, 아내와의 말다툼, 온라인 계좌 개설과 같은 소소한 문제들이다. "여러분이라면 어떻게 하겠어요? 살다가 이런 일에 부딪치면 이 난처한 상황에서 어떻게 빠져나와야 할까요?" 이와 같은 질문을 던지고 학생들이 팀별로 문제해결방안을 마련해보게 한다. 이런 간단한 활동을 통해 학생들은 문제해결능력을 키우고, 삶에서 마주치게 될 다양한 문제에 대처하는 법을 배우게 된다. 호킨스 선생은 학생들에게 수동적으로 살지 말고, 일상의 문제에 적극 맞서며 능동적으로 살라고 주문한다.

두뇌 시동걸기

호킨스 선생은 7~8개 정도 복습전략을 준비해두고 수업을 시작할 때 그중 하나를 써서 지난 수업 내용을 신속히 복습한다. 별다른 준비 없이 최소한의 자료로 5분 안에 실시한다. 오늘의 복습전략은 팀별로 빈칸을 채우는 활동이다. 호킨스 선생은 파워포인트를 사용해 지난 수업에서 배운 핵심 개념을 그래픽으로 보여준다. 전체 25~30개의 단어 중에 12개가 마인드맵에 빈칸으로 남아 있다. 각 팀은 3분 동안 어떤 단어를 어디에 채워야 할지 생각해내야 한다. 팀별로 경쟁을 시키되 과도한 경쟁이 되지 않도록 적정선을 유지한다. 3분 제한시간이 지나면 활동 결과를 살펴보는 시간을 가지면서 오답을 바로잡는다. 이런 활동을 통해 학생들은 지난 시간에 배운 내용을 복습하고, 호킨스 선생은 어디에 초점을 두고 가르쳐야 할지를 파악한다.

핵심 수업시간

관련성 맺기

학생들의 주의를 집중시키고 나면 흥미를 유지시켜야 하는 까다로운 문제에 봉착한다. 주제가 학생들의 관심과 일치하고 학생들이 학습주제에 공감하면 뇌의 신경세포 연결이 활성화되기 시작한다. 이런 과정을 통해 새롭게 형성된 신경세포의 특정 연결구조는 학생의 마음상태에 영향을 준다. "오늘 여러분은 모든 사람이 보는 앞에서 대통령 선거를 빼앗긴 한 후보자의 이야기를 듣게 될 겁니다. 모든 과정은 합법적이었어요. 어떻게 된 일일까요? 팀별로 의논해보세요." 팀별 모임을 마치면 호킨스 선생은 한 학생에게 팀이 추측한 내용을 칠판에 쓰도록 한다.

희망 심어주기

호킨스 선생은 수업을 하면서 학생들의 마음속에 희망을 심어준다. 그는 긍정적인 문구가 적힌 카드 한 벌(7×13센티미터 크기)을 항상 지니고 있다. 카드를 계속 사용하다 보면 어느새 습관처럼 몸에 익어서 어느 순간 자연스럽게 수업에 사용하게 되기 때문이다. 오늘 호킨스 선생은 잊지 않고 두 아이에게 미래의 꿈을 물어보고 그 꿈이 분명 이루어질 것이라고 확신시켜 주었다. 이런 말을 하는 게 낯간지러울 수도 있지만 여기서부터 시작이라는 것을 선생은 안다. 사실 그는 지금까지 일부러 희망을 가지려고 노력해본 적도 없다. 어린 시절 호킨스 선생은 늘 희망적이었고 다른 사람에게 희망을 심어주려는 일은 작위적이라고 생각했다. 하지만 이제 그는 이런 일이 꼭 필요하다는 것을 안다.

뇌의 학습운영시스템 강화

호킨스 선생은 핵심적인 학습능력을 알려주고 향상시키는 일이 중요하다는 것을 염두에 두고 수업을 한다. 앞서 '희망 심어주기'에서처럼 한 벌의 카드를 이용한다. 카드에 적힌 방법들은 궁극적으로 제2의 천성이 되도록 반드시 익혀야 할 것들이다. 일단은 전략을 하나씩 차례차례 돌려가면서 적용한다. "오늘 선생님은 여러분이 수업시간에 배운 내용을 오래 기억할 수 있도록 효과적인 방법을 알려줄 거예요. 이 방법을 쓰면 훨씬 효율적으로 공부할 수 있어요." 호킨스 선생은 학생들에게 마인드맵 사용법을 가르쳐준다. 마인드맵은 필기나 순서배열, 정보처리과정에 유용한 전략으로 기억을 강화하는 데도 효과적이다.

신체활동

호킨스 선생은 학생들이 자신의 감정을 제대로 통제하지 못한다는 사실을 안다. 걱정, 무관심, 스트레스와 같은 부정적인 상태는 뇌의 인지활동을 떨어뜨리는 반면, 긍정적인 감정상태는 학습에 도움이 된다. 따라서 학생들의 감정상태를 관리하는 것은 반드시 해야 하는 도전과제가 되었다. 작업기억이 최적의 상태에서 작동하려면 도파민이 필요하다. 호킨스 선생은 도파민을 활성화하기 위해서는 재미있는 신체활동을 하면 된다는 것을 안다. 이런 활동을 하면 심장박동이 빨라져 뇌에 공급되는 혈액의 양이 증가하고, 아드레날린과 같은 뇌 활성화 물질이 분비되는 부수적인 효과가 있다. 수업시간에 12~15분마다 호킨스 선생은 반드시 학생들을 의자에서 일어나게 해서 신체활동을 시킨다. 그가 자주 활용하는 신체활동은 다음과 같다.

- 다른 팀에 각자 흩어져서 배운 다음 다시 원래의 자리로 돌아와 자신이 배운 것을 팀원들과 공유함으로써 마치 퍼즐을 맞추듯이 새로운 학습을 하게 한다.
- 벽 세 군데를 치고 나서 '생각하기 – 짝과 토론하기 – 공유하기' 활동을 하게 한다.
- 팀 전체가 일어선 상태에서 한 팀원을 정해 그 팀원이 춤을 추거

나 활력을 불어넣는 재미있는 활동을 하면, 나머지 팀원들이 그대로 따라하게 한다.

- 일어선 상태에서 다른 팀 멤버와 새로운 짝이나 모둠을 만들어 손가락 등 신체를 활용해 셈을 하는 게임을 한다.
- 모두 일어서서 교실 한가운데 모여 동작으로 자신의 의견을 표시하도록 한다. 예를 들어 주어진 진술에 동의하면 교실 오른편에 가서 서고, 동의하지 않으면 교실 왼편에 가서 선다.
- 교실을 돌아다니며 의자 12개를 손으로 짚은 다음 짝을 찾게 한다. 토론 논점의 한쪽을 선택한 다음 30초 동안 자신의 관점이 합리적임을 설득하는 주장을 펼치도록 한다. 그런 다음 논점의 반대쪽을 선택해 그 주제를 다시 토론하도록 한다.

호킨스 선생은 성공적인 수업활동의 비밀 몇 가지를 알게 되었다. 예를 들어, 지시를 할 때는 항상 한 번에 하나씩만 지시해야 한다. 그러면 아이들 스스로 행동을 더 잘 통제할 수 있다. 작업기억 용량이 기껏해야 동시에 두 개 정도를 사용할 수 있다는 사실(Gobet & Clarkson, 2004)을 알게 된 것이다. 또 아이들을 들뜨게 하면 진정시키기 어렵다고 하소연하는 교사들이 많지만, 호킨스 선생은 그들을 차분하게 만드는 활동에 대해서도 잘 알고 있다. 간단하게 시각화를 하거나 심호흡을 하는 것만으로도 아이들의 마음을 집중상태로 되돌릴 수 있다.

프레임 기법을 이용해 수업 내용 소개

호킨스 선생은 학생들이 수업 내용을 받아들일 준비가 되지 않았다고 불평하곤 했다. 하지만 이제는 '프레임 기법(framing)'을 적용할 수 있다. 프레임 기법이란 특정 사안을 해석하기 위한 인지적 구조를 말한다. 이는 앞으로 나올 내용에 대한 편향을 의도적으로 만들어 학생들이 내용을 더 잘 받아들이도록 하는 강력한 전략이다. 이를 통해 하나의 단어나 활동, 개별적인 과제 혹은 수업의 전체 개념을 구조화할 수 있다. 프레임 기법은 이야기 또는 어떤 활동의 배경을 설정하는 행위 혹은 학습자의 마음을 잡기 위해 미끼를 던지는 행위라고 할 수 있다. 오늘 호킨스 선생은 학생들이 수업 내용에 대해 생각해보도록 재미있는 이야기를 들려준다. 베트남전에는 징집되었으나 불법 유권자 등록 문제가 불거져 미국시민으로서의 투표권을 행사할 수 없었던 한 아프리카계 미국인의 자전적 이야기이다. 이 이야기는 국가적 차원이나 학급 내의 편견에 대한 대화로 이어질 수 있다.

수업 내용 전달

오늘 호킨스 선생은 협력학습(공동의 학습목표 달성을 위해 모둠 구성원끼리 정보를 공유하고, 서로의 생각을 평가하며 함께 해나가는 학습으로 적극적인 참여와 상호작용이 중요함-옮긴이)을 진행하려고 한다. 그는 제2차 세계대전 이후의 선거에 관한 단원을 세 가지 핵심 질문으로 나누어 이번 주에 다룰 예정이다. 이 질문들은 학생들이 도달해야 할 성취목표와 연결된다. 각 팀은 질문 중 하나를 탐구과제로 맡는다. 호킨스 선생은 각 팀에게 탐색할 정보, 배울 정보의 위계를 보여주는 나뭇가지 구조도(tree-branch hierarchy), 핵심 어휘, 주제에 관해 의미를 부여하는 질문을 내준다. 학생들이 탐색을 시작하기 전에 호킨스 선생은 정보 자료(교과서, 인터넷, DVD, 신문기사 등)를 살펴보고, 공부할 내용의 역사적 시기와 관련해서 학생들의 관심을 끌 만한 감동적인 전쟁이야기를 들려준다. 이야기를 마치고 나서 선생 자신이 베트남전에서 겪은 실제 이야기라는 것을 밝힌다. 학생들은 20분 동안 팀별로 각자 임무를 분담해 정보를 수집하고 과제를 수행한다.

오답 바로잡기

호킨스 선생은 오답을 바로잡는 일이 중요하다는 것을 안다. 긍정적인 피드백은 학생들의 사기를 북돋워주지만, 그에 못지않게 실수를 바로잡는 과정도 중요하다. 다시 말해서 이 과정은 뇌의 학습운영시스템뿐만 아니라 사회화운영시스템([도표 6.1] 참조)을 발달시키는 데 반드시 필요하다. 강의를 통해 설명하거나 정답을 바로 말해주는 방식과 달리 실수를 통해서 배우는 과정은, 아이들이 실수를 두려워하지 않고 얼마든지 실수를 저지르고 또 잘못을 바로잡을 기회가 많은 환경에서 가능하다. 그 과정을 통해 아이들은 자신이 실수하고 잘못 이해한 부분이 무엇인지 알 수 있다. 아이들이 학습내용을 완벽하게 숙지하려면 며칠이 걸리기 때문에 오늘 수업에서는 더 많은 정보를 모으고, 다음번에 더 깊이

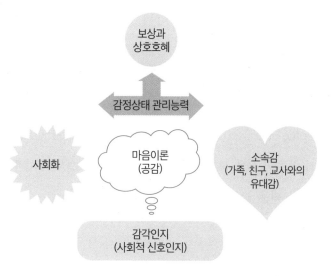

대부분의 학생들은 여기 설명된 6개 영역의 사회성을 강화할 필요가 있다. 이런 자질은 교실 분위기를 좋게 만들고 학생이 학교에서 성공할 가능성을 높인다.

파고들어 정보를 처리할 기회를 준다. 호킨스 선생은 일주일에 두 차례 퀴즈를 내는데 기습퀴즈는 절대 내지 않는다. 목요일과 금요일에 퀴즈가 있다는 것을 미리 공지한다. 그는 같은 내용을 반복적으로 시험을 보면, 단순 반복학습이나 스터디 또는 새로 시험을 볼 때보다 점수가 더 높게 나온다는 연구 결과(Karpicke & Roediger, 2008)를 알고 있다.

수업 후반 10분

복습

수업을 마무리하면서 호킨스 선생은 복습시간을 따로 떼어놓는다. 이 시간에는 지난 2주간 배운 내용을 두문자어(acronyms), 그래픽 오거나이저(graphic organizer), 기억환기(callback), 운율놀이(rhymes)와 같이 기억하기 쉬운 방식을 사용해 복습한다. 그는 학생들이 수업을 마무리하면서 배운 내용을 잘 기억할 수 있도록 만든다.

과제 내기

호킨스 선생은 새 단원을 시작할 때 단답형 과제 목록을 나눠주고 수업을 마치기 5분 전에 과제를 하게 한다. 이렇게 동등한 조건에서 과제를 하도록 하면 빈곤층 학생들을 배려하면서 학생들의 이해 수준을 살필 수 있다. 과제를 어려워하는 학생에게는 개별지도를 해주고, 과제를 다 한 학생의 과제물은 걷어간다. 과제를 안 한다고 불이익을 주지는 않는다. 과제는 학생들을 좀 더 잘 파악하기 위해 내는 것일 뿐이다.

주변 정리하기

호킨스 선생은 수업 정리(교실청소)가 의미 있게 이루어질 수 있도록 열 가지 이상의 의식을 행한다. 수업 마무리 2분 동안 학생들은 교실을 최상의 상태로 정리해야 한다는 것을 안다. 버릴 건 버리고 정리할 건 정리하며 깨끗하게 청소한다. 〈꿈을 지켜요(Hold On to Your Dream)〉라는 노래를 수업 마무리 음악으로 틀어준다. 학생들은 가사를 흥얼거리며 부지런히 움직인다. 정리를 마치면 각 팀은 자기 팀 응원가를 부르면서 분위기를 고조시킨다. 노래의 마지막 구절을 부를 때쯤 청소를 끝내고 교실을 나갈 준비를 마치는 것이 목표다. 이 시간 동안 호킨스 선생은 학생들과의 돈독한 관계를 다지는 데 주력한다. 그는 학생들에게 희망 심어주기, 서로 배려하는 학급 분위기 조성하기, 멘토링 제공하기, 안정적이고 신뢰할 수 있고 지지해주는 어른의 역할하기 등을 통해 사제 간의 관계를 공고히 해야 한다는 것을 알고 있다.

종례시간

수업 마무리 시간에는 칭찬하기, 다음 시간에 대한 기대감 갖게 하기, 각자 성공적인 모습을 그려보는 심상훈련하기 등의 활동을 한다. 앞으로 배울 스킬이나 지식이 내 것이 되는 순간을 그려보는 '심상훈련'은 단순히 '뉴에이지(New Age, 기존의 서구식 가치와 문화를 배척하고 새로운 시대적 가치를 추구하는 영적·사회적·문화적 활동의 총칭으로 영적 각성을 추구하는 경향이 있음-옮긴이)'식 접근법을 흉내 내자는 것이 아니다. 심상훈련을 제대로 하면 뇌의 물리적 변화를 일으킬 뿐만 아니라 과제 수행력이 향상된다(Pascual-Leone, 2005). 호킨스 선생은 항상 기분 좋게 수업을 마칠 수 있도록 노력한다.

변화를 위한 마법의 수업전략

수업 시작 전	자료 수집	학생들의 학습 수준, 취미, 성향을 파악한다.
	수업 계획	특별지도가 필요한 학생들을 위해 예비 수업을 하거나, 수업 전달 방식에 대해 구상한다.
	개인적인 준비사항	몸과 마음가짐을 수업하는 데 최적의 상태로 만든다.
	긍정적인 학급환경 조성	눈에 띄는 곳에 핵심 개념이나 긍정적인 문구를 붙이고, 환기, 조명, 소음 등 주변환경을 개선한다.
수업 초반 10분	관계 형성	월요일마다 교실 입구에서 학생들에게 밝게 인사한다.
	수업 시작	긍정적인 느낌의 음악을 1분 정도 튼다. 학생들이 서로의 안부를 주고받는 동안 교사는 학생들의 근황에 대해 자연스럽게 알게 된다.
	소속감 높여주기	전체 학급을 여러 개의 팀으로 나누고, 각자의 역할을 부여한다.
	출석 확인	출석 확인, 공지사항은 팀대표를 통해 한다.
	실제 삶과 연결시키기	실생활의 문제를 제시하고 각자 해결방안을 생각하게 한다.
	두뇌 시동걸기	7~8가지 복습전략을 마련해놓고, 그중 하나로 지난 수업 내용을 복습한다(5분 이내).

핵심 수업시간	관련성 맺기	주제에 빠져들 수 있도록 팀별 논의, 게임 등의 방식으로 뇌를 활성화시킨다.
	희망 심어주기	카드를 이용해서 희망과 자신감을 심어준다.
	뇌의 학습운영 시스템 구축	핵심적인 학습능력을 가르친다.
	신체활동	12~15분마다 자리 바꾸기, 율동 따라하기 등 신체활동을 유도한다.
	프레임 기법을 이용해 수업 내용 소개	배울 내용에 대한 배경 설명, 재미있는 이야기를 들려주어 인지적 구조의 틀을 제공한다.
	수업 내용 전달	3가지 핵심 질문을 제시, 협력학습으로 문제를 해결하도록 유도한다.
	오답 바로잡기	일주일에 이틀을 정하여 퀴즈를 내고, 잘못 이해하고 있는 내용은 다시 설명한다.
수업 후반 10분	복습	두문자어, 그래픽 오거나이저, 운율놀이 등의 기법으로 그날 배운 내용을 복습한다.
	과제 내기	각 과를 시작할 때 단답형 과제를 내주고, 수업 끝나기 5분 전에 과제해결 시간을 준다.
	주변 정리하기	즐거운 음악을 틀어놓은 상태에서 주변을 정리한다.
	종례시간	학생들을 칭찬하고 성공을 꿈꾸는 심상훈련을 하면서 기분 좋게 수업을 마무리한다.

교사의 마음가짐이
아이를 바꾼다

호킨스 선생의 수업이 내용보다 격식에 치중해 있다고 비판하는 사람이 있을 수 있다. 그게 바로 호킨스 선생이 몇 년 전, 가난한 환경에서 성장한 아이들에게 필요한 것이 무엇인지를 이해하기 전에 하던 말이다. 하지만 이제 그는 수업 설계과정에서 학생들의 정서상태를 조절하는 데 기꺼이 시간을 할애한다. 가난한 환경의 영향을 뒤집을 시간이 일주일에 몇 시간밖에 주어지지 않는다면 1분도 허비할 시간이 없다. 호킨스 선생은 학생들의 흥미를 자극하고 지적 능력을 향상시키는 동시에 정서적으로 지지해주는 법을 배웠다. 호킨스 선생 반 학생들은 이전보다 기분이 좋아지고 동기부여가 되어서 행동이 개선되었다. 호킨스 선생은 눈에 띄게 변화된 학생들의 모습을 좋아하며 이제는 자기 학생들을 '내 새끼들'이라 부른다. 학생들도 실제로 그의 수업을 듣는 것을 즐긴다.

교수법이 훌륭하면 학생들 가정의 낮은 사회경제적 지위와 학교의 자원부족에서 생기는 악영향을 줄일 수 있다. 교사는 학생들의 성공을 이끄는 데 핵심적인 역할을 한다. 따라서 교사들은 시간을 쓰는 법을 다시 생각해봐야 한다. 교육의 질은 결코 교사들의 총체적인 수준을 뛰어넘지 못한다. 모든 문제를 해결하고, 열악한 환경의 아이들 모두를 높은 목표를 성취하는 학생으로 바꿀 수 있는 마법이나 특효약은 없다. 하지만 학교 차원에서 혁신을 이루는 방법은 있다. 학생들의 자존감을 세워주는 것이다. 학생은 학교를 믿고, 학교는 학생을 돌보는 관계를 형성하라. 모든 학생이 배울 수 있다는 믿음을 갖고 높은 학습목표를 설정하라. 누구나 배울 필요가 있는 것을 배우도록 학생들을 몰입시키고, 학생들이 높은 목표에 도전하도록 교직원, 학부모, 지역사회가 통합적인 노력을 기울이라.

잠시 교사들을 마음속에 떠올려보라. 각자의 관심, 능력, 정치적 관점, 배경, 전문 분야가 다양하다는 것을 알 수 있을 것이다. 이제 매일 아침 새로운 날을 시작하는 교사들을 떠올려보라. "퇴직이 얼마 남았지?" "오늘 나는 무슨 기적을 만들 수 있을까?" 그들은 이 두 가지 질문 중의 하나를 하고 있을 것이다. 여러분의 교사들은 어떤 질문을 할까? 여러분과 여러분의 학교는 변화의 대열에 뛰어들어 도전할 준비가 되었는가? 긴장을 풀어라. 여러분은 할 수 있다. 변화에 동참하라. 비전을 심어주고, 계획을 세우고, 행동하라. 성공을 축하하는 축제의 주인공! 바로 여러분의 모습이길 기대한다.

감정조응(emotional attunement) 부모와 아이 쌍방향의 감정교류. 부모는 아이의 행동에서 감정상태와 내적 경험을 읽고, 아이는 자신의 행동에 부모가 어떤 반응을 보이는지 해석한다.

규준참조평가(norm-referenced evaluation) 학업성취도를 학생 상호 간의 상대적 비교를 통해서 결정하는 평가방법. 학업성취가 얼마나 바람직한가의 정도는 주어진 집단의 점수분포 규준에 의해서 결정된다. 상대평가라고도 한다.

그래픽 오거나이저(graphic organizer) 추상적인 아이디어나 정보관계를 그림이나 표로 시각화한 자료. 예를 들어 수학과목에서 '집합'에 대해 배울 때 여러 대상 간의 차이점과 공통점을 쉽게 보여주기 위해 벤다이어그램(Venn Diagram)을 사용한다.

급성 스트레스(acute stress) 외부 위험을 지각할 때 즉각적으로 나타나는 신체·감정·심리적 반응. 자율신경계가 활성화되어 스트레스 호르몬인 코르티솔의 분비가 증가하고 심장박동이 빨라지며, 호흡이 가빠지고, 혈압이 상승한다.

난독증(dyslexia) 문자를 읽는 데 어려움을 느끼는 가장 흔한 학습장애. 정확한 원인은 아직 밝혀지지 않았지만, 발달과정의 문제로 인해 뇌가 정보를 처리하는 방식에 영향을 미치는 것으로 추정된다.

난산증(dyscalculia) 수리 문제를 이해하거나 학습하는 데 어려움을 겪는 학습장애. 숫자를 인식하고 조작하는 능력, 수학적 명제를 학습하는 능력에 문제가 있다.

대뇌피질(cerebral cortex) 대뇌를 덮고 있는 얇은 신경세포층. 인간의 뇌 여러 부위 중에서 가장 나중에 진화한 부위로, 다른 부위와 밀접하게 연결되어 있어 기억, 주의, 사고, 언어 등 다양한 정신 활동에 관여한다. 네 개의 엽(전두엽, 두정엽, 측두엽, 후두엽)으로 구분된다.

도파민(dopamine) 뇌 속에 있는 신경전달물질의 일종. 주의집중, 통제, 수의운동(隨意運動: 의식적으로 수행되는 운동), 인지, 여러 흥분물질(예: 코카인) 작용에서 중요한 역할을 한다.

두정엽(parietal lobe) 대뇌피질의 네 엽 가운데 하나로 정수리 부위에 위치한다. 촉각, 통각 등의 감각을 처리하며 여러 감각들을 단일한 경험으로 통합하는 데 주된 역할을 한다.

마인드맵(mind map) 중요한 사실이나 개념을 파악하고 연관성을 일목요연하게 정리하여 학습의 파지(retention, 把持)효과와 사고능력을 키울 수 있는 학습법. 주요 개념들이 어떻게 연관되어 있는지를 간단한 기호나 문자 또는 그림으로 나타내고, 색과 다양한 디자인을 사용하여 보여준다.

만성 스트레스(chronic stress) 개인이 통제할 수 없는 고통이 장기간 지속될 때 일어나는 반응. 스트레스 호르몬 분비와 관련하여 내분비계 반응을 유발하며, 면역체계에 영향을 주어 신체적·정신적 건강을 위협한다.

만족지연(deferred gratification) 장래의 만족을 위해 현재의 충동을 억제하고 참는 능력이다.

매슬로의 욕구위계이론(Maslow's hierarchy of needs) 욕구에 의해 동기가 유발된다는 전제 하에 욕구의 강도와 중요성에 따라 단계를 구분한 이론. 하위 단계 욕구가 충족되어야 그 다음 단계 욕구가 발생한다.

메타인지(metacognitive awareness) 자신이 생각하고 있는 상태와 내용, 능력에 대해 아는 것. 메타인지는 기억, 이해, 주의집중, 의사소통 및 문제해결 등에 중요한 역할을 수행한다.

반응성 애착장애(reactive attachment disorder, RAD) 방임이나 학대 등의 이유로 나타나는 경우가 많고 감정표현이나 조절이 어려워 사회성 결핍, 관계 형성에 어려움을 겪게 된다.

범불안장애(generalized anxiety disorder, GAD) 특별한 원인 없이 막연하게 불안하거나 매사에 걱정이 지나쳐서 생활에 지장을 주는 상태가 통상 6개월 이상 지속되는 정신과적 증상이다.

베일리 유아행동발달척도(Bayley Infant Behavior Scales) 1~42개월 영아의 행동발달기능을 평가하기 위해 1969년 베일리(N. Bayley)에 의해 개발된 발달검사척도. 주의집중, 방향성, 목표지향성, 운동 특성, 긴장도 등을 포함한다.

사회경제적 지위(socioeconomic status, SES) 소득·학력·직업 요건을 함께 고려하여 종합적으로 평가한 지표. 가치관, 교육기회, 행동양식, 삶의 질 향상 기회 등과 관련되며, 이를 예측할 수 있는 지표로 사용되기도 한다.

서술기억(declarative memory) 객관적인 사실에 대한 지식을 표상하는 기억. 의식적으로 회상이 가능하다는 의미에서 '서술적'이라 하며 의식적으로 기술할 수 없는 절차기억(procedural memory)과 대조된다.

시냅스(synapse) 한 뉴런의 축삭돌기(axon)와 다른 뉴런의 수상돌기(dendrite)가 만나는 지점의 작은 틈새. 전기적 신호가 축삭돌기 말단에 이르면 신경전달물질을 자극하여 시냅스 간격 너머로 화학적 신호를 전달한다. 수상돌기에서는 화학적 신호가 다시 전기적 신호로 전환되어 축삭을 타고 이동한다.

신경가소성(neuroplasticity) 뇌의 특정 영역이 외부의 자극, 경험, 학습에 의해 그 구조나 기능이 변하고 재조직화되는 현상이다.

신경세포(neuron) 모든 신경계의 기본 단위. 인간의 뇌는 약 1,000억 개의 뉴런으로 되어 있고 각 뉴런은 대략 1,000~10,000개의 시냅스를 형성한다. 뉴런은 세포기능을 위한 분자적 장치가 있다는 점에서 다른 세포들과 비슷하지만, 멀리 떨어진 다른 세포와 신속하고 정확하게 소통한다는 점에서 특이하다.

신경세포 성장인자(brain-derived neurotrophic factor, BDNF) 신경세포가 활성화될 때 생성되는 단백질. 뇌의 성장을 촉진하는 역할을 한다. 신경세포가 기능을 제대로 수행하도록 돕고, 새로운 신경세포의 성장을 촉진하기 위해 뇌에 영양을 공급한다.

신경생성(neurogenesis) 뇌에서 줄기세포가 분화되어 완전히 제 기능을 하는 새로운 뇌세포로 발달하는 과정. 후각기능과 관련된 뇌실하층과 해마의 일부분에서 신경생성이 일어난다는 사실이 밝혀져 있다.

신체활동형 학습자(kinesthetic learner) 직접 만지거나 몸으로 무언가를 하면서 학습하려는 학습자 유형. 어떤 상황에서든 몸으로 표현을 많이 하고, 그렇게 표현하면서 더 오래 기억한다. 운동감각형 학습자(tactile learner)라고도 한다.

안정 애착(secure attachment) 일관된 양육태도로 양육자와 아이 사이에 안정적인 유대감이 형성된 상태. 아이에게 정서적인 표현을 자주 해주고 아이의 반응에 민감하게 대처하는 과정에서 형성된다. 안정 애착형 아이는 감정표현이 다양하고, 교우관계가 원만하며 수업에 자신감을 가지고 참여하는 경향을 보인다.

알로스타 부하(allostatic load) 만성 스트레스의 부작용이 누적된 탈진 상태. 외부변화에 대응한 인체가 안정 상태로 돌아가지 못하고 지속적으로 발생하는 삶의 부정적인 경험에 적응해버리는 경우 발생한다.

암묵적 학습(implicit learning) 자전거 타기나 수영처럼 무의식적으로 행할 수 있으며 말로 설명할 수 없는 학습으로 명시적 학습(explicit learning)과 대조적이다.

외상 후 스트레스장애(post traumatic stress disorder, PTSD) 생명을 위협할 정도로 극심한 스트레스(전쟁, 교통사고, 고문, 폭행, 자연재해, 강간 등)를 경험한 후 일어나는 심리적 반응으로 불안과 공포를 느끼는 장애. 외상이 사라진 후에도 충격적인 기억이 자꾸 떠오르며 유사한 장소나 활동을 회피하고 불면, 우울 등을 동반하기도 한다.

웩슬러 지능검사(Wechsler Scale of Intelligence) 1939년 웩슬러(D. Wechsler)가 제작한 개인용 지능검사도구로 성인용(Wechsler Adult Intelligence Scale: WAIS), 아동용(Wechsler Intelligence Scale for Children: WISC), 유아용(Wechsler Preschool and Primary Scale of Intelligence: WPPSI)으로 구분된다.

유동지능(fluid intelligence) 유전적·신경생리학적 영향으로 발달하는 지능. 뇌와 중추신경계의 성숙에 비례하여 발달하며 속도, 기계적 암기, 지각력, 일반적 추리력 등이 해당된다. 유동지능과 함께 설명되는 결정지능(crystallized intelligence)은 환경적·경험적·문화적 영향에 의해 발달하는 지능으로 가정환경, 교육정도, 직업 등의 영향을 받는다. 언어능력, 문제해결력, 논리적 추리력 등이 해당된다.

작업기억(working memory) 매 순간의 지각을 비교적 단기간에 걸쳐 통합하고 과거경험과 결합하여 과제를 수행하는 기억 시스템. 정보를 유지하고 순서를 계획하여 처리하는 인지기능이다. 대화, 덧셈, 운전 등 단순해 보이는 일상활동에서 사용된다. 한 번에 활성화될 수 있는 정보 양이나 처리하는 인지과정의 수가 제한적이다.

적대적 반항장애(oppositional defiant disorder, ODD) 아동기 행동장애의 하나로, 거부감·적대감을 나타내거나 반항적인 행동을 보이는 양상이 최소 6개월 이상 지속되고, 사회성 및 학업에 지장을 주며, 또래에 비해 문제행동의 빈도가 더 높은 경우 진단한다.

전두엽(frontal lobe) 대뇌피질을 이루는 네 개의 엽 가운데 하나. 주로 집행기능(executive function), 작업기억, 추론, 계획, 발화, 운동에 관여한다.

전전두피질(prefrontal cortex) 대뇌피질 가운데에서 뇌의 맨 앞부분에 있는 부위. 계획, 순서 결정, 예행연습, 주의집중, 평가, 그 외 여러 운동기능에 관여한다.

점화효과(priming effect) 시간적으로 먼저 제시된 정보가 나중에 제시된 정보 처리에 영향을 주는 현상. 어떤 판단이나 이해에 도움이 되거나(촉진효과) 혹은 그 반대의 역할(억제효과)을 한다. 예를 들어 'table'이라는 단어를 먼저 제시한 후 'tab' 다음을 채우게 하면 'table'이라고 대답할 확률이 단어를 미리 제시하지 않은 경우보다 높다.

정서기억(emotional memory)　어떤 사건이나 자극을 접하게 되었을 때 개인이 이전에 학습한 경험에 근거해서 감정이 촉발되는 기억. 가령 높은 곳에서 떨어진 경험이 있는 경우, 건물 옥상처럼 높은 곳에 올라가면 예전의 기억이 떠올라 불안과 공포를 느낀다.

주의력결핍 과잉행동장애(attention deficit hyperactivity disorder, ADHD)　주의산만, 활동과다, 충동성 특징을 보이는 소아청소년기 대표적인 정신과적 장애. 학습부진을 동반하는 경우가 많으며, 사회성 발달, 언어 발달과 관련이 깊다.

책무성(accountability)　개인이나 기관이 자신이 한 일에 대해 기꺼이 책임을 지고 과오를 수정할 수 있는 정도. 교육에서는 교사, 교육행정가, 교육위원들이 수업 프로그램의 결과와 실적에 대해 책임을 지겠다는 공약을 의미한다. 교육효과, 또는 결과에 대한 책임소재를 밝히는 것보다는 그렇게 된 이유를 설명하는 데 역점을 둔다.

측두엽(temporal lobe)　대뇌피질의 네 엽 가운데 하나. 전두엽과 두정엽 아래, 귀와 관자놀이 안쪽에 위치한다. 주로 청각과 시각에 관여하고 학습과 기억, 감성의 여러 측면에 관여한다.

코르티솔(cortisol)　스트레스 상황에서 장기간에 걸쳐 분비되는 대표적인 스트레스 호르몬. 에너지원을 동원하여 주의집중과 기억을 하라는 지시를 내리며, 뇌와 신체의 평형상태가 깨질 위협에 대처할 준비를 시킨다. 또한 장래에 있을 스트레스에 대비해서 지방 형태로 에너지원을 저장하는 활동을 감독한다. 코르티솔의 역할은 인간의 생존에 필수적이지만 강도가 높거나 지속적으로 집중될 때에는 해롭다. 당장 필요한 에너지원을 얻기 위해 뉴런 간의 연결을 손상시키고 근육과 신경세포를 파괴하기도 한다.

투쟁-도피 반응(fight-or-flight)　공포를 유발하는 위협적인 상황에 처할 경우, 이러한 스트레스에 대처하기 위한 신체반응. 교감신경계가 활성화되면서 혈압과 심장박동수가 높아지고 동공이 확대된다.

편도체(amygdala)　대뇌반구의 측두엽 안에 깊숙이 자리한 여러 핵들의 집단. 자율반응과 내분비 반응을 감정상태와 연계하여 조율하며 정서적 기억에 관여한다. 입력된 자극이 위협적인지 아닌지를 빠르게 판단하는 '문지기' 역할을 한다. 생존에 위협을 느낄 경우, 뇌의 이성적 기능을 방해하고 생존에 유리한 방향으로 몸의 생리작용을 조절한다.

프레임 기법(framing)　어떤 사건이나 사안을 이해하고 해석하기 위해 일화적 지식이나 전형적 기억을 바탕으로 만들어낸 인지적 틀. 새로운 내용을 가르치기 위해 배경지식을 설명하거나 이야기를 설정, 주요 개념 혹은 전체 개요를 구조화하여 제시하는 식으로 이용될 수 있다.

플린효과(Flynn effect) 한 세대에서 다음 세대로 넘어갈 때 IQ가 높아지는 현상. 지적 능력이 발전한다기보다는 시각매체의 증가와 IQ 테스트의 반복효과, 교육확대, 영양섭취 증가, 조기 교육 등 사회현상을 반영하는 것으로 추정하고 있다.

학습된 무기력(learned helplessness) 피할 수 없거나 극복할 수 없는 환경에 반복적으로 노출된 경험으로 인하여, 제 능력으로 피할 수 있거나 극복할 수 있음에도 불구하고 스스로 포기해버린 상태이다.

학습운영시스템(academic operating system) 학습을 위해 필요한 능력을 처리하는 뇌의 시스템. 만족지연능력, 시청각 및 촉각 처리능력, 주의력, 단기기억 및 작업기억, 순서대로 처리하는 능력 등을 포함한다.

항상성(homeostasis) 생물체가 내적·외적 환경 변화에 적응하여 정상적인 상태를 유지하려는 경향. 예를 들어 스트레스가 쌓이면 일상적인 균형상태가 깨지며, 이러한 불균형 상태로부터 정상적인 기능상태로 회복하려는 과정이 일어난다.

해마(hippocampus) 대뇌피질 측두엽 안쪽 깊숙한 곳에 자리한 구조물. 외현기억(explicit memory) 저장에 관여하며 스트레스와 기분에 민감하다. 코르티솔 수용체가 많이 분포되어 있다.

형성평가(formative assessment) 학습활동의 진전을 점검하고, 필요한 경우 교과과정이나 수업 방법을 개선시키기 위해 실시하는 평가. 교수-학습과정 중에 가르치고 배우는 내용을 학습자들이 얼마나 잘 이해하고 있는지를 수시로 점검하고, 수업능력, 태도, 학습방법 등을 확인하는 기능을 한다. 이를 통해 교육과정이나 수업 방법을 개선하고 교재의 적절성을 확인할 수 있다.

회백질(gray matter) 척추동물의 중추신경(뇌와 척수)에서 신경세포가 모여 있는 부위. 중추신경 조직을 육안으로 관찰했을 때 회백색을 띠는 부분이다.

후두엽(occipital lobe) 뒤통수 부위에 위치하는 대뇌피질의 네 엽 가운데 하나. 시각처리와 관련하여 중요한 역할을 한다.

후성유전학(epigenetics) 유전자와 환경의 상호작용으로 유전자정보 발현에 변화를 일으키는 메커니즘을 연구하는 분야이다.

Adelman, C. (1999). Answers in the tool box: Academic intensity, attendance patterns, and bachelor's degree attainment. Washington, DC: U.S. Department of Education, Office of Educational Research and Improvement.

Ahnert, L., Pinquart, M., & Lamb, M. (2006). Security of children's relationships with nonparental care provider. Child Development, 77(3), 664–679.

Almeida, D. M., Neupert, S. D., Banks, S. R., & Serido, J. (2005). Do daily stress processes account for socioeconomic health disparities? Journal of Gerontology Series B: Psychological Sciences and Social Sciences, 60(2), 34–39.

Alvarez, G. A., & Cavanagh, P. (2004). The capacity of visual short-term memory is set both by visual information load and by number of objects. Psychological Science, 15(2), 106–111.

Angelo, T. A. (1993, April). A "teacher's dozen": Fourteen general, research-based principles for improving higher learning in our classrooms. AAHE Bulletin, 45(8), 3–7, 13.

Astone, N. M., Misra, D., & Lynch, C. (2007). The effect of maternal socio-economic status throughout the lifespan on infant birth weight. Paediatric and Perinatal Epidemiology, 21(4), 310–318.

Atkins, K., & Rossi, M. (2007). Change from within. Educational Leadership, 65(1), 1–5.

Attar, B. K., Guerra, N. G., & Tolan, P. H. (1994). Neighborhood disadvantage, stressful life events, and adjustment in urban elementary-school children. Journal of Clinical Child Psychology, 23, 391–400.

Atzaba-Poria, N., Pike, A., & Deater-Deckard, K. (2004). Do risk factors for problem behaviour act in a cumulative manner? An examination of ethnic minority and majority children through an ecological perspective. Journal of Child Psychology and Psychiatry, 45(4), 707–718.

Barnett, W. S. (1995). Long-term effects of early childhood care and education on disadvantaged children's cognitive development and school success. The Future of Children, 5(3), 25–50.

Barnett, W. S. (1998). Long-term cognitive and academic effects of early childhood education on children in poverty. Preventive Medicine, 27(2), 204–207.

Baydar, N., Brooks-Gunn, J., & Furstenberg, F. (1993). Early warning signs of functional illiteracy: Predictors in childhood and adolescence. Child Development, 64(3), 815–829.

Bjørnebekk, A., Mathé, A. A., & Brené, S. (2005). The antidepressant effect of running is associated with increased hippocampal cell proliferation. The International Journal of Neuropsychopharmacology, 8(3), 357–368.

Blair, C., Granger, D. A., Kivlighan, K. T., Mills-Koonce, R., Willoughby, M., Greenberg, M. T., et al. (2008). Maternal and child contributions to cortisol response to emotional arousal in young children from low-income, rural communities. Developmental Psychology, 44(4), 1095–1109.

Bolland, L., Lian, B. E., & Formichella, C. M. (2005). The origins of hopelessness among inner-city African-American adolescents. American Journal of Community Psychology, 36(3/4), 293–305.

Bornstein, M. H., Haynes, M. O., & Painter, K. M. (1998). Sources of child vocabulary competence: A multivariate model. Journal of Child Language, 25(2), 367–393.

Boston Public Schools. (1998, March 9). High school restructuring. Boston: Author. Bracey, G. W. (2006). Poverty's infernal mechanism. Principal Leadership, 6(6), 60.

Bradley, R. H., & Corwyn, R. F. (2002, February). Socioeconomic status and child development. Annual Review of Psychology, 53, 371–399.

Bradley, R. H., Corwyn, R. F., Burchinal, M., McAdoo, H. P., & Coll, C. G. (2001). The home environments of children in the United States, Part II: Relations with behavioral development through age thirteen. Child Development, 72(6), 1868–1886.

Bradley, R. H., Corwyn, R. F., McAdoo, H. P., & Coll, C. G. (2001). The home environments of children in the United States, Part I: Variations by age, ethnicity, and poverty status. Child Development, 72(6), 1844–1867.

Bradley, R. H., Whiteside-Mansell, L., Mundfrom, D. J., Casey, P. H., Kelleher, K. J., & Pope, S. K. (1994). Early indications of resilience and their relation to experiences in the home environments of low birthweight, premature children living in poverty. Child Development, 65(2), 346–360.

Bradmetz, J., & Mathy, F. (2006). An estimate of the Flynn effect: Changes in IQ and subtest gains of 10-yr-old French children between 1965 and 1988. Psychological Reports, 99(3), 743–746.

Bridgman, A., & Phillips, D. (1998). New fi ndings on poverty and child health and nutrition: Summary of a research briefing. Washington, DC: National Academy Press.

Broadman, J. D. (2004). Stress and physical health: The role of neighborhoods as mediating and moderating mechanisms. Social Science and Medicine, 58(12), 2473–2483.

Brooks-Gunn, J., Guo, G., & Furstenberg, F. (1993). Who drops out of and who continues beyond high school? Journal of Research on Adolescence, 3(3), 271–294.

Brooks-Gunn, J., McCarton, C., Casey, P., McCormick, M., Bauer, C., Bernbaum, J., et al. (1994). Early intervention in low birthweight, premature infants. Journal of the American Medical Association, 272, 1257–1262.

Bruel-Jungerman, E., Rampon, C., & Laroche, S. (2007). Adult hippocampal neurogenesis, synaptic plasticity and memory: Facts and hypotheses. Reviews in the Neurosciences, 18(2), 93–114.

Burch, P., Steinberg, M., & Donovan, J. (2007). Supplemental educational services and NCLB: Policy assumptions, market practices, emerging issues. Educational Evaluation and Policy Analysis, 29(2), 115–133.

Cage, B., & Smith, J. (2000). The effects of chess instruction on mathematics achievement of southern, rural, black, secondary students. Research in the Schools, 7(1), 9–26.

Campbell, F. A., Pungello, E. P., Miller-Johnson, S., Burchinal, M., & Ramey, C. T. (2001). The development of cognitive and academic abilities: Growth curves from an early childhood educational experiment. Developmental Psychology, 37(2), 231–242.

Campbell, F. A., & Ramey, C. T. (1994, April). Effects of early intervention on intellectual and academic achievement: A follow-up study of children from low-income families. Child Development, 65, 684–698.

Capron, C., & Duyme, M. (1989). Assessment of effects of socio-economic status on IQ in a full cross-fostering study. Nature, 340, 552–554.

Carraher, T. N., Carraher, D., & Schliemann, A. D. (1985). Mathematics in the streets and in schools. British Journal of Developmental Psychology, 3, 21–29.

Carter, S. C. (2000). No excuses: 21 lessons from high-performing, high-poverty schools. Washington, DC: Heritage Foundation.

Cartwright, M., Wardle, J., Steggles, N., Simon, A. E., Croker, H., & Jarvis, M. J. (2003). Stress and dietary practices in adolescents. Health Psychology, 22(4), 362–369.

Catterall, J. S., Chapleau, R., & Iwanaga, J. (1999). Involvement in the arts and human development: General involvement and intensive involvement in music and theatre arts. In E. B. Fiske (Ed.), Champions of change: The impact of the arts on learning (pp. 48–62). Washington, DC: Arts Education Partnership.

Ceci, S. J. (1991). How much does schooling infl uence general intelligence and its cognitive components? A reassessment of the evidence. Developmental Psychology, 27(5), 703–722.

Ceci, S. (2001, July 1). IQ to the test. Psychology Today. Retrieved March 17, 2007, from http://psychologytoday.com/articles/pto-20010701-000024.html

Ceci, S. J., & Liker, J. (1986). A day at the races: A study of IQ, expertise, and cognitive complexity. Journal of Experimental Psychology: General, 115, 255–266.

Chan, A. S., Ho, Y. C., & Cheung, M. C. (1998). Music training improves verbal memory. Nature, 396, 128.

Chasnoff, I. J., Anson, A., Hatcher, R., Stenson, H., Iaukea, K., & Randolph, L. (1998). Prenatal exposure to cocaine and other drugs. Outcome at four to six years. Annals of the New York Academy of Sciences, 846, 314–328.

Chaudhari, S., Otiv, M., Chitale, A., Hoge, M., Pandit, A., & Mote, A. (2005). Biology versus environment in low birth weight children. Indian Pediatrics, 42(8), 763–770.

Checkley, K. (1995). Multiyear education: Reaping the benefits of "looping." Education Update, 37(8), 1, 3, 6.

Chenoweth, K. (2007). "It's being done": Academic success in unexpected schools. Cambridge, MA: Harvard Education Press.

Coley, R. (2002). An uneven start: Indicators of inequality in school readiness. Princeton, NJ: Educational Testing Service.

Conrad, C. D. (2006). What is the functional significance of chronic stress-induced CA3 dendritic retraction within the hippocampus? Behavioral and Cognitive Neuroscience Reviews, 5(1), 41–60.

Constantino, R. (2005). Print environments between high and low socioeconomic status (SES) communities. Teacher Librarian, 32(3), 22–25.

Cook, S. C., & Wellman, C. L. (2004). Chronic stress alters dendritic morphology in rat medial prefrontal cortex. Neurobiology, 60(2), 236–248.

Cooper, H., Nye, B., Charlton, K., Lindsay, J., & Greathouse, S. (1996). The effects of summer vacation on achievement test scores: A narrative and meta-analytic review. Review of Educational Research, 66(3), 227–268.

Coplan, J. D., Andrews, M. W., Rosenblum, L. A., Owens, M. J., Friedman, S., Gorman, J. M., et al. (1996). Persistent elevations of cerebrospinal fluid concentrations of corticotropin-releasing factor in adult nonhuman primates exposed to early-life stressors: Implications for the pathophysiology of mood and anxiety disorders. Proceedings of the National Academy of Sciences of the United States of America, 93, 1619–1623.

Cotton, K. (2003). Principals and student achievement. Alexandria, VA: ASCD.

Datnow, A., Hubbard, L., & Mehan, H. (2002). Extending educational reform: From one school to many. New York: Routledge Falmer.

Davis, O. S., Kovas, Y., Harlaar, N., Busfield, P., McMillan, A., Frances, J., et al. (2008). Generalist genes and the Internet generation: Etiology of learning abilities by web testing at age 10. Genes, Brain, and Behavior, 7(4), 455–462.

De Bellis, M. D. (2005). The psychobiology of neglect. Child Maltreatment, 10(2), 150–172.

De Bellis, M. D., Keshavan, M. S., Beers, S. R., Hall, J., Frustaci, K., Masalehdan, A., et al. (2001). Sex differences in brain maturation during childhood and adolescence. Cerebral Cortex, 11(6), 552–557.

DeGarmo, D. S., Forgatch, M. S., & Martinez, C. R. (1999). Parenting of divorced mothers as a link between social status and boys' academic outcomes: Unpacking the effects of socioeconomic status. Child Development, 70, 1231–1245.

Denny, S., Clark, T., Fleming, T., & Wall, M. (2004). Emotional resilience: Risk and protective factors for depression among alternative education students in New Zealand. American

Journal of Orthopsychiatry, 74(2), 137–149.

Desimone, L. M., Smith, T. M., Hayes, S. A., & Frisvold, D. (2005). Beyond accountability and average mathematics scores: Relating state education policy attributes to cognitive achievement domains. Educational Measurement: Issues and Practice, 24(4), 5–18.

Devlin, B., Daniels, M., & Roeder, K. (1997). The heritability of IQ. Nature, 388(6641), 468–471.

Dibble, S. (2008, January 22). District 203 provided spark for book: Psychiatrist draws connection between physical activity and learning. Daily Herald (Illinois). Retrieved May 3, 2008, from www.johnratey.com/Articles/District203providedspark%20.pdf

Dobrossy, M. D., & Dunnett, S. B. (2004). Environmental enrichment affects striatal graft morphology and functional recovery. European Journal of Neuroscience, 19(1), 159–168.

Dodge, K. A., Pettit, G. S., & Bates, J. E. (1994). Socialization mediators of the relation between socioeconomic status and child conduct problems. Child Development, 65(2), 649–665.

Draganski, B., Gaser, C., Kempermann, G., Kuhn, H. G., Winkler, J., Büchel, C., et al. (2006). Temporal and spatial dynamics of brain structure changes during extensive learning. The Journal of Neuroscience, 26(23), 6314–6317.

Driemeyer, J., Boyke, J., Gaser, C., Büchel, C., & May, A. (2008). Changes in gray matter induced by learning—Revisited. PLoS ONE, 3(7), e2669.

DuBois, D. L., & Silverthorn, N. (2004). Do deviant peer associations mediate the contributions of self-esteem to problem behavior during early adolescence? A 2-year longitudinal study. Journal of Clinical Child and Adolescent Psychology, 33(2), 382–388.

DuBois, D. L., & Silverthorn, N. (2005). Natural mentoring relationships and adolescent health: Evidence from a national study. American Journal of Public Health, 95(3), 518–524.

Duckworth, A. L., & Seligman, M. P. (2005). Self-discipline outdoes IQ in predicting academic performance of adolescents. Psychological Science, 16(12), 939–944.

Duckworth, A. L., & Seligman, M. E. P. (2006). Self-discipline gives girls the edge: Gender in self-discipline, grades, and achievement test scores. Journal of Educational Psychology, 98(1), 198–208.

Duyme, M., Dumaret, A.-C., & Tomkiewicz, S. (1999, July 20). How can we boost IQs of "dull children"? A late adoption study. Proceedings of the National Academy of Sciences of the United States of America, 96(15), 8790–8794.

Dye, M. W., Green, C. S., & Bavelier, D. (2009). The development of attention skills in action video game players. Neuropsychologia, 47(8–9), 1780–1789.

Dye, M. W., Hauser, P. C., & Bavelier, D. (2008, December). Visual skills and cross-modal plasticity in deaf readers: Possible implications for acquiring meaning from print. Annals of the New York Academy of Sciences, 1145, 71–82.

Ekman, P. (2003). Emotions revealed: Recognizing faces and feelings to improve communication and personal life. New York: Henry Holt.

Emery, R. E., & Laumann-Billings, L. (1998). An overview of the nature, causes, and consequences of abusive family relationships: Toward differentiating maltreatment and violence. American Psychologist, 53, 121–135.

Erickson, K., Drevets, W., & Schulkin, J. (2003). Glucocorticoid regulation of diverse cognitive functions in normal and pathological emotional states. Neuroscience and Biobehavioral Reviews, 27, 233–246.

Evans, G. W. (2003). A multimethodological analysis of cumulative risk and allostatic load among rural children. Developmental Psychology, 39(5), 924–933.

Evans, G. W. (2004). The environment of childhood poverty. American Psychologist, 59(2), 77–92.

Evans, G. W., & English, K. (2002). The environment of poverty: Multiple stressor exposure, psychophysiological stress, and socioemotional adjustment. Child Development, 73(4), 1238–1248.

Evans, G. W., Gonnella, C., Marcynyszyn, L. A., Gentile, L., & Salpekar, N. (2005). The role of chaos in poverty and children's socioemotional adjustment. Psychological Science, 16(7), 560–565.

Evans, G. W., & Kantrowitz, E. (2002, May). Socioeconomic status and health: The potential role of environmental risk exposure. Annual Review of Public Health, 23, 303–331.

Evans, G. W., Kim, P., Ting, A. H., Tesher, H. B., & Shannis, D. (2007). Cumulative risk, maternal responsiveness, and allostatic load among young adolescents. Developmental Psychology, 43(2), 341–351.

Evans, G. W., Wells, N. M., & Moch, A. (2003). Housing and mental health: A review of the evidence and a methodological and conceptual critique. Journal of Social Issues, 59(3), 475–500.

Fabel, K., Fabel, K., Tam, B., Kaufer, D., Baiker, A., Simmons, N., et al. (2003). VEGF is necessary for exercise-induced adult hippocampal neurogenesis. European Journal of Neuroscience, 18(10), 2803–2812.

Farah, M. J., Shera, D. M., Savage, J. H., Betancourt, L., Giannetta, J. M., Brodsky, N. L., et al. (2006). Childhood poverty: Specific associations with neurocognitive development. Brain Research, 1110(1), 166–174.

Farkas, G. (1998). Reading one-to-one: An intensive program serving a great many students while still achieving large effects. In J. Crane (Ed.), Social programs that work (pp. 75–109). New York: Russell Sage Foundation Press.

Farkas, G., & Durham, R. (2007). The role of tutoring in standards-based reform. In A. Gamoran (Ed.), Standards-based reform and the poverty gap: Lessons for "No Child Left Behind" (pp. 201–228). Washington, DC: Brookings Institution Press.

Feldman, R., & Eidelman, A. I. (2009). Biological and environmental initial conditions shape the trajectories of cognitive and social-emotional development across the first years of life. Developmental Science, 12(1), 194–200.

Felitti, V. J., Anda, R. F., Nordenberg, D., Williamson, D. F., Spitz, A. M., Edwards, V., et al. (1998). Relationship of childhood abuse and household dysfunction to many of the leading causes of death in adults: The Adverse Childhood Experiences (ACE) Study. American Journal of Preventive Medicine, 14(4), 245–258.

Felner, R., Jackson, A., Kasak, D., Mulhall, P., Brand, S., & Flowers, N. (1997). The impact of school reform for the middle years: Longitudinal study of a network engaged in Turning Points–based comprehensive school transformation. Phi Delta Kappan, 78(7), 528–550.

Ferguson, D. L., & Meyer, G. (2001). Benito Martinez Elementary, El Paso, TX. Schools on the move: Stories of urban schools engaged in inclusive journeys of change. Newton, MA: National Institute for Urban School Improvement, Education Development Center Inc.

Finn, J. D., & Achilles, C. M. (1999). Tennessee's class size study: Findings, implications, misconceptions. Educational Evaluation and Policy Analysis, 21(2), 97–109.

Fishbein, D. H., Herman-Stahl, M., Eldreth, D., Paschall, M. J., Hyde, C., Hubal, R., et al. (2006). Mediators of the stress-substance-use relationship in urban male adolescents. Prevention Science, 7(2), 113–126.

Flynn, J. R. (1984). The mean IQ of Americans: Massive gains 1932 to 1978. Psychological Bulletin, 95, 29–51.

Ford, S., Farah, M. S., Shera, D. M., & Hurt, H. (2007). Neurocognitive correlates of problem behavior in environmentally at-risk adolescents. Journal of Developmental and Behavioral Pediatrics, 28(5), 376–385.

Freiberg, H. (1993). A school that fosters resilience in inner-city youth. The Journal of Negro Education, 62(3), 364.

Gaab, N., Gabrieli, J. D., Deutsch, G. K., Tallal, P., & Temple E. (2007). Neural correlates of rapid auditory processing are disrupted in children with developmental dyslexia and ameliorated with training: An fMRI study. Neurological Neuroscience, 25(3–4), 295–310.

Gamoran, A. (Ed.). (2007). Standards-based reform and the poverty gap: Lessons for "No Child Left Behind." Washington, DC: Brookings Institution Press.

Gardini, S., Cornoldi, C., De Beni, R., & Venneri, A. (2008, November 6). Cognitive and neuronal processes involved in sequential generation of general and specific mental images. Psychological Research, 645–655.

Gazzaniga, M. (Organizer), & Asbury, C., & Rich, B. (Eds.). (2008). Learning, arts, and the brain: The Dana Consortium report on arts and cognition. New York & Washington, DC: Dana Press.

Geronimus, A. T., Hicken, M., Keene, D., & Bound, J. (2006). Weathering and age patterns of allostatic load scores among blacks and whites in the United States. American Journal of Public Health, 96, 826–833.

Gershoff, E. T. (2002). Corporal punishment by parents and associated child behaviors and experiences: A meta-analytic and theoretical review. Psychological Bulletin, 128(4), 539–579.

Giangreco, M. F., Cloninger, C. J., & Iverson, V. S. (1998). Choosing outcomes and accommodations for children (COACH): A guide to educational planning for students with disabilities (2nd ed.). Baltimore: Brookes Publishing.

Gobet, F., & Clarkson, G. (2004). Chunks in expert memory: Evidence for the magical number four . . . or is it two? Memory, 12(6), 732–747.

Gómez-Pinilla, F., Dao, L., & So, V. (1997). Physical exercise induces FGF-2 and its mRNA in the hippocampus. Brain Research, 764(1–2), 1–8.

Gottfredson, L. S. (2004). Intelligence: Is it the epidemiologists' elusive "fundamental cause" of social class inequalities in health? Journal of Personality and Social Psychology, 86, 174–199.

Gottfried, A. W., Gottfried, A. E., Bathurst, K., Guerin, D. W., & Parramore, M. M. (2003). Socioeconomic status in children's development and family environment: Infancy through adolescence. In M. H. Bornstein & R. H. Bradley (Eds.), Socioeconomic status, parenting, and child development (pp. 260–285). Mahwah, NJ: Lawrence Erlbaum Associates.

Gottlieb, D. J., Beiser, A. S., & O'Connor, G. T. (1995). Poverty, race, and medication use are correlates of asthma hospitalization rates: A small area analysis in Boston. Chest, 108(1), 28–35.

Graber, J. A., & Brooks-Gunn, J. (1995). Models of development: Understanding risk in adolescence. Suicide and Life-Threatening Behavior, 25, 18–25.

Grassi-Oliveira, R., Ashy, M., & Stein, L. M. (2008). Psychobiology of childhood maltreatment: Effects of allostatic load? Revista Brasileira de Psiquiatria, 30(1), 60–68.

Green, R. E., Melo, B., Christensen, B., Ngo, L., & Skene, C. (2006). Evidence of transient enhancement to cognitive functioning in healthy young adults through environmental enrichment: Implications for rehabilitation after brain injury. Brain and Cognition, 60(2), 201–203.

Guilarte, T. R., Toscano, C. D., McGlothan, J. L., & Weaver, S. A. (2003). Environmental enrichment reverses cognitive and molecular deficits induced by developmental lead exposure. Annals of Neurology, 53(1), 50–56.

Gunnar, M. R., Frenn, K., Wewerka, S. S., & Van Ryzin, M. J. (2009). Moderate versus severe early life stress: Associations with stress reactivity and regulation in 10–12-year-old children. Psychoneuroendocrinology, 34(1), 62–75.

Hammack, P. L., Robinson, W. L., Crawford, I., & Li, S. T. (2004). Poverty and depressed mood among urban African-American adolescents: A family stress perspective. Journal of Child and Family Studies, 13(3), 309–323.

Hampton, F., Mumford, D., & Bond, L. (1997, March). Enhancing urban student achievement through family oriented school practices. Paper presented at the annual meeting of the American Educational Research Association, Chicago, IL.

Harada, C., Harada, T., Mitamura, Y., Quah, H. M., Ohtsuka, K., Kotake, S., et al. (2004, January 15). Diverse NF-kappaB expression in epiretinal membranes after human diabetic retinopathy and proliferative vitreoretinopathy. Molecular Vision, 10, 31–36.

Harris, J. R. (1998). The nurture assumption. New York: W. H. Norton.

Harris, J. R. (2006). No two alike. New York: W. H. Norton.

Hart, B., & Risley, T. (1995). Meaningful differences in the everyday experiences of young American children. Baltimore: Brookes Publishing.

Haskins, R. (1989). Beyond metaphor: The efficacy of early childhood education. American Psychologist, 44(2), 274–282.

Hawkins, J. D., Guo, J., Hill, K. G., Battin-Pearson, S., & Abbott, R. D. (2001). Long-term effects of the Seattle Social Development Intervention on school bonding trajectories. Applied Developmental Science, 5(4), 225–236.

Hawkins, J. D., Kosterman, R., Catalano, R. F., Hill, K. G., & Abbott, R. D. (2008). Effects of Social Development Intervention in childhood 15 years later. Archives of Pediatrics and Adolescent Medicine, 162(12), 1133–1141.

Herman, J., & Gribbons, B. (2001). Lessons learned in using data to support school inquiry and continuous improvement: Final report to the Stuart Foundation. Los Angeles: Center for the Study of Evaluation.

Herrera, C., Grossman, J. B., Kauh, T. J., Feldman, A. F., & McMaken, J., with Jucovy, L. Z. (2007, August). Making a difference in schools: The Big Brothers Big Sisters school-based mentoring impact study. Philadelphia: Public/Private Ventures.

Hill, N. E., Bromell, L., Tyson, D. F., & Flint, R. (2007). Developmental commentary: Ecological perspectives on parental influences during adolescence. Journal of Clinical Child and Adolescent Psychology, 36(3), 367–377.

Hillman, C. H., Castelli, D. M., & Buck, S. M. (2005). Aerobic fitness and neurocognitive function in healthy preadolescent children. Medicine and Science in Sports and Exercise, 37(11), 1967–1974.

Hoff, E. (2003). The specificity of environmentalinfl uence: Socioeconomic status affects early vocabulary development via maternal speech. Child Development, 74(5), 1368–1378.

Hoffman, A. M. (1996). Schools, violence, and society. Westport, CT: Praeger Publishers. Hsuch, J., & Yoshikawa, H. (2007). Working nonstandard schedules and variable shifts in low-income families: Associations with parental psychological well-being, family functioning, and child well-being. Developmental Psychology, 43(3), 620–632.

Hussey, J. M., Chang, J. J., & Kotch, J. B. (2006). Child maltreatment in the United States: Prevalence, risk factors, and adolescent health consequences. Pediatrics, 118(3), 933–942.

Huttenlocher, J. (1998). Language input and language growth. Preventive Medicine, 27(2), 195–199.

Huttenlocher, J., Haight, W., Bryk, A., Seltzer, M., & Lyons, R. (1991). Early vocabulary growth: Relation to language input and gender. Developmental Psychology, 27(2), 236–248.

Isaacs, E. B., Gadian, D. G., Sabatini, S., Chong, W. K., Quinn, B. T., Fischl, B. R., et al. (2008). The effect of early human diet on caudate volumes and IQ. Pediatric Research, 63(3), 308–314.

Izawa, C. (2000). Total time and efficient time management: In search of optimal learning and retention via study-test-rest presentation programs. American Journal of Psychology, 113(2), 221–248.

Jack, G., & Jordan, B. (1999). Social capital and child welfare. Children and Society, 13, 242–256.

Jaeggi, S. M., Buschkuehl, M., Jonides, J., & Perrig, W. J. (2008). Improving fluid intelligence with training on working memory. Proceedings of the National Academy of Sciences of the United States of America, 105(19), 6829–6833.

Jekielek, S., Moore, K. A., & Hair, E. (2002, February). Mentoring: A promising strategy for youth development. Child Trends [research brief]. Available: www.mentoring.ca.gov/pdf/MentoringBrief2002.pdf

Jensen, E. (2003). Tools for engagement. Thousand Oaks, CA: Corwin Press.

Jensen, E. (2005). Teaching with the brain in mind. Alexandria, VA: ASCD.

Jensen, E., & Nickelsen, L. (2008). Deeper learning: 7 powerful strategies for in-depth and longer- lasting learning. Thousand Oaks, CA: Corwin Press.

Jerald, C. D. (2001). Dispelling the myth revisited: Preliminary fi ndings from a nationwide analysis of "high-flying" schools. Washington, DC: The Education Trust.

Jiaxu, C., & Weiyi, Y. (2000). Infl uence of acute and chronic treadmill exercise on rat brain POMC gene expression. Medicine and Science in Sports and Exercise, 32(5), 954–957.

Johns, M., Schmader, T., & Martens, A. (2005). Knowing is half the battle: Teaching stereo- type threat as a means of improving women's math performance. Psychological Science, 16, 175–179.

Johnson, D. S. (1981). Naturally acquired learned helplessness: The relationship of school failure to achievement behavior, attributions, and self-concept. Journal of Educational Psyhology, 73(2), 174–180.

Johnston-Brooks, C. H., Lewis, M. A., Evans, G. W., & Whalen, C. K. (1998). Chronic stress and illness in children: The role of allostatic load. Psychosomatic Medicine, 60(5), 597–603.

Jolliffe, D. (2004, July 20). Rural poverty at a glance. Rural Development Research Report Number 100. Washington, DC: Economic Research Service, U.S. Department of Agriculture. Retrieved June 10, 2009, from www.ers.usda.gov/Publications/RDRR100

Jones, B., Valdez, G., Nowakowski, J., & Rasmussen, C. (1994). Designing learning and technology for educational reform. Oak Brook, IL: North Central Regional Educational Laboratory.

Jonides, J. (2008). Musical skill and cognition. In M. Gazzaniga (Organizer) & C. Asbury & B. Rich (Eds.), Learning, arts, and the brain: The Dana Consortium report on arts and cognition (pp. 11–16). New York & Washington, DC: Dana Press.

Jordan, H., Mendro, R., & Weerasinghe, D. (1997). Teacher effects on longitudinal student achievement: A report on research in progress. Paper presented at the annual CREATE meeting, Indianapolis, IN.

Joseph, R. (1999). Environmental infl uences on neural plasticity, the limbic system, emotional development and attachment: A review. Child Psychiatry and Human Development, 29(3), 189–208.

Jyoti, D. F., Frongillo, E. A., & Jones, S. J. (2005, December). Food insecurity affects school children's academic performance, weight gain, and social skills. Journal of Nutrition, 135, 2831–2839.

Kam, C., Greenberg, M., & Walls, C. (2003). Examining the role of implementation quality in school-based prevention using the PATHS curriculum. Prevention Science, 4(1).

Kanaya, T., Scullin, M. H., & Ceci, S. J. (2003). The Flynn effect and U.S. policies: The impact of rising IQ scores on American society via mental retardation diagnoses. American Psychologist, 58(10), 778–790.

Kandel, E. (1998, April). A new intellectual framework for psychiatry? The American Journal of Psychiatry, 155, 457–469.

Kannapel, P. J., & Clements, S. K., with Taylor, D., & Hibpshman, T. (2005). Inside the black box of high-performing high-poverty schools. Lexington, KY: Prichard Committee for Academic Excellence.

Karpicke, J. D., & Roediger, H. L. (2008). The critical importance of retrieval for learning. Science, 319(5865), 966–968.

Keegan-Eamon, M., & Zuehl, R. M. (2001). Maternal depression and physical punishment as mediators of the effect of poverty on socioemotional problems of children in single-mother families. American Journal of Orthopsychiatry, 71(2), 218–226.

Kearney, J. A. (1997). Emotional development in infancy: Theoretical models and nursing implications. Journal of Child and Adolescent Psychiatric Nursing, 10(4), 7–17.

Kerns, K. A., Eso, K., & Thomson, J. (1999). Investigation of a direct intervention for improving attention in young children with ADHD. Developmental Neuro psychology, 16(2), 273–295.

King, K., Vidourek, R., Davis, B., & McClellan, W. (2002). Increasing self-esteem and school connectedness through a multidimensional mentoring program. Journal of School Health, 72(7), 294–299.

Kirkpatrick, L. A., & Ellis, B. J. (2001). An evolutionary-psychological approach to self-esteem: Multiple domains and multiple functions. In G. J. O. Fletcher & M. S. Clark (Eds.), Blackwell handbook of social psychology: Interpersonal processes (pp. 411–436). Malden, MA: Blackwell.

Klebanov, P., & Brooks-Gunn, J. (2006, December). Cumulative, human capital, and psychological risk in the context of early intervention: Links with IQ at ages 3, 5, and 8. Annals of the New York Academy of Sciences, 1094, 63–82.

Klingberg, T. (2000). Limitations in information processing in the human brain: Neuroimaging of dual task performance and working memory tasks. Progress in Brain Research, 126, 95–102.

Klingberg, T., Fernell, E., Olesen, P. J., Johnson, M., Gustafsson, P., Dahlström, K., et al. (2005). Computerized training of working memory in children with ADHD—A randomized, controlled trial. Journal of the American Academy of Child and Adolescent Psychiatry, 44(2), 177–186.

Klopfenstein, K. (2004). Advanced placement: Do minorities have equal opportunity? Economics of Education Review, 23(2), 115–131.

Koger, S. M., Schettler, T., & Weiss, B. (2005). Environmental toxicants and developmental disabilities: A challenge for psychologists. American Psychologist, 60(3), 243–255.

Kovas, Y., Haworth, C. M., Harlaar, N., Petrill, S. A., Dale, P. S., & Plomin, R. (2007). Overlap and specifi city of genetic and environmental influences on mathematics and reading disability in 10-year-old twins. Journal of Child Psychology and Psychiatry, 48(9), 914–922.

Kretovics, J., Farber, K. S., & Armaline, W. D. (2004). It ain't brain surgery: Reconstructing schools to improve the education of children placed at risk. Educational Horizons, 82(3), 213–225.

Kumanyika, S., & Grier, S. (2006). Targeting interventions for ethnic minority and low-income populations. Future Child, 16(1), 187–207.

Lachat, M., & Smith, S. (2005). Practices that support data use in urban high schools. Journal of Education for Students Placed at Risk (JESPAR), 10(3), 333–349.

Lave, J. (1988). Cognition in practice. New York: Cambridge University Press.

Lee, V., & Burkam, D. (2003). Dropping out of high school: The role of school organization and structure. American Educational Research Journal, 40(2), 353–393.

Lengler, R., & Eppler, M. (2007). Towards a periodic table of visualization methods for management. IASTED proceedings of the Conference on Graphics and Visualization in Engineering (GVE 2007), Clearwater, FL.

Leroux, C., & Grossman, R. (1999, October 21). Arts in the schools paint masterpiece: Higher scores. Chicago Tribune, p. A-1.

Levenson, C. W., & Rich, N. J. (2007). Eat less, live longer? New insights into the role of caloric restriction in the brain. Nutrition Reviews, 65(9), 412–415.

Lewis, A. (1993, June). The payoff from a quality preschool. Phi Delta Kappan, 74, 746–749.

Liaw, F. R., & Brooks-Gunn, J. (1994). Cumulative familial risks and low-birthweight children's cognitive and behavioral development. Journal of Clinical Child Psychology, 23(4), 360–372.

Lichter, D. T. (1997, August). Poverty and inequality among children. Annual Review of Sociology, 23, 121–145.

Lippman, L., Burns, S., & McArthur, E. (1996). Urban schools: The challenge of location and poverty. Washington, DC: U.S. Department of Education, Offi ce of Educational Research and Improvement.

Love, J. M., et al. (2005). The effectiveness of Early Head Start for 3-year-old children and their parents: Lessons for policy and programs. Developmental Psychology, 41(6), 885–901.

Love, J. M., Kisker, E. E., Ross, C. M., Schochet, P. Z., Brooks-Gunn, J., Paulsell, D., et al. (2002). Making a difference in the lives of infants and toddlers and their families: The impacts of Early Head Start. Volume I: Final technical report. Princeton, NJ: Mathematica Policy Research Inc.

Lucey, P. (2007). Social determinates of health. Nursing Economics, 25(2), 103–109.

Lupien, S. J., King, S., Meaney, M. J., & McEwen, B. S. (2001). Can poverty get under your skin? Basal cortisol levels and cognitive function in children from low and high socioeconomic status. Developmental Psychopathology, 13(3), 653–676.

Maguire, E. A., Spiers, H. J., Good, C. D., Hartley, T., Frackowiak, R. S., & Burgess, N. (2003). Navigation expertise and the human hippocampus: A structural brain imaging analysis. Hippocampus, 13(2), 250–259.

Margulies, S. (1991). The effect of chess on reading scores: District Nine Chess Program second year report. New York: The American Chess Foundation. Available: www.geocities.com/chess_camp/margulies.pdf

Marzano, R. J. (2004). Building background knowledge for academic achievement: Research on What Works in School. Alexandria, VA: ASCD.

Marzano, R. J. (2007). The art and science of teaching. Alexandria, VA: ASCD.

Marzano, R. J., Pickering, D. J., & Pollock, J. E. (2001). Classroom instruction that works. Alexandria, VA: ASCD.

Maslow, A. H. (1943). A theory of human motivation. Psychological Review, 50, 370–396.

Matte, T. D., & Jacobs, D. E. (2000). Housing and health—Current issues and implications for research and programs. Journal of Urban Health, 77(1), 7–25.

May, A. (2008). Chronic pain may change the structure of the brain. Pain, 137, 7–15.

McCauley, D. S. (2007). The impact of advanced placement and dual enrollment programs on college graduation. Research report. San Marcos, TX: Texas State University–San Marcos. Retrieved June 30, 2008, from http://ecommons.txstate.edu/arp/206

McCoy, M. B., Frick, P. J., Loney, B. R., & Ellis, M. L. (1999). The potential mediating role of parenting practices in the development of conduct problems in a clinic-referred sample. Journal of Child and Family Studies, 8(4), 477–494.

McLoyd, V. C. (1998). Socioeconomic disadvantage and child development. American Psychologist, 53(2), 185–204.

Mehan, H., Villanueva, I., Hubbard, L., & Lintz, A. (1996). Constructing school success: The consequences of untracking low-achieving students. Cambridge, UK: Cambridge University Press.

Mehrabian, A. (2002). Beyond IQ: Broad-based measurement of individual success potential or "emotional intelligence." Genetic, Social, & General Psychology Monographs, 126(2), 133–239.

Meinzer, M., Elbert, T., Wienbruch, C., Djundja, D., Barthel, G., & Rockstroh, B. (2004, August). Intensive language training enhances brain plasticity in chronic aphasia. BMC Biology, 2, 20.

Menyuk, P. (1980). Effect of persistent otitis media on language development. Annals of Otology, Rhinology, and Laryngology Supplement, 89(3), 257–263.

Mid-continent Research for Education and Learning (McREL). (2005). Schools that "beat the odds." McREL Insights. Aurora, CO: Author. Retrieved June 28, 2008, from www.mcrel. org/ PDF/SchoolImprovementReform/5051IR_Beat_the_odds.pdf

Mikulincer, M., & Shaver, R. (2001, July). Attachment theory and intergroup bias: Evidence that priming the secure base schema attenuates negative reactions to out-groups. Journal of Personality and Social Psychology, 81, 97–115.

Miller, A. L., Seifer, R., Stroud, L., Sheinkopf, S. J., & Dickstein, S. (2006, December). Biobehavioral indices of emotion regulation relate to school attitudes, motivation, and behavior problems in a low-income preschool sample. Annals of the New York Academy of Sciences, 1094, 325–329.

Miller, L. B., & Bizzell, R. P. (1984). Long-term effects of four preschool programs: Ninth- and tenth-grade results. Child Development, 55(4), 1570–1587.

Milne, A., & Plourde, L. A. (2006). Factors of a low-SES household: What aids academic achievement? Journal of Instructional Psychology, 33(3), 183–193.

Morrison-Gutman, L., & McLoyd, V. (2000). Parents' management of their children's education within the home, at school, and in the community: An examination of African- American families living in poverty. The Urban Review, 32(1), 1–24.

Moses, M., Johnson, E. S., Anger, W. K., Burse, V. W., Horstman, S. W., Jackson, R. J., et al. (1993). Environmental equity and pesticide exposure. Toxicology and Industrial Health, 9(5), 913–959.

Mouton, S. G., & Hawkins, J. (1996). School attachment perspectives of low-attached high school students. Educational Psychology, 16(3), 297–304.

Murray, A. (1997). Young people without an upper secondary education in Sweden: Their home background, school and labour market experiences. Scandinavian Journal of Educational Research, 41(2), 93–125.

National Commission on Teaching and America's Future (NCTAF). (2004). 2004 Summit on High Quality Teacher Preparation. Available: www.nctaf.org/resources/events/2004_summit-1

National Education Association (NEA). (2003, Spring). Using data about classroom practice and student work to improve professional development for educators. Washington, DC: The NEA Foundation for the Improvement of Education. Available: www.neafoundation.org/downloads/NEA-Using_Date_Classroom_Practice.pdf

Newcomer, J. W., Selke, G., Melson, A. K., Hershey, T., Craft, S., Richards, K., et al. (1999). Decreased memory performance in healthy humans induced by stress-level cortisol treatment. Archives of General Psychiatry, 56(6), 527–533.

Newman, T. (2005, Spring). Coaches' roles in the academic success of male student athletes. The Sport Journal, 8.

Nithianantharajah, J., & Hannan, A. J. (2006). Enriched environments, experience-dependent plasticity and disorders of the nervous system. Nature Reviews Neuroscience, 7(9), 697–709.

Noble, K. G., McCandliss, B. D., & Farah, M. J. (2007). Socioeconomic gradients predict individual differences in neurocognitive abilities. Developmental Science, 10(4), 464–480.

Noble, K. G., Norman, M. F., & Farah, M. J. (2005, January). Neurocognitive correlates of socioeconomic status in kindergarten children. Developmental Science, 8(1), 74–87.

Noble, K. G., Wolmetz, M. E., Ochs, L. G., Farah, M. J., & McCandliss, B. D. (2006, November). Brain-behavior relationships in reading acquisition are modulated by socioeconomic factors. Developmental Science, 9(6), 642–654.

Nye, B., Konstantopoulos, S., & Hedges, L. V. (2004). How large are teacher effects? Educational Evaluation and Policy Analysis, 26(3), 237–257.

Oden, S., Schweinhart, L., & Weikart, D. (2000). Into adulthood: A study of the effects of Head Start. Ypsilanti, MI: High/Scope Press.

Palmer, L. L., Giese, L., & DeBoer, B. (2008). Early literacy champions in North Carolina: Accelerated learning documentation for K–3 SMART (Stimulating Maturity through Accelerated Readiness Training). Minneapolis, MN: Minnesota Learning Resource Center.

Parrett, W. H. (2005). Against all odds: Reversing low achievement of one school's Native

American students. School Administrator, 62(1), 26.

Pascual-Leone, A., Amedi, A., Fregni, F., & Merabet, L. B. (2005). The plastic human brain cortex. Annual Review of Neuroscience, 28, 377–401.

Paulussen-Hoogeboom, M. C., Stams, G. J., Hermanns, J. M. A., & Peetsma, T. T. D. (2007). Child negative emotionality and parenting from infancy to preschool: A meta-analytic review. Journal of Youth and Adolescence, 37(7), 875–887.

Peden, A. R., Rayens, M. K., Hall, L. A., & Grant, E. (2005). Testing an intervention to reduce negative thinking, depressive symptoms, and chronic stressors in low-income single mothers. Journal of Nursing Scholarship, 37(3), 268–274.

Pellegrini, A. D., & Bohn, C. M. (2005). The role of recess in children's cognitive performance and school adjustment. Educational Researcher, 34(1), 13–19.

Pereira, A. C., Huddleston, D. E., Brickman, A. M., Sosunov, A. A., Hen, R., McKhann, G. M., et al. (2007). An in vivo correlate of exercise-induced neurogenesis in the adult dentate gyrus. Proceedings of the National Academy of Sciences of the United States of America, 104(13), 5638–5643.

Peterson, C., Maier, S. F., & Seligman, M. E. P. (1995). Learned helplessness: A theory for the age of personal control. New York: Oxford University Press.

Pianta, R. C., Belsky, J., Houts, R., & Morrison, F. (2007). Teaching: Opportunities to learn in America's elementary classrooms. Science, 315(5820), 1795–1796.

Pianta, R. C., & Stuhlman, M. (2004). Teacher-child relationships and children's success in the first years of school. School Psychology Review, 33(3), 444–458.

Plomin, R., & Kovas, Y. (2005). Generalist genes and learning disabilities. Psychological Bulletin, 131(4), 592–617.

Popham, W. J. (2004). A game without winners. Educational Leadership, 62(3), 46–50.

Popham, W. J. (2008). Transformative assessment. Alexandria, VA: ASCD.

Poplin, M., & Soto-Hinman, I. (2006). Taking off ideological blinders: Lessons from the start of a study on effective teachers in high-poverty schools. The Journal of Education, 186(3), 41–44.

Posner, M. I. (2008). Measuring alertness. Annals of the New York Academy of Sciences, 1129, 193–199.

Posner, M., Rothbart, M. K., Sheese, B. E., & Kieras, J. (2008). How arts training influences cognition. In M. Gazzaniga (Organizer) & C. Asbury & B. Rich (Eds.), Learning, arts, and the brain: The Dana Consortium report on arts and cognition (pp. 1–10). New York & Washington, DC: Dana Press.

Pratt, P., Tallis, F., & Eysenck, M. (1997). Information-processing, storage characteristics and worry. Behavior Research & Therapy, 35(11), 1015–1023.

Ramey, C. T., & Campbell, F. A. (1991). Poverty, early childhood education, and academic competence: The Abecedarian experiment. In A. C. Huston (Ed.), Children in poverty: Child development and public policy (pp. 190–221). Cambridge, UK: Cambridge University Press.

Ramey, C., & Ramey, S. (1998). Prevention of intellectual disabilities: Early interventions to improve cognitive development. Preventive Medicine, 27, 224–232.

Ramey, C. T., & Ramey, S. L. (2006). Early learning and school readiness: Can early intervention make a difference? In N. F. Watt, C. C. Ayoub, R. H. Bradley, J. E. Puma, & W. A. Lebeouf (Eds.), The crisis in youth mental health: Critical issues and effective programs, vol. 4: Early intervention programs and policies (pp. 291–317). Westport, CT: Praeger Press.

Ratey, J., & Hagerman, E. (2008). Spark: The revolutionary new science of exercise and the brain. Boston: Little, Brown & Company.

Rector, R. E. (2005). Importing poverty: Immigration and poverty in the United States: A book of charts (Special Report #9). Washington, DC: The Heritage Foundation.

Reeve, J. (2006). Extrinsic rewards and inner motivation. In C. Evertson, C. M. Weinstein, & C. S. Weinstein (Eds.), Handbook of classroom management: Research, practice and contemporary issues (pp. 645–664). Mahwah, NJ: Lawrence Erlbaum Associates.

Reeves, D. B. (2003). High performance in high poverty schools: 90/90/90 and beyond. Denver, CO: Center for Performance Assessment.

Rogers, D. E., & Ginzberg, E. (1993). Medical care and the health of the poor. Boulder, CO: Westview Press.

Rosenthal, R., & Jacobson, L. (1992). Pygmalion in the classroom: Teacher expectation and pupils' intellectual development (Expanded ed.). New York: Irvington.

Rushton, J. P. (2000). Flynn effects not genetic and unrelated to race differences. American Psychologist, 55(5), 542–543.

Rutter, M., Moffi tt, T. E., & Caspi, A. (2006). Gene-environment interplay and psychopathology: Multiple varieties but real effects. Journal of Child Psychology and Psychiatry, 47(3–4), 226–261.

Sallis, J., McKenzie, T., Kolody, B., Lewis, M., Marshall, S., & Rosengard, P. (1999). Effects of health-related physical education on academic achievement: Project SPARK. Research Quarterly for Exercise and Sport, 70(2), 127–134.

Sameroff, A. (1998). Environmental risk factors in infancy. Pediatrics, 102(5), 1287–1292.

Sampson, R. J., Raudenbush, S. W., & Earls, F. (1997, August 15). Neighborhoods and violent crime: A multilevel study of collective effi cacy. Science, 277, 918–924.

Sanborn, K. J., Truscott, S. D., Phelps, L., & McDougal, J. L. (2003). Does the Flynn effect differ by IQ level in samples of students classified as learning disabled? Journal of Psychoeducational Assessment, 21(2), 145–159.

Sanders, W. L., & Rivers, J. C. (1996). Cumulative and residual effects of teachers on future student academic achievement. Knoxville, TN: University of Tennessee Value-Added Research and Assessment Center.

Sapolsky, R. (2005). Sick of poverty. Scientific American, 293(6), 92–99.

Sargent, D., Brown, M. J., Freeman, J. L., Bailey, A., Goodman, D., & Freeman, D. H., Jr. (1995). Childhood lead poisoning in Massachusetts communities: Its association with sociodemographic and housing characteristics. American Journal of Public Health, 85(4), 528–534.

Saudino, K. J. (2005). Behavioral genetics and child temperament. Journal of Developmental and Behavioral Pediatrics, 26(3), 214–223.

Schafft, K. A. (2006). Poverty, residential mobility, and student transiency within a rural New York school district. Rural Sociology, 71(2), 212–231.

Schinke, S. P., Cole, K. C., & Poulin, S. R. (2000). Enhancing the educational achievement of at-risk youth. Prevention Science, 1(1), 51–60.

Schmoker, M. (2001). The results fieldbook: Practical strategies from dramatically improved schools. Alexandria, VA: ASCD.

Schmoker, M. (2002). Up and away. Journal of Staff Development, 23(2), 10–13.

Schwartz, D., & Gorman, A. H. (2003). Community violence exposure and children's academic functioning. Journal of Educational Psychology, 95(1), 163–173.

Schwartz, J. (1994). Low-level lead exposure and children's IQ: A meta-analysis and search for a threshold. Environmental Research, 65(1), 42–55.

Schweinhart, L. J., Barnes, H. V., & Weikart, D. P. (1993). Significant benefits: The High/Scope Perry Preschool Study through age 27. (Monographs of the High/Scope Educational Research Foundation). Ypsilanti, MI: High/Scope Press.

Segawa, M. (2008). Development of intellect, emotion, and intentions, and their neuronal systems. Brain and Nerve, 60(9), 1009–1016.

Seligman, M. E., & Csikszentmihalyi, M. (2000). Positive psychology: An introduction. American Psychologist, 55(1), 5–14.

Shaywitz, S. E., Shaywitz, B. A., Pugh, K. R., Fulbright, R. K., Constable, R. T., Mencl, W. E., et al. (1998). Functional disruption in the organization of the brain for reading in dyslexia. Proceedings of the National Academy of Sciences of the United States of America, 95(5), 2636–2641.

Sibley, B. A., & Etnier, J. L. (2003). The relationship between physical activity and cognition in children: A meta-analysis. Pediatric Exercise Science, 15, 243–256.

Simoes, E. A. (2003). Environmental and demographic risk factors for respiratory syncytial virus lower respiratory tract disease. Journal of Pediatrics, 143, S118–S126.

Sinclair, J. J., Pettit, G. S., Harrist, A. W., Dodge, K. A., & Bates, J. E. (1994). Encounters with aggressive peers in early childhood: Frequency, age differences and correlates of risk for behavior problems. International Journal of Behavioral Development, 17, 675–696.

Skeels, H. M. (1966). Adult status of children with contrasting early life experiences: A follow-up study. Monographs of the Society for Research in Child Development, 31(3), 1–65.

Slack, K. S., Holl, J. L., McDaniel, M., Yoo, J., & Bolger, K. (2004). Understanding the risks of child neglect: An exploration of poverty and parenting characteristics. Child Maltreatment, 9(4), 395–408.

Slater, P. (2003, January 28). State schools chief O'Connell announces California kids' 2002 physical fitness results. California Department of Education. Retrieved July 8, 2007, from www.cde. ca.gov/nr/ne/yr03/yr03rel07.asp

Slavin, R. E., & Calderon, M. (2001). Effective programs for Latino students. Mahwah, NJ: Lawrence Erlbaum Associates.

Smith, J. R., Brooks-Gunn, J., & Klebanov, P. K. (1997). Consequences of living in poverty for young children's cognitive and verbal ability and early school achievement. In G. Duncan & J. Brooks-Gunn (Eds.), Consequences of growing up poor (pp. 132–189). New York: Russell Sage Foundation.

Sowell, E. R., Peterson, B. S., Thompson, P. M., Welcome, S. E., Henkenius, A. L., & Toga, A. W. (2003). Mapping cortical change across the human life span. Nature Neuroscience, 6(3), 309–315.

Spelke, E. (2008). Effects of music instruction on developing cognitive systems at the foundations of mathematics and science. In M. Gazzaniga (Organizer) & C. Asbury & B. Rich (Eds.), Learning, arts, and the brain: The Dana Consortium report on arts and cognition (pp. 17–50). New York & Washington, DC: Dana Press.

Sroufe, A. L. (2005). Attachment and development: A prospective, longitudinal study from birth to adulthood. Attachment and Human Development, 7(4), 349–367.

Stewart, L. (2008). Do musicians have different brains? Clinical Medicine, 8(3), 304–308.

Stipek, D. J. (2001). Pathways to constructive lives: The importance of early school success. Washington, DC: American Psychological Association.

Strong, R., Silver, H., & Perini, M. (2001). Teaching what matters most: Standards and strategies for raising student achievement. Alexandria, VA: ASCD.

Sutoo, D., & Akiyama, K. (2003). The signi cance of increase in striatal D(2) receptors in epileptic EL mice. Brain Research, 980(1), 24–30.

Szanton, S. L., Gill, J. M., & Allen, J. K. (2005). Allostatic load: A mechanism of socioeconomic health disparities? Biological Research for Nursing, 7(1), 7–15.

Szewczyk-Sokolowski, M., Bost, K. K., & Wainwright, A. B. (2005, August). Attachment, temperament, and preschool children's peer acceptance. Social Development, 14, 379–397.

Temple, E., Deutsch, G. K., Poldrack, R. A., Miller, S. L., Tallal, P., Merzenich, M. M., et al. (2003). Neural deficits in children with dyslexia ameliorated by behavioral remediation: Evidence from functional MRI. Proceedings of the National Academy of Sciences of the United States of America, 100(5), 2860–2865.

Teutsch, S., Herken, W., Bingel, U., Schoell, E., & May, A. (2008). Changes in brain gray matter due to repetitive painful stimulation. Neuroimage, 42(2), 845–849.

Tiberius, R., & Tipping, J. (1990). Twelve principles of effective teaching and learning for which there is substantial empirical support. Toronto, Canada: University of Toronto.

Todd, J. J., & Marois, R. (2004). Capacity limit of visual short-term memory in human posterior parietal cortex. Nature, 428(6984), 751–754.

Tong, S., Baghurst, P., Vimpani, G., & McMichael, A. (2007). Socioeconomic position, maternal IQ, home environment, and cognitive development. Journal of Pediatrics, 151(3), 284–288.

Tremblay, R. E., Vitaro, F., & Brendgen, M. (2000). Influence of deviant friends on delinquency: Searching for moderator variables. Journal of Abnormal Child Psychology, 28, 313–325.

Turkheimer, E., Haley, A., Waldron, M., D'Onofrio, B., & Gottesman, I. I. (2003, November). Socioeconomic status modifies heritability of IQ in young children. Psychological Science, 14(6), 623–628.

U.S. Census Bureau. (2000). National household education survey. Washington, DC: National Center for Education Statistics.

U.S. Census Bureau. (2006, August 29). Income climbs, poverty stabilizes, uninsured rate increases. Retrieved June 10, 2009, from www.census.gov/Press-Release/www/releases/archives/income_wealth/007419.html

U.S. Department of Education. (2006). Learning from nine high poverty, high achieving Blue Ribbon schools. Retrieved May 21, 2009, from www.ed.gov/programs/nclbbrs/2006/ profiles

U.S. Department of Health and Human Services. (2000). Trends in the well-being of America's children and youth. Washington, DC: Author.

U.S. News & World Report. (2008, December 4). Best high schools: Gold medal list. Retrieved May 21, 2009, from www.usnews.com/articles/education/high-schools/2008/12/04/best-high-schools-gold-medal-list.html

van Ijzendoorn, M. H., Vereijken, C. M. J. L., Bakermans-Kranenburg, M. J., & Riksen-Walraven, M. J. (2004). Assessing attachment security with the attachment q sort: Meta-analytic evidence for the validity of the observer AQS. Child Development, 75(4), 1188–1213.

van Praag, H., Kempermann, G., & Gage, F. H. (1999). Running increases cell proliferation and neurogenesis in the adult mouse dentate gyrus. Nature Neuroscience, 2(3), 266–270.

Viadero, D. (2002, June 5). Study fi nds social barriers to advanced classes. Education Week, p. 5. Viadero, D. (2008, February 13). Exercise seen as priming pump for students' academic strides: Case grows stronger for physical activity's link to improved brain function. Education Week, pp. 1, 3.

Vythilingam, M., Heim, C., Newport, J., Miller, A. H., Anderson, E., Bronen, R., et al. (2002).

Childhood trauma associated with smaller hippocampal volume in women with major depression. American Journal of Psychiatry, 159(12), 2072–2080.

Wadsworth, M. E., Raviv, T., Compas, B. E., & Connor-Smith, J. K. (2005). Parent and adolescent responses to poverty-related stress: Tests of mediated and moderated coping models. Journal of Child and Family Studies, 14(2), 283–298.

Wagner, M. (1997). The effects of isotonic resistance exercise on aggression variable in adult male inmates in the Texas Department of Criminal Justice. Doctoral dissertation, Texas A & M University, College Station.

Wahlsten, D. (1997). The malleability of intelligence is not constrained by heritability. In B. Devlin, S. E. Feinberg, D. P. Resnick, & K. Roeder (Eds.), Intelligence, genes, and success: Scientists respond to The Bell Curve (pp. 71–87). New York: Springer.

Wandell, B., Dougherty, R., Ben-Shachar, M., & Deutsch, G. (2008). Training in the arts, reading, and brain imaging. In M. Gazzaniga (Organizer) & C. Asbury & B. Rich (Eds.), Learning, arts, and the brain: The Dana Consortium report on arts and cognition (pp. 51–60). New York & Washington, DC: Dana Press.

Wang, Y., & Zhang, Q. (2006). Are American children and adolescents of low socioeconomic status at increased risk of obesity? Changes in the association between overweight and family income between 1971 and 2002. American Journal of Clinical Nutrition, 84, 707–716.

Weaver, I. C., Cervoni, N., Champagne, F. A., D'Alessio, A. C., Sharma, S., Seckl, J. R., et al. (2004). Epigenetic programming by maternal behavior. Nature Neuroscience, 7(8), 847–854.

Weikart, D. P. (1998). Changing early childhood development through educational intervention. Preventive Medicine, 27(2), 233–237.

Weizman, Z. O., & Snow, C. E. (2001). Lexical input as related to children's vocabulary acqui- sition: Effects of sophisticated exposure and support for meaning. Developmental Psychology, 37(2), 265–279.

Welsh, P. (2006, September 19). Students aren't interchangeable. USA Today, p. 9.

Westerberg, H., & Klingberg, T. (2007). Changes in cortical activity after training of working memory — A single-subject analysis. Physiology & Behavior, 92(1–2), 186–192.

Whitener, L. A., Gibbs, R., & Kusmin, L. (2003, June). Rural welfare reform: Lessons learned. Amber Waves. Washington, DC: Economic Research Service, U.S. Department of Agriculture. Retrieved May 21, 2009, from www.ers.usda.gov/AmberWaves/June03/Features/RuralWelfareReforme.htm

Wiggins, G., & McTighe, J. (2005). Understanding by design. Alexandria, VA: ASCD.

Williams, T., et al. (2005, October). Similar students, different results: Why do some schools do better? A large-scale survey of California elementary schools serving low-income students. Mountain View, CA: EdSource.

Williams, W. M., Blythe, T., White, N., Li, J., Gardner, H., & Sternberg, R. J. (2002). Applying psychological theories to educational practice. Psychological Science, 6, 623–628.

Winship, C., & Korenman, S. (1997). Does staying in school make you smarter? The effect of education on IQ in The Bell Curve. In B. Devlin, S. E. Feinberg, D. P. Resnick, & K. Roeder (Eds.), Intelligence, genes, and success: Scientists respond to The Bell Curve (pp. 215–234). New York: Springer.

Wommack, J. C., & Delville, Y. (2004). Behavioral and neuroendocrine adaptations to repeated stress during puberty in male golden hamsters. Journal of Neuroendocrinology, 16(9), 767–775.

Wood, C. (2002). Changing the pace of school: Slowing down the day to improve the quality of learning. Phi Delta Kappan, 83(7), 545–550.

Wright, A. J., Nichols, T. R., Graber, J. A., Brooks-Gunn, J., & Botvin, G. J. (2004). It's not what you say, it's how many different ways you can say it: Links between divergent peer resistance skills and delinquency a year later. Journal of Adolescent Health, 35(5), 380–391.

Yang, Y., Cao, J., Xiong, W., Zhang, J., Zhou, Q., Wei, H., et al. (2003). Both stress experience and age determine the impairment or enhancement effect of stress on spatial memory retrieval. Journal of Endocrinology, 178(1), 45–54.

Yazzie-Mintz, E. (2007). Voices of students on engagement: A report on the 2006 High School Survey of Student Engagement. Bloomington, IN: Center for Evaluation and Education Policy, Indi- ana University.

Zhang, S. Y., & Carrasquillo, A. (1995). Chinese parents' infl uence on academic performance. New York State Association for Bilingual Education Journal, 10, 46–53.

Zohar, A., Degani, A., & Vaaknin, E. (2001). Teachers' beliefs about low-achieving students and higher order thinking. Teaching and Teacher Education, 17(4), 469–485.

Zuena, A. R., Mairesse, J., Casolini, P., Cinque, C., Alemà, G. S., Morley-Fletcher, S., et al. (2008). Prenatal restraint stress generates two distinct behavioral and neurochemical profiles in male and female rats. PLoS ONE, 3(5), e2170.

학습부진, 이렇게 극복한다 1
성취도 향상을 위한
새로운 접근법과 실행전략

2012년 4월 20일 초판 인쇄
2023년 4월 1일 번역개정판 1쇄

글쓴이 에릭 젠슨
옮긴이 이찬승·김성우
디자인 최수정
편집 고명희 장현주

펴낸이 이찬승
펴낸곳 교육을바꾸는책

출판등록 2012년 4월 10일 | 제313-2012-114호
주소 서울시 마포구 양화로 7길 76, 평화빌딩 3층
전화 02-320-3600(경영) 02-320-3604(편집)
팩스 02-320-3608

홈페이지 http://21erick.org
이메일 gyobasa@21erick.org
유튜브 youtube.com/user/gyobasa
포스트 post.naver.com/gyobasa_book
트위터 twitter.com/GyobasaNPO
인스타그램 instagram.com/gyobasa

ISBN 978-89-97724-22-2 (94370)
ISBN 978-89-97724-23-9 (세트)

• 이 책은 『수업혁명 1-학습부진 탈출편』(2012)의 번역개정판입니다.
• 책값은 표지 뒤쪽에 적혀 있습니다.
• 잘못 만든 책은 구입하신 서점에서 바꾸어 드립니다.